图书在版编目（CIP）数据

巴颜喀拉的众生 ： 藏地的果洛样本 / 古岳著 . -- 西宁：青海人民出版社，2018.7
ISBN 978-7-225-05608-1

Ⅰ.①巴… Ⅱ.①古… Ⅲ.①地方文化—果洛藏族自治州—文集 Ⅳ.① G127.442-53

中国版本图书馆 CIP 数据核字（2018）第 170651 号

巴颜喀拉的众生
——藏地的果洛样本

古岳 著

出 版 人	樊原成
出版发行	青海人民出版社有限责任公司
	西宁市五四西路 71 号　邮政编码：810023　电话：（0971）6143426（总编室）
发行热线	（0971）6143516/6137730
网　　址	http://www.qhrmcbs.com
印　　刷	陕西龙山海天艺术印务有限公司
经　　销	新华书店
开　　本	720 mm × 1010 mm　1/16
印　　张	22
字　　数	350 千
插　　页	4
版　　次	2018 年 11 月第 1 版　2018 年 11 月第 1 次印刷
书　　号	ISBN 978-7-225-05608-1
定　　价	68.00 元

版权所有　侵权必究

全国文化名家暨四个一批人才自主选题资助项目

喜马拉雅北麓非虚构作品

巴颜喀拉的众生
——藏地的果洛样本

古岳 著

青海人民出版社

一条大河。

一座雪山。

一部英雄史诗。

一个族群。

一群生灵。

如果让我用最简洁的句式描述藏地果洛,我可能会选这样几个短语。然后,才进一步,对这一条河、这一座山、这一部史诗、这一个族群和这一群生灵进行实质性的叙述。

这条河就是黄河,这座山就是巴颜喀拉,这部史诗就是《格萨尔》,这个族群就是果洛藏人,这群生灵就是自然万物。当然,展开叙事时,我可能会打乱这个顺序,以便让所有的故事呈现出它原本该有的风貌。

现在……叙事展开……

人神共舞的娑婆世界
——多维时空语境下藏地果洛的众生相 119

灵性世界的时空随想 120

阿尼玛卿的光芒 138

远逝的英雄时代 162

年保玉则的三个世界 195

大河之上的果洛 209

慈悲万物的尘世境遇
——生态语境下藏地果洛的人与自然 231

当慈悲遇到万物的痛苦时 232

穿袈裟的自然博物学家 259

一只兔子一对鹤 289

游牧时代的挽歌 309

后记：三生万物是众生 337

目　录
CONTENTS

猎人和神族的后裔
——世界语境下藏地果洛的历史文化（上） … 001

三果洛的缘起与迁徙 … 002
游牧巴颜喀拉 … 020
果洛以外的藏地和世界 … 039
青崖白鹿古岩画 … 054

禁猎的民族和佛的信徒
——世界语境下藏地果洛的历史文化（下） … 071

巴颜喀拉的佛光 … 072
固始汗及其后时代的果洛 … 100

猎人和神族的后裔

——世界语境下藏地果洛的历史文化（上）

三果洛的缘起与迁徙

part one

我在前些日出版的《生灵密码》一书中辑入了一则小故事,叫《猎人与鹿》,其实,那是我为这部书写的开头。我为什么先讲一个猎人的故事?不仅是为了叙事方便,一个更主要的原因是,它契合了这部书前半部分文字的主题。我觉得,我们有必要重温这则小故事:

天还没亮,猎人就已经骑着马动身了,那条猎犬紧随其后。

他要赶在太阳还没出来之前守在那个垭口,等待那头马鹿的出现。差不多有半个月时间,他一直在仔细寻觅那头马鹿的踪迹,终于被他发现了,每天早晨,太阳花红的时候,它会准时从那垭口经过。

爬上那座山,来到那个垭口之前,他先将马拴在一个僻静的地方,而后带着猎犬来到垭口。在背风的隐蔽处找到一簇高山灌丛,将自己心爱的杈子枪架在灌丛里,让枪口对准了那垭口的一片不毛之地。尔后,他匍匐在灌丛草地上,将枪托放在肩膀上试了试，觉得非常妥当，也很舒服。灌丛周围地势平缓，而且还长着茂密的青草，这使他可以伸长了腿平平地爬在那里，一动不动。他看到猎犬也已紧挨着自己的身子爬下了。这狗有灵气，多年的狩猎经验使它变得也像一个猎人的样子了。它知道，什么时候该屏住呼吸保持安静，什么时候该迅速出击，什么时候该汪汪吠叫。只要主人一个眼神、一个轻微的动作，它都能心领神会。

但是，天才刚刚亮，要等太阳出来，还需要个把时辰。清早垭口的风凛冽刺骨，草地上还有露水，他不能这么早就趴在那里干等，那样即使他能耐得住寒冷，也可能会睡着。他得活动活动，但又不能走太远，更不能弄出太大动静。鹿是一种灵物，即便离得很远，一不小心，也会暴露目标。都等了半个月了，这一会儿工夫算不了什么，千万不能出任何岔子。他在原地转了几圈，又蹲下身子，下意识地摸出烟袋来，他想抽一口早烟，甚至已经把羊角把烟瓶拿在手里了。可是，他是个有经验的猎人，他深知此时不是抽烟的时候，烟味会随风而去，让那头鹿警觉，并悄然离去。

这样盘算着，东方已经露出霞光，感觉鹿好像也正往这边走来，已经越来越近了。他再次趴在那里，调整了一下姿势，又端起枪试了试，感觉真是美极了。在大半生的猎人生涯中，他还从未有过这样的体验，猎物正一点点地靠近，而他却正端着猎枪瞄准。再过几秒钟，他就会扣动扳机。而枪声一响，猎物就会应声倒地，他就可以满载而归了。现在万事俱备，只等他扣动扳机了。可是，那头鹿还没有出现。他得耐心地等待。一旦鹿走进他的知觉可控范围，哪怕是很轻微的动静，譬如鹿蹄踩到一片干了的树叶，或者鹿身子轻轻蹭到了一根灌木枝，他都能觉察到。可能是湿地上爬得时间有点久了，他肚子里有点响动，不过这点声音不会造成严重的后果，他并不是听到那响动的，而是感觉到的。他想，鹿又不在自己的肚子里，它怎么会感觉到呢？肚子里又有动静，这次持续的时间稍长一些。不仅如此，更糟糕的是，那动静还不停地往下走窜，直奔肛门而去。这个时候，可不能放屁，那样就会前功尽弃。他使劲儿地憋着，想把屁憋回去，可那点儿屁硬是要往外窜，他几乎快要崩溃了。正在这时，那头鹿的树杈样的鹿角好像在对面的树丛里晃了一下，可是一晃又不见了。

是不是自己看花眼了？不会的，他从没有过看走眼的时候。哪怕只是一晃，只要他感觉到了，那一定就是看见了。鹿已经出现了。果然，再看时，鹿已经走出那片灌丛，走进了那个垭口，只有不超过一条绳的距离。不能再迟疑了——迟疑是猎人的大忌，他必须即刻扣动扳机。一切都跟他事先料想的一模一样，这设计简直太完美了。他曾跟人说过，一个优秀的猎人不是用猎枪捕获猎物的，而是用完美的设计。今天再次验证了自己的智慧。

站在巴颜喀拉远眺年保玉则

枪声终于响了，马鹿应声倒地。等硝烟散去时，他的心还在狂跳不已。他不能立刻跑过去，他得沉住气再等一会儿，看看猎物是不是在玩儿装死的把戏——据一代代猎人们的讲述，这是所有猎物一贯的伎俩。当然，他并不以为然。以他的判断，一个猎物在毫无提防的情况下，突然听到要命的枪声，绝难想到要装死，要不它就不是猎物。它一定是吓晕过去了，吓死了，那是过度惊吓造成的结果。别说是动物，即便是一个人，走着走着，突然听到有人从背后冷不丁地放了一枪，他也会吓晕过去，好像那一声巨响将整个世界都给轰没了，未及反应，眼前一黑，便轰然倒地，坠入了无边的黑暗。所以，他必须等待。如果那马鹿不是中弹身亡，他还有足够的时间再次射击。他从怀中摸出弹药袋，将一把散弹灌入枪管，而后填充好足够的火药，插好导火索，静静等待着。

时间在一分一秒地过去，山风在耳边细语，好像是在对他说，那鹿已经死了。他定了定神，眼睛死死盯在鹿身上，竟没有一点动静，甚至连微弱的气息也没有了。这不像是吓晕过去的样子，应该是真的死了。他长舒了一口气，甚至还有意识地弄出点响动来，看那鹿有没有反应。没有。不必再等了。他歪过头去看了一眼狗，正好那狗也在看他，还向他微微点了点头。他明白它的意思，而且他还清楚，很多时候这条狗的判断都比他准确得多。有很多次，他做出了一个决定，但是这条狗却在摇头。一开始，他还挺自信，但是多次失败的教训让他深深地懂得，如果拿不定主意（或者拿定主意之后），一定要记着看看狗的反应，听听它的意见。既然狗都已经点头了，那就是万无一失了。于是，他站起身，去把马牵了过来，然后挎上枪，戴上狐皮帽，带着猎犬，向猎物走去。快走到猎物跟前时，他还煞有介事地咳嗽了一声，依然没有丝毫反应。这下他放心了。

他要坐下来，歇一会儿，抽一口旱烟，然后，背着猎物回家。

鹿群 藏巨冷保/摄

整头鹿，他是背不动的，但是他先可以把鹿头背回去，也许还可以背上一条鹿腿。剩下的，他会找个地方藏好，回头再来背。这时，太阳已经一绳高了，阳光已经照在山上，他不再感到寒冷。因为一切来得太过顺利，没有半点悬念，这让他突然觉得兴味索然。原以为会有一场激烈的较量，不曾想，一切都在一刹那间结束了。这事看上去有点荒唐，有点邪乎，可它就这样发生了。当然，他不会在乎其过程是否出乎意料，他的目标是猎物。现在猎物已经到手，他没理由跟毫无意义的过程去较劲儿。

他先将自己的权子枪挂在鹿角上，然后将自己的狐皮帽也挂在鹿角上了——这头鹿真大，鹿角也不一般。他数了数，两支鹿角上竟有18个分叉，也就是说，每支鹿角上有9个分叉，这真是难得一见的宝物啊！他看到狗也已经蹭到跟前想干点什么，他明白它的心思，便对着狗说道："别急。放心吧，少不了你的。"但是，他还是担心狗会捣乱，于是，他用马缰绳的一头把狗拴在上面，在马屁股上轻轻拍了一巴掌，让马把狗拉远一点。马也是灵物，它趁势打了个响鼻，牵着狗往旁边走了几步，然后停下来啃着青草。狗狠狠地瞪了马一眼，好像是在说：你明明知道我根本就不吃草，你要吃草硬拉着我干什么？

猎人没心思理会马与狗的别扭。他再次拿出自己心爱的羊角把烟瓶，在烟锅子里填满旱烟丝，点燃，猛抽了几口，便烧干了。他意犹未尽，还想再来一瓶。本来他是要把烟灰扣在自己鞋底上的，可在低头时他看到了鹿的嘴唇。这一看，让他心生感慨："看你，就这么倒下了吧？再也跑不动了吧？你要知道，我跟踪你已经有很长时间了，就是在等这一天的到来。也算我们两个有缘。来，你也抽一口。"

说着，他用烟锅子碰了碰鹿的鼻孔。烟锅子很烫，鹿好像被烫着了，噌地一下跳起来跑了。猎人还在纳闷儿，难不成这死鹿也知道烫？狗比主人反应迅速，它一看死了的鹿又活过来了，跑走了，还把它主人的杈子枪也背跑了，还戴走了主人的狐皮帽——要知道，这两样宝贝在平日里主人都没让别人动过，连碰一下都不行，今儿个却被一头死鹿给抢走了，这还了得？说时迟，那时快，狗疯了一般地撒腿拼命去追鹿，狗是拴在马缰绳上的，狗拼命一拽，马以为这也是主人的意思，也跟着狗去追那头鹿了。

猎人眼看着它们跑远了，这才想起来他也该追上去。可是，不一会儿，鹿、

雪地里的藏原羚

狗和马都跑得没影了。翻过了几座山,趟过了几条河,猎人还是看不到它们的踪影。

他逢人便问:"有没有看到一头鹿?"

"没看到。"

"那有没有看到一头背着猎枪的鹿?"

"没看到。"

"那有没有看到一头戴着狐皮帽、背着猎枪的鹿?"

"没看到。"

"那有没有看到一条狗在追一头戴着狐皮帽、背着猎枪的鹿?"

"也没看到。"

"那有没有看到,一条狗牵着一匹马在追一头戴着狐皮帽、背着猎枪的鹿?"

鹿群 普哇杰/摄

"更没看到。"

据说，后来猎人不再打猎了，因为他没有了猎枪和猎犬，没有了可以追逐猎物的骏马。只是，偶尔想起这段离奇的狩猎经历时，他还会坚持自己的说法："一声巨响将整个世界都给轰没了，它眼前一黑，轰然倒地，坠入了无边的黑暗。它一定是被我的枪声给吓晕过去了。而我又把它给烫醒了。"

这是一则藏族民间故事，它还有一个版本，讲述者是我一个过命的朋友和兄弟。这个故事里，猎人那天去打猎碰到的是一只狐狸。他刚要端起猎枪射击，狐狸却一缩脑袋钻到洞里去了。他就把自己的礼帽扣在洞口上，把猎枪挂在马鞍上，把马缰绳拴在狗脖子上，去找另一个洞口。狐狸洞和兔子洞一样，一般都有两个洞口可以进出，从一个洞口进，从另一个洞口出。他找到另一个洞口之后，又从山坡上拔了一把干草塞进洞口点着，想用烟把狐狸熏出来。狐狸刚跑到这个洞口要出来，一看有烟，出不去，又折回去，往刚才进去的那个洞口跑。还好，这里没烟。也没多想，便蹿了出来。可洞口上有一顶帽子，它顾不了那么多，顶着帽子一溜烟跑远了。猎人看到狐狸戴着自己的礼帽跑远的时候，狗也看到了。狗一想，这还了得，一只狐狸居然戴着主人的帽子跑了，就去追。马拴在狗脖子上，狗一跑，把马也牵跑了。猎人这才去追，可是它们都不见了踪影。于是，逢人便问：有没有见到一只戴礼帽的狐狸？都回答：没见。又问：有没有见到一匹马背着一杆猎枪？都回答：没见。猎人很生气地问：那有没有看到一只狗牵着一匹背猎枪的马在追一只戴礼帽的狐狸？都回答：更没看到。

这故事原本是以口头方式流传于藏区的。我曾听不同的人讲过这个故事，虽然故事的基本脉络不会有改变，但随着讲述者身份的变化，故事最终所呈现出来的效果却因人而异，甚至各有千秋。在将它整理成文字时我还发现，口头语言有着书面语言所无法比拟的感染力。因为没有了语境现场，讲述者极度夸张的语气、腔调以及肢体和面部表情所传递的现场语境氛围无法还原，所以其本真朴实的语境生态已经完全破坏。因为我的本意并不是搜集和整理一则民间故事，而是想借此另有表达，使其具有某种启示意义。便自作聪明，写成了现在的这个样子。我试图以过程性交待和心理描写对其有所补救，结果却适得其反。

其实，我想要说的是，猎人与猎物之间整体上呈主动与被动的必然关系，即猎捕和被猎捕的关系，但也存在变主动为被动（或变被动为主动）的偶然关系，即被猎捕者掌控猎捕局面——最终，因果得以转换，黑暗变成了光明，阴谋变成了真相，血腥变成了彩虹，屠杀变成了生命的游戏，狩猎的悲惨场景变成了猎物捉弄猎人的幽默喜剧。虽然，这是一个猎人的故事，但它的落脚点并不是猎杀和被猎杀的故事情节，而是对生命的礼赞，是用笑声从心底里发出来的礼赞。

这是一个猎人的故事。我们需要记住的是，这个猎人使用的不是箭，而是火枪，它意味着以刀剑为标志的冷兵器时代已经结束，以枪炮为标志的火器时代已经开始。作为一种兵器，火枪比弓箭来得更加直接，也更加有效。火枪的出现与火药的发明有关，火药位列中国古代"四大发明"之一，是人类文明史上最重要的发现之一，它对人类文明的深远影响丝毫不逊于印刷术和指南针。一个使用弓箭的猎人与一个使用火枪的猎人有天壤之别，虽然都是猎人，但是他们的猎捕能力不可同日而语。除了眼力和定力之外，手握弓箭的猎人还须有惊人的臂力，而一个持有火枪的猎人只需扣动扳机即可。

尽管猎人在后来的藏族社会中成为被歧视的对象，但是，很久以前也许并不是这样。青藏高原严酷的自然环境决定了人类的生存状态和生活方式，狩猎也许是藏族先民最原始的生活方式，因为狩猎，他们开始驯化野生动物，继而衍生为饲养牧放，最后才开始游牧。

但是狩猎还在继续，游牧天涯与追逐猎物相得益彰。果洛亦然。

2
part two

传说中果洛藏人的祖先也是一位猎人，我们得记住这位猎人。果洛最早的那个猎人也使用弓箭。

相传，很久以前，一个多康的勇敢猎人来到年保玉则山下生活。一天，他看

大头盘羊 普哇杰/摄

到一只老鹰叼起了一条小白蛇，看小白蛇可怜，便一箭射杀了老鹰，救了小白蛇。不曾想，这小白蛇竟是年保玉则山神的儿子。山神见猎人勇敢善良，让自己的夫人给猎人托梦，把他请到山神的宫殿说话。见面之后，老山神说，猎人那天救下的小白蛇是他的儿子，请他来就是要感谢救命之恩的。山神的宫殿里有无尽的财宝，猎人尽可随意挑选。猎人说，路见不平拔刀相助原是猎人本色，不必言谢。老山神听着高兴，但随后又叹了口气说，第二天，他会有一场恶战，对手是一个恶魔，吉凶未卜，便问猎人可否助他一臂之力？猎人说，能助山神替人间除恶是他无上的荣耀。闻言，山神大喜，遂告知猎人，第二天他将化身一头白牦牛，与化身为一头黑牦牛的恶魔交战，让猎人躲在暗处，见机行事。

第二天，猎人早早来到山下等候。不一会儿，狂风大作，飞沙走石，天昏地暗。只见半空中，一头白牦牛与一头黑牦牛已经摆开阵势在

年保铁匠山全貌　格日保/摄

厮杀，大战几百个回合不分胜负。接下来的鏖战中，黑牦牛渐渐占了上风，白牦牛借机向一旁腾空而出。猎人知道，这是老山神的脱身之计，便弯弓搭箭，瞅准了黑牦牛的要害处一箭射去。只听得"嗖"的一声，黑牦牛应声落地，化作一股黑烟飘走了。

　　猎人再次被请到山神的宫殿。老山神说，他有三个女儿，为感谢救命之恩，他愿意将其中的一位许配给猎人为妻。并告知，她们会以不同的形象依次出现在猎人眼前，让猎人自己挑选。临别，还给了他一根木棍，并一再嘱咐，无论他看到什么，只要用这木棍轻轻触碰一下，山神之女便会受到点化，现出人形——想来，那根木棍应该是一根魔杖。次日，山神的大女儿、二女儿分别以一条巨蟒和一头雄狮的形象出现了，猎人被吓坏了，没敢用木棍触碰。最后出现的是一条小花蛇，这下猎人不怕了，就用那木棍轻轻碰了一下小花蛇，它一下就变成了一位美若天仙的女子。这就是年保玉则山神的小女儿梅朵陀金。现在年保玉则山下的西姆措湖就是她的化身。山神告诉猎人，因为他这个小女儿早已许给另一位山神阿尼玛卿（按辈分，阿尼玛卿当为西姆措的舅爷，应该不是许配给这位老山神甚至不是

他的儿子，而是许配给他的孙子），他们婚后生下一个儿子后，他女儿就得离开猎人。后来，猎人和梅朵陀金生了一个儿子，叫帕合太。孩子刚一出生，梅朵陀金即被阿尼玛卿掳走了。后来，帕合太又有了四个儿子，其中一个儿子出家为僧，另外三个儿子也个个勤劳勇敢，子孙后代繁衍生息。据说，今天上、中、下三果洛的子民都是他们三个人的后裔。

这个传说也有好几个版本，尽管各版本的故事情节不尽相同，详略程度不一，但主要的情节没有太大出入。其中，吉隆·扎西尖措和吉隆·图却多杰两兄弟所著《果洛宗谱》的记述最为详尽曲折，这部完成于19世纪初的作品影响广泛。据说，以前果洛藏区的很多家族都有家谱，吉隆兄弟在写这部书时，曾广泛搜罗研究这些家谱，在此基础上完成了这部对果洛后世产生深远影响的著作。至今，果洛藏人都普遍认为，有关果洛藏族的历史，这本书依然是最权威的著述，堪称经典。

不过，无论是不同版本的民间传说还是史书记载，里面所讲述的基本事实大同小异。那就是都承认，很久以前，果洛一直有土著藏人生活在这里，其聚居区核心地带应该在今天班玛县的玛可河、多柯河流域和久治县年保玉则周边地区。

果洛藏寨

年则、卡日、巴来等是当时主要的几个土著部落，属藏族四大姓氏之扎氏，其中以年则部落的势力最强。据智贡巴·贡却乎丹巴绕杰在《安多政教史》中的记载，那个时候，巴尔康南部果洛地方，有一户朱姓官人迁至古科隆哇驻牧，历经数代。至朱拉嘉本一代，其子朱安本苯佛兼修，成为大咒师。后来，因与岭部落之间的矛盾离开原住地，迁往多绕上部的玛莫玉多地方游牧。

按《安多政教史》的记述，这件事发生的时间是佛教前弘期，也就是说，至迟在公元9世纪前，朱拉嘉本部族已经迁至今果洛境内，距今已经有1000多年甚至更长的历史。当代的一些藏族史学家说，这是元帝师八思巴统领三大藏区时发生的事。作者倾向于前者，因为如从后者，岂不是说，果洛的历史只有700多年，站不住脚。且以汤惠生先生的判断，这也正好是青藏古岩画出现的历史下限。与班玛玛可河谷古岩画总体考量，肯定是果洛先民所为，所以，我更加确信是前者。不过，以《果洛宗谱》的记载，三果洛的历史也就700多年，这当然不是果洛的全部历史，至少不包括当地土著的历史。

我想象过，那个时代的果洛藏人在游牧狩猎之余做些什么？是否偶尔也会有艺术创造的冲动，并在那些大河谷地的岩石上刻画过他们生活的场景？答案应该是肯定的——但是，有关果洛以及整个藏地的古岩画，我将在后文加以叙述，先卖个关子，暂且不表。

据年轻藏族学者、《果洛藏族历史文化》一书的作者华杰洛周先生的讲述，年则之女为朱拉嘉本之妻。几十年前，朱拉嘉本在去拉萨和梅里雪山朝拜的路上，与年则头人之女相遇，并结为夫妻。所以，当果洛部落与岭葱土司发生矛盾时，朱拉嘉本就迁往何地为宜与儿子朱安本交谈时，朱安本就回答说，还是迁往大渡河上游舅舅家方向为好。此说，尚有预言："速去东方舅父的地方，大业福祉之地。"朱拉嘉本等果洛部族就这样从金沙江上游来到了大渡河源区——扎氏三部落的领地。女儿一家回到家乡时，年则头人问女儿需要什么样的帮助时，女儿说，她不要牛羊，也不要财宝，只要一片土地，供族人生息。年则头人就把多柯河流域的大片土地和草原给朱拉嘉本部族居住，但是，有一个条件，这土地只是借用，以后是需要归还的。总之，朱拉嘉本与年则部落之间是存在姻亲关系的。

华杰洛周曾用五六天时间，将他的这部心血之作口头翻译给我听，使果洛的历史文化第一次在我心里有了清晰的轨迹和脉络。对我来说，这无疑是果洛历史文化的一次集中学习和受教育过程。他充满激情地讲述，将一段历史变成了有血有肉的传奇故事。

据说，后来发生的事是年则头人所始料不及。没多长时间，朱氏部族日益兴旺，势力越来越大。有人就给年则头人说，如果不趁早除掉果洛部族，恐养虎为患，日后必将遗祸年则部落。年则头人听信此言，欲速战速决。便与卡日、巴来部落秘密商议，集结三部人马，择日出征，欲一举歼灭朱氏部族。此时，年则头人还得到一个消息，说他的一个下人平日里与朱拉嘉本交往密切，关系非同一般。稳妥起见，他们将这个人五花大绑，秘密囚禁，以防走漏风声。如此这般，仿佛已经万事俱备，只等一声令下，朱氏部族便会立刻灰飞烟灭。

大队人马已经集结完备，个个摩拳擦掌，群情激昂，仿佛已经等不及出征的号令了。大队人马的秘密行动不宜大张旗鼓，最好是在天黑以后行动。从年则部落的大本营往朱拉嘉本部族所在地的多柯河流域,要翻越一座大山,他们务必要赶在天亮前逼近敌营,而后一举灭之。按说,这也不难做到。年则族人兵强马壮,人多势众,再看那朱拉嘉本一族,缺兵少将,加之毫无防备,简直不堪一击。不用多想也能知道结果,年则部落已经胜券在握。因为这原本就是一场实力悬殊、毫无悬念的屠杀,胜败已成定局。

出征的队伍刚刚出发,人们就在焦急地等待凯旋的消息。两个看守在囚牢门口的人也急得直转圈。那个被五花大绑、怀疑可能会通敌的下人也很着急,他总觉得年则头人这事做得太过了,翁婿之间有什么事不能坐下来好好说,何至于此?他不能坐视事态的发展。他看了一眼激动兴奋的那两个看守说:"看把你们两个急得?也难怪,这会儿咱们的人们说不定快到那山顶了,过一会儿就会大获全胜——只一会儿的事。然后呢?你们知道会发生什么吗?"

他们就转过身来好奇地问:"会发生什么?"

他说:"当然是收获战利品了。像以前一样,每个参战的人都会分到很多东西。"

他们没好气地反问道:"这还用你说?"

他又故意问道:"可是,你们两个会分到什么呢?"然后又补了一句:"什么都不会分到,因为你们两个没有去战斗。"

一听这话,两个看守来气了。他们恶狠狠地骂道:"还不是因为你这个叛徒给害的!"

那下人感觉时机已经成熟,就装出一副好心的样子劝道:"不如听我一句劝,你两个现在抄近道赶过去,也许还来得及。你们想,我们那么多人马,他们才几个人,战斗一会儿就结束了。等你们赶到时,厮杀说不定刚刚结束,刚好赶上分东西。"

两个看守说:"我们走了,你跑了怎么办?"

传说这里是那个猎人和年保玉则之女初次会面的地方

那下人叹了一口气，故意说："你们不想去，就算我放了个屁。"末了，又自言自语地说："你们把我捆成这样，我动都动不了，怎么跑？我倒是想跑，可我跑得了吗？"说完了，就倒在那里，没了动静，像是睡着了。

两个看守一想，也是，他捆成那样，跑得了才怪呢！两人一合计，走，赶紧走。走晚了，别说分东西，连东西的面也见不上了。这两个人就放下他走了。

至于那个下人怎么挣脱捆绑的绳索，又是怎么逃出那囚牢的，对这些细节，所有的讲述人都没有具体的描述。总之，他是逃脱了的，而且，抄近道以最快的速度抵达多柯河流域朱拉嘉本的据点。那时，天还没亮，年则头人率领的大队人马还在路上——大队人马的行进不可能选太难走的路，所以只能缓慢迂回行进。

就这样，朱拉嘉本事先得到了自己的老丈人率领大队人马来攻打女婿的消息，而且赢得了宝贵的时间可以做好迎敌准备。我曾多次到多柯河谷地实地调查，发现那是一条狭窄的河谷，两岸山野森林茂密，河北岸临近玛可河年则部落一侧，有几条主要通道山沟，沟口多悬崖峭壁，地势险峻无比，是伏击迎敌的好地方。尤其是，朱拉嘉本居所之地，两面山峰之间一道陡峭的山梁直横过去，像一道城墙，滔滔多柯河水从山梁北侧绕了大半圈护卫着那道山梁，而朱拉嘉本的府邸就在那道山梁临近河水的尽头，易守难攻。只要守住前面的路口，再多的敌人也很难得逞。

但是，在那河谷里穿行时，我曾想，朱拉嘉本也许不会这样做。他也许会像诸葛亮对付司马懿一样，唱一出空城计，将所有族人都撤出大本营的居所，留下原本就不多的几座空碉楼——我觉得，当时他们已经有三层甚至四层以上的碉楼，之后偃旗息鼓，熄灭所有的灯火，让整个山寨像是还在沉睡的样子。尔后，让所有能上阵杀敌的族人带上刀枪和弓箭，趁着夜色，选一个年则人马的必经之地，那个地方一定要险要，再准备一些方便滚落的石头和火把——多多益善，山下隐蔽处再堆放些柴火木头——亦多多益善。埋伏好后，以逸待劳，单等一声号令，先滚落那些石头，再投掷那些刚刚点燃的火把。等火光四起，敌人乱作一团，所有弓箭手万箭齐发，将敌人

○ 果洛以前的铜锅

○ 玛可河谷　格日保/摄

三果洛的发祥地年保玉则鄂木措湖边,前方的三个拉什则分别是三果洛祭拜祖先的地方

主力一举歼灭。然后,所有族人冲下山去,消灭年则残余兵马。

后来的历史和民间传说中,是这样描述这次非同寻常的部落争斗的:(年则部落)有一百个戴头盔的勇士被杀死,有一百个勇士身上铠甲的绳子被砍断,有一百个勇士被砍伤……

虽然,这只是当时两个部落之间,甚至只是翁婿之间的一次争斗,但是,在果洛藏族的历史上,这依然可以被看作是一次历史性的战役。它的意义就好比是秦赵上党之战。朱拉嘉本一举灭了当时果洛最强大的扎氏年则、卡日和巴来三部落。朱拉嘉本以少胜多、反败为胜的故事因此成为果洛的一个历史经典。今天的果洛藏人普遍认为,反败为胜,正是"果洛"两个字在藏语中的真正含义。至此,大渡河源区大草原的政教大权就被朱拉嘉本父子控制。

三果洛的历史从此翻开新的一页。

游牧巴颜喀拉

part one

朱拉嘉本之子朱安本亦有三子，老三为朱本雅。依照历史记载，那个救过年保玉则山神之子的勇敢猎人应该是朱拉嘉本之子朱安本，而非朱拉嘉本本人。娶山神幼女梅朵陀金为妻的也应该是朱安本之子朱本雅，而非朱安本自己。因为，梅朵陀金此前已经许给阿尼玛卿山神，嫁给朱本雅之后，只能在一起生活一年，不能与他终老，所以，给朱本雅生下一个儿子之后，梅朵陀金即被阿尼玛卿掳走。她所诞之子为帕合太，后来被大明宣德皇帝册封万户。帕合太有四子，依次为多杰本、索南本、班玛本和班玛雅。

出于对多康藏地部落和宗教势力的综合考量，帕合太决定让二儿子索南本出家为僧。据华杰洛周的讲述，索南本出家的寺院就在当初他祖上被迫离开的老家故土，是当地最古老、也最有影响力的一座佛教寺院——噶陀寺。临行，帕合太专门给寺主活佛写了一封信，还备了一份厚礼，信上说，希望看在同宗血缘的份上不计前嫌收自己儿子为徒，并说如果能得到他的支持，帕合太在果洛的地盘上也一定会弘扬他所宗教派的佛法教义，言辞谦卑诚恳。而此时帕合太的势力也正如日中天，名震周边藏地，依然生活在他祖籍故土的族人也早已听到这些消息。正想着如何和解，以平复昔日伤痕，帕合太却及时奉上真诚，再好不过了。于是，活佛不但收索南本为关门弟子，而且，很是倚重。后来，帕合太果然没有食言，确切地说，是索南本替父亲兑现了诺言。

帕合太临终时，做出了一个大胆的决定，没有把王位传给其中的某一位，而是分给了剩下的三个儿子，这是三果洛最初的部落势力格局。而留给索南本的就是父亲未竟的事业，虽然，既没有地盘，也没有王位，但是，他实际上就是帕合太的继位者。最后，他的确让果洛地方的很多寺院改宗新的教派。此后的果洛，历史上曾多次

果洛藏寨　才仁普措／摄

出现觉囊派改宗宁玛派，或宁玛派改宗噶玛噶举派的事情，其根源与索南本如出一辙。

多杰本有两个儿子昂欠本和阿什羌本，很快又成为举足轻重的两个部落，尤以阿什羌部落势力最强，致使班玛雅部落也并入其势力范围，合并为一个更大的部落。班玛本依然是一个部落。一个新的三果洛就这样形成了，这就是：昂欠本、阿什羌本、班玛本，依次为上果洛、中果洛和下果洛。

上果洛昂欠本辖1400余户，分两大部落和若干小部落；中果洛阿什羌本辖1300多户，分若干中小部落；下果洛班玛本辖900余户，分很多小部落。

也许，直到元代以前的果洛大致上都延续着这样一个基本格局。一般认为，因为地处高寒，并有巴颜喀拉、阿尼玛卿等雪山峻岭和大江大河的阻隔，元代以前的果洛基本上处于"三不管"地带，曾长期处于自我封闭的状态——当然，也能将一切外部力量拒之门外。即使古白兰时期曾一度处于唐朝和吐蕃那样两个强

大力量的夹缝中,果洛也几乎没有受到太大的冲击,独享封闭而平静的生活。虽然,不时也曾与西藏和内地中央政权建立过隶属关系,但这种联系并不持久也不紧密。凭借地理优势,作为一个封闭的独特地区,三果洛有着悠久的历史。

我想说的是,在历史断代的意义上,果洛此前的历史是比较模糊的,是粗糙的。尤其是时间接点的表述上是有出入的,即使有时间标记,大多也是笼统的,大概的,甚至是夸大的。它的一个特征或表征是,大量历史事件得以流传下来,不是因为记载,而是口耳相传。在我看来,至少一直到元代以前的果洛历史是这样。果洛的历史变得清晰起来也是元代以后的事,至少在汉文字记载的历史是这样。

果洛,在藏语中的叫法是果洛克松,可直译为三果洛或果洛三部。据《安多政教史》的说法,在汉文史书中,有关果洛的记载最早出现在明朝初年。历史文献中的"俄洛""郭罗克",皆为不同译音的同一个地方:果洛。虽然,《诗经·商颂》《左传》《史记》《汉书》《后汉书·西羌传》《新唐书》《元史》等都有有关果洛的零散记载,但这些记载大多都是不准确的,充斥着猜测、妄断乃至讹传。《后汉书·西羌传》坦承:"发羌、唐旄等绝远,未尝往来。牦牛、白马羌在蜀、汉,其种别名,皆不可纪知也。"故本书从略不录。这些记载都将果洛先民归于西羌、党项羌、白兰羌等,称果洛为西番地。普遍认为,7世纪后,随着吐蕃王朝灭吐谷浑诸部,一部分党项羌内迁至陕甘一带,未及迁徙者与吐蕃融合,成为后来的果洛藏人。不过,我也不大赞同有的藏史学者有失客观的质疑,他们将自古长期居住在甘、陕、宁、青、川、滇广阔地区上的远古居民都视为藏族先民,进而认为史书上所谓"羌""西羌"等系远古藏族。

我们必须得承认一个事实,除了汉文典籍中的零散记述,因为还没有文字,直到唐代以前,藏民族自己并没有任何历史记载,所有的历史人物以及事件都是以民间口头传说的形式流传于后世的。很多藏史学者对汉史记述的质疑也许有道理——因为它确实存在诸多疑点,并非无懈可击,但是,如果我们据此认定藏地

巴颜喀拉山麓草原　肖巴/摄

的民间传说才是真实的历史，那么，我们有可能从一个极端走向了另一个极端。李文实先生生前在其《西陲古地与羌藏文化》中曾深入地探讨过这个问题，尽管我对李文实先生的有些观点也非完全赞同，但是，他严谨的治学态度和求证方法仍令人叹服。他似乎在提醒后人，面对悠久的历史文化时，我们必须有所克制，避免以狭隘的民族主义替代理性科学的判断。

当然，就像我们对青藏高原的认识还只是一个开始一样，我们对其历史文化的了解也是十分有限的，其中包括青藏高原人类的起源以及远古时代高原土著民族的历史。毕竟，所有后世学者都不是历史的见证者，尤其越是久远的历史，我们越是依赖先人留下的文字。即使像李文实先生那样杰出的学者也不例外。从史籍走向史籍书写而成的历史，须有一个前置的基础条件，那就是前人的文字不仅是可信的，而且必须符合历史事实——可我们谁也无法证实哪些记载才是历史事实，哪些不是。这也许是历史学家永恒的困惑，但唯有面对，无法逃避。我想，历史的真相远比我们所想象的要复杂得多，绝非是非此即彼那么简单。

"事实上，人类在很久以前就是一种流浪的动物了。他们大范围的移动为人类从古至今无节制的移民提供了一个历史的注脚。"（引自杰里·本赫特、赫伯特·齐格勒《新全球史·文明的传承与交流》）

所以，我也并不一味地反对新近藏史学者的一些观点，尤其是他们结合语言学和民族地理学所提出的批评和质疑并不是毫无道理，至少称得上一家之言。他们认为，"汉史中对多康藏族不称'博'或'吐蕃'，而称'羌'。这与当时汉族史家对远古藏族的情况不甚了解而为之"。（引自得荣·泽仁邓珠《藏族通史·吉祥宝瓶》），因而用"羌"来称呼他们。泽仁邓珠说，"羌"是藏族先祖四大种姓中冬氏种姓迁移至多康的一大部落繁衍起来的。"冬"字在汉史中写成了"党"，"党项""党族"等，实为"冬"字之音转所致。著名的岭格萨尔王就属冬氏种姓。他还引用汉语言学的注疏说，甲骨文上的"羌"字从羊，从人，是西部少数民族的泛称。依《说文解字·羊部》中的解释，"羌，西戎牧羊人也"。泽仁邓珠在《藏族通史·吉祥宝瓶》中写道："汉代对多康地区远古藏族的称谓依然是以居住的地形、地名、饲养的畜种及颜色等形象来称之为：白马羌、牦牛羌、参狼羌、黄

牦牛群 尔科/摄

羌、青衣羌、颜昌羌、党项羌、西羌、嘉良夷、冉、西山云夷等。"不得不承认，他的分析是有道理的。

虽然，在汉语世界里这些话也许很难理解，甚至匪夷所思，但在藏语世界里这几乎可以说是一个常识性的知识。稍稍有点历史文化知识的人，都清楚"羌""党项""冬"说的其实就是一个意思。今天川西的白马藏族，就是汉史中的"白马羌"，今天的果洛玛沁县还有一个地方叫"党项"（音），是一个乡的名字。

不过，历史上的党项、羌、戎等部族是否就是独立的民族，或者他们是否就是今天的藏族的先民，那是另一回事了。因为无论东方还是西方，无论汉族还是少数民族，各民族间的融合从未停止过。在这一点上，我赞同李文实先生的观点："自从有了国家这个体制产生，也极少存在单一的民族国家，除了古代有些氏族、部族以及民族（如吐谷浑、沙陀、党项等）在历史发展过程中因融合或其他原因而自然消亡外，大多数民族共同体，都是在历史进化中演变而成的新群体。"（引自李文实《西陲古地与羌藏文化》）汉族是这样，藏族也是这样。

在藏族历史上，果洛属多康地区。如果从历史文化的角度来划分，多康应该属今康区，但果洛是一个独立的单元，既区别于卫藏、康巴，也有别于安多。我感觉，在方言上，它介于安多和康巴之间，比之安多方言，它多了些刚烈豪迈，比之康巴，它又少了些弹性张力。因而，靠近安多的地方更像安多方言，靠近康巴的地方又接近康巴方言。而在包括宗教在内的文化形态的细微变化上，它则更接近康巴。但果洛一直都有自己独特的生活和行为方式，套用藏族杰出的小说家江洋才让《康巴方式》的出色表达，我把它称之为：果洛方式，或藏地的果洛样本。

3
part two

就在这样的方式中，上、中、下三个果洛氏族部落又不断发展壮大，一个大部落又分成了若干中小部落。再后来，小部落也成了大部落，大部落又分成了若干小部落。如此循环往复，于千余年间，这三个人的子孙后代已经遍及整个巴颜喀拉北麓，包括甘肃甘南藏族自治州和四川阿坝藏族自治州的大部。部分部落甚至翻过巴颜喀拉山，在今玉树藏族自治州的称多县、曲麻莱县，四川甘孜藏族自治州的色达县全境和石渠县局部也有少量分布。

虽然，这三大部落在果洛的分布和势力范围后来各有进退变化，小范围的部落争斗也从未停止过，但是，部落之间大的纷争似乎再未发生过。总体上，三大部落平分秋色的格局得以一直延续。从果洛社会族群的构成来看，直到今天，三果洛的基本脉络依然十分清晰。

与其他藏区的藏人一样，整体上讲，果洛藏人的生产生活方式也是以游牧为主，逐水草而居，不停地迁徙和漂泊是他们最基本的生存状态。部落内部和部落之间的迁徙从未停顿过。但三果洛的核心聚居地依然是玛可河、多柯河流域，随着部落人口的日益增加，耕地和草场也日益趋紧，人地矛盾、草畜矛盾尖锐。因而迫使他们中的很多人走出玛可河、多柯河谷，向整个河源巴颜喀拉山麓，去寻找新的草场。

这个时候，在今玛多、达日、甘德、玛沁等河源地区的一部分和曲麻莱县曲麻河、秋智及称多县清水河一带的辽阔草原上，也有一个很大的部落，其首领为泽哇杰布，势力强大。泽哇杰布与德格杰布和果洛杰布（杰布有王、首领或酋长之意）是当时整个多康藏区最有影响力的三股地方势力。德格杰布的势力范围从今川西大部一直到青海玉树南部和西藏昌都，果洛杰布的势力范围包括了今青海班玛全境、久治年保玉则一带和四川壤塘、色达、阿坝等地。

其中，泽哇杰布部落原为德格杰布的一个小分支，后因部落内部纷争向河源地区迁徙而来。当时的整个河源地区只有少量土著，水草丰美的广袤大地几乎仍处于无人区状态，这给了他们无限的希望。因为地域辽阔，随之迁徙或投奔而来的族人也越来越多，部落势力也日益强大，成为盘踞整个巴颜喀拉山麓的一支强大地方力量，不可小觑。这一地区又正好是《格萨尔王》史诗故事广为流传的核心地带，人人都以雄狮大王格萨尔为精神偶像，它无疑给这个原本就很强悍的部落注入了更新鲜的血液，使其更加彪悍威猛，大有急剧扩张的气象。

看着他们一天天发展壮大，德格杰布看着不顺眼，总想找个机会压压其嚣张气焰。正在这时，机会却自己找上门来。

泽哇杰布有个儿子，已经到了娶妻生子的年龄，可是在与谁联姻的事上，他一直举棋不定。一天，他就此事征求属下的意见。结果大家都给出了一致的建议，说跟果洛杰布联姻好，因为果洛不仅有实力，而且毗邻泽哇，遇事可相互照应，以长远计，与己有利，此为上策。泽哇杰布却说，他也想到过果洛，于情于理这确实是个理想的选择，可是，一想到要与果洛联姻，他总有一种不祥的预感。但是，为什么会有不祥的预感，他一时也说不明白。既然大家都觉得与果洛联姻好，那就果洛了。

这又是一次政治联姻。其实，无论东方还是西方，这种出于政治考量进行的联姻一直没有停止过。昭君出塞、文成公主远嫁的历史故事也许远比我们从舞台上听到的戏文要沉重复杂得多。再看看西方列国（包括俄罗斯），各皇室之间的那种政治联姻更是层出不穷，尤其是那些历史上有名的女皇和皇后，几乎每个人背后都有一段这样的故事——当然，也不乏风流韵事，直到今天，她们还一直是影视界取之不尽的惊艳题材。与其说我们是在书写历史，毋宁说是在利用人类的同情心和眼泪。我们不得不承认一个事实，所谓政治联姻，它所考虑的从来就不是儿女情长，甚至它从未考虑过儿女私情，一点也没有，否则，它就不叫政治联姻了。对泽哇杰布和他儿子来说，也不例外。

就这样他们迎娶果洛阿什羌康干土司的女儿过门。事后，他们才发现，泽哇杰布的儿子并不喜欢族人为他刻意挑选的这个妻子，他的心已另有所属。原来此前，他已经与玉树一个部落头人的女儿私订终身。阿什羌康干土司的女儿在泽哇备受冷落，一次回娘家时，她说，再也不想回泽哇的婆家了，因为他嫁的那个男人心里根本没有她这个女人。他父亲康干土司却没有答应，说，射出去的箭，泼出去的水，那里是你的家，你得回去。她告诉父亲，如果硬要让她回去，恐怕再也回不来了。听得这话，康干土司心惊肉跳，可静下心来一想，不至于。毕竟，阿什羌还在，三果洛还在。虽然，泽哇部落日益强盛，但是，它要跟阿什羌和三果洛为敌，不会有好结果，这点他们不会不清楚。

阿什羌王的女儿回去之后确实再也没有回来。那年冬天，泽哇杰布儿子一行

玛域草原 散站/摄

去西藏朝拜，她也同行。可在返回途中，她被无端杀害。朝圣的队伍还没回到泽哇草原，阿什羌王之女被害的消息却已传遍了草原。阿什羌康干部落也听到了，甚至远在德格的德格杰布也听到了。德格杰布还特意送来了一封信，称这是奇耻大辱，如果要报仇雪恨，德格杰布所属大队人马愿听阿什羌王的调遣，随时准备为其赴汤蹈火。三果洛所有部落头人也纷纷表示不惜一切代价，愿为康干土司讨回这个公道。可是，这些好意均被康干土司婉言谢绝，他说，对付一个泽哇杰布，犯不着劳顿大家，仅康干人马足矣！大战在即，康干土司先请活佛占了一卦，而后，又请活佛念护法咒语，欲一战取胜。

再说泽哇杰布这边也料定他们与康干土司这一仗在所难免，便

河源景色　肖巴/摄

也早有防备。战争发生于公元 1850 年，一开始，泽哇杰布派出一员大将，康干土司亲自迎战，只一枪便将其挑于马下。第二回合，康干部落出战的是华青公保王子，也一战全胜。结果正如康干土司所料，泽哇大败。泽哇杰布率 2000 多残余部众逃往金沙江源区，泽哇杰布此前所有领地全部并入果洛。

至此，三果洛各部落向河源大草原的迁徙渐次展开。没过多久，从黄河源头到大渡河源头，从阿尼玛卿雪山到整个巴颜喀拉北麓，原来泽哇部落的草原就成了三果洛的牧场。其中也包括了巴颜喀拉南坡的大片草原，再往南就是德格杰布的地盘了。原来果洛与德格之间隔着一个泽哇部落，一片广阔的草原，现在没有了这个中间地带，两个强大的部落就挨到一起，毗邻而居了。

那个时候，果洛先民已在玛可河谷开垦有小块农业区，种植青稞、土豆和莞根等农作物，补充食物。也许他们还采集山上的野生海棠叶子煮茶喝——今天班玛县着力打造的藏茶产业说不定在千年以前就已经开始孕育。藏地大部为草原牧

区，藏人多以放牧牛羊为生，除却东北部河湟谷地、甘肃南部、四川和云南西部、西藏雅砻河谷，玛可河谷也是藏地最早开发的小片农业区。所以，果洛藏人一般都会自豪地夸耀说，别的地方都是从游牧文明过渡到定居耕作的农业文明的，而果洛藏人是由农耕走向游牧的。

随着部落人口的日益剧增，部落中的一部分人开始赶着他们的畜群，告别曾经的居住地和耕作的土地，驮着帐篷和锅碗，带着部落的山神和佛龛，走出玛可河谷，走向整个巴颜喀拉山麓，开始迁徙远方。巴颜喀拉山麓大规模的游牧时代由此开始。

一开始，所有到远方游牧的人家还有留守的人，大多是老人和孩子，他们也许就是最早的留守儿童和空巢老人。那个时候，去远方游牧的人还能时常回来，尤其是农忙季节，一定是要回来的，他们不会忘记播种和收获的季节。可是，后来他们中的很多人越走越远，曾经留守故土的老人也都走了，曾经留守的孩子们也已经长大。而新出生的孩子们已经适应了游牧草原的生活，再也无法将他们送回故土继续留守。即使这样，每年播种和收获的季节，他们中的很多人还是会回到故土，去完成播种和收获。

有朋友告诉我，直到百年以前，分散到巴颜喀拉山麓的很多牧人还在延续这样的生活，春天去播种，秋天去收割。收割完毕，他们会驮载着新收获的青稞和其他果实，回到牧地。为此，一年中，他们中的很多人行走十几天甚至更多的日子，往返于故土和牧地之间。这样的日子可能持续了一百年之久，对三果洛族人来说，这称得上是一次久远的跋涉，像朝圣。他们一代代人，不停地踏上返乡之路，又不停地离开故土，向着远方迁徙，像是一次次轮回。直到今天，分散在各地的三果洛后裔还会不断回到玛可河谷，不过，不是去播种和收获，而是去祭拜。祭拜祖先们供奉在那里的神灵和佛像，完成一次精神的跋涉和心灵的回归之旅。

班玛梯田 付洛/摄

像我们每个人的返乡之路一样,归去时,他们心里装着的不仅仅是怀念,也许还有乡愁。悠悠岁月,漫漫长路,乡愁依然如雪山之巅的一缕云霞,时时从他们心头上拂过,从未消失过。

期间,还发生了一次小规模的部落之战,战争在黑水部落与三果洛之间展开。黑水王率部来攻打果洛,中间隔着一个阿坝。黑水人还没打到果洛,阿坝部落早已将消息通报给了果洛。三果洛联合迎敌,虽各有伤亡,但黑水的损伤更大。黑水人撤回。

此后,果洛人开始抢掠德格杰布的地盘,抢牛羊,抢女人,抢奴隶,什么都抢。果洛人为什么会这样呢?他们当然不是被泽哇之战的胜利果实冲昏了头脑才这样做的——如果有这个因素,那也不是决定性的因素——事实上,这是果洛人一贯的做法,堪称部落传统。作者以为,这是总有邻近部落来攻打果洛的一个主要原因之一。至于这个"传统"是从什么时候开始形成的，不好说，也许是从朱拉嘉本攻陷年则部落的那一天开始的。总之，至少从这个时候开始，果洛各部落劫掠抢夺之风日盛。一次，他们甚至还劫过达赖喇嘛和班禅喇嘛的商队。

德格杰布感到，如果不跟果洛一战，教训一下果洛，将永无宁日。便召集所辖农区和牧区所有兵力，公元1873年从金沙江那边打过来，奔袭果洛。果洛也提前得到了消息，三果洛再次联合迎敌。德格军队抵达果洛边境时，三果洛的大军已在那里等候多时。这是一场大战，战斗在好几个战场同时打响，持续了很长时间。德格军伤亡惨重。德格杰布感觉形势不妙，如果继续打下去，没有胜算。便紧急召集会议，决定停战，撤军。

德格杰布回去之后，休整了两年，但还不死心，公元1875年，再次集合力量，攻打果洛。这次，中果洛没有参战，只有上、下两个果洛联合迎敌，几场战斗打下来，双方仍不分胜负。德格再次撤军。这次部落之战结束之后，很长一段时间里，没有一个部落敢来攻打果洛。果洛的边境巩固，地域更加辽阔，人口也日益众多。

再次发生部落之争，已是很久以后的事了，嘉绒黑水部落来攻打三果洛，虽各有伤亡，但黑水部落损伤更大——黑水人撤回。

那个时候，工业革命早已拉开帷幕，世界正在告别农业文明时代。虽然早在明代，中国个别地方就已经出现了工业文明的萌芽，比如中国的东南沿海，但是，整体而言，一直到清末，中国仍处在农业文明的时代，果洛更不用说了。而西方列强的枪炮已经架在中国人的家门口了……由地理大发现时代引发的长达数百年之久的全球性殖民掠夺愈演愈烈，正在改变地球文明固有的格局，而且，它也注定了要改变地球未来的模样。

即便如此，那个时候的人，也想象不到，有一天全球气候会变得越来越炎热，地球会变成现在这个样子。那个时候的青藏高原远比现在寒冷，果洛也一样。一年四季，整个巴颜喀拉山麓几乎都被大雪覆盖，白茫茫一片。而像阿尼玛卿、年保玉则那样的雪山则终年遮盖在厚厚的冰雪之下。一条条冰川从山顶一直延伸到雪山脚下，冰川之上还落着厚厚的白雪。只在山下河谷滩地，十分短暂的夏季才

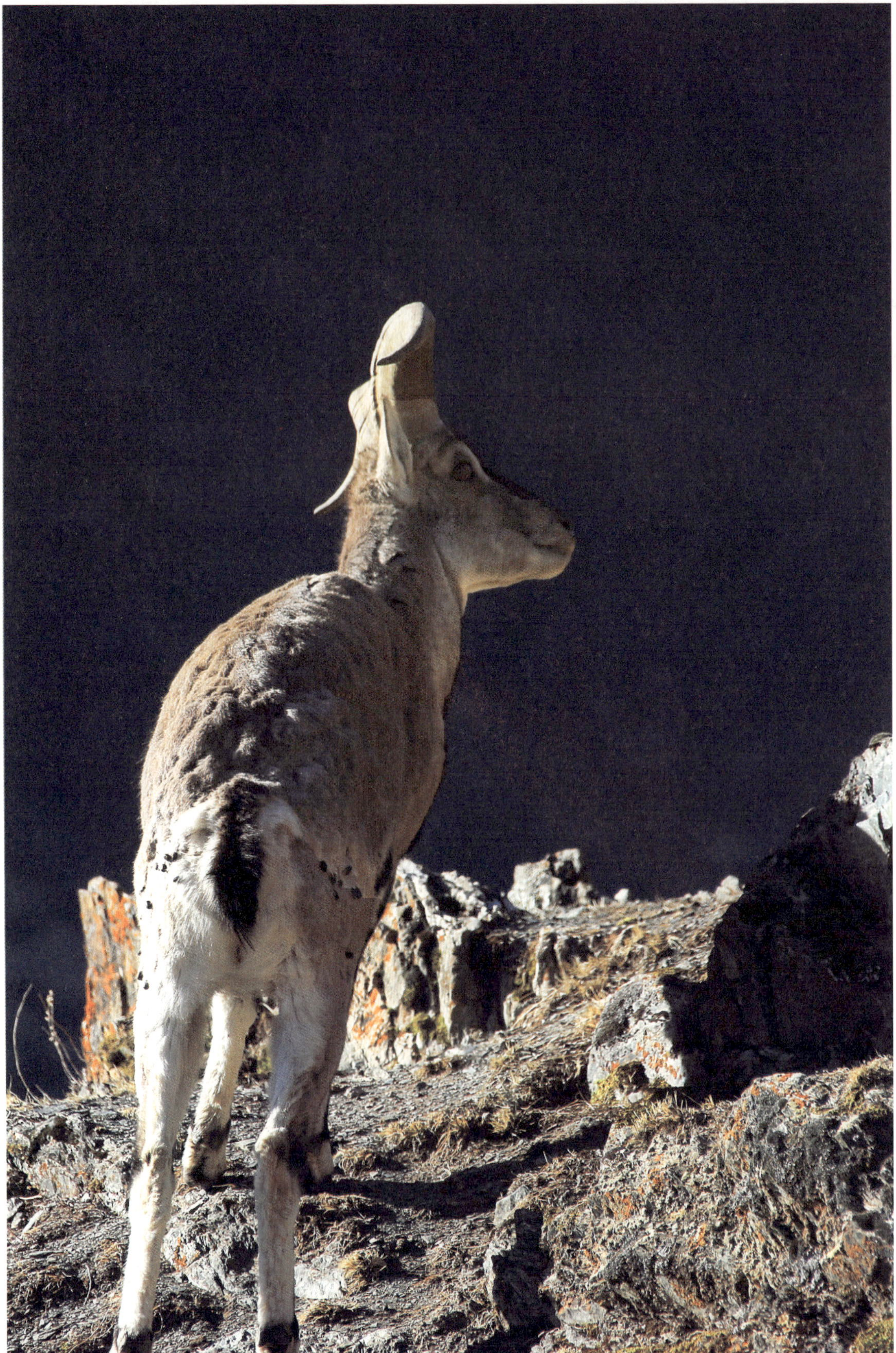

会有珍贵的牧草生长。可牧草刚刚返青，冬天又要来了，雪又开始飘落，长达近十个月的雪季又要开始了。几乎每年，前一年的雪还没有融化，后一年的雪又接着下了。

当春天要来临时，因为厚厚的积雪，牛羊找不到食物，大批的畜群开始纷纷倒毙身亡。一群一群的草原狼和流浪狗整天在牛羊的尸体中间奔跑嬉戏。一群群高山兀鹫和乌鸦像乌云一样从空中飞过。人和所有的生灵都一样祈盼每天有明媚的阳光，可又害怕阳光。当强烈的阳光照在茫茫雪原上时，人们睁不开眼睛。人们的眼睛一直布满血丝，泛着红光。很多人会因此患上雪盲，什么也看不到了。他们分不清自家的狗和草原上的狼。要是一个人走在雪原上，常常会遭遇狼群的攻击而丧命。

这里不得不指出，果洛藏人生存环境的严酷性，从某种意义上说，一直到上世纪末，这样的历史一直在延续。近半个多世纪，包括果洛在内的青海南部草原，先后发生过5次大雪灾。累计死亡牲畜超过千万头只，相当于上世纪中叶青海省牧区各州县牛羊年存栏数的总和。而且，每次大雪灾过后，都需要近十年的不懈努力才能使牲畜存栏数恢复到雪灾前的规模。灾难如此循环往复，像一道魔咒严重困扰着藏地。

但是，这片称之为雪域的高大陆，又不能没有白雪的覆盖。没有白雪飘落，就没有雪山和冰川。雪带给草原的也不只是灾难，还给草原带来福泽和祥和。没有大雪飘落，牧草不会生长；没有大雪飘落，江河湖泊就会干涸；没有大雪覆盖，这高寒之地也不会有生命的繁衍。对雪域高原的民族和他们赖以生存的草原和牛羊，没有雪的世界是最孤寂的。

虽然，玛可河谷依然是三果洛政治、经济和文化中心，但是，依然居住在玛可河谷的居民已经不是主体，部落中的大多数族人已经完成了由农耕而游牧的转变，他们有了新的家园和辽阔的牧场。

我们假设，他们中的一户人家已经迁徙至黄河源区的玛多草原，比如鄂陵湖滨草原，家中有一个人要回玛可河谷，比如去江日堂的白扎寺朝拜，尔后，再返

班玛仁拓岩羊　肖巴/摄

回玛多草原上的家园牧场。对他来说，这肯定是一次远行。我设想过，如果他是骑马出行，而且不会逗留太多时日，往返一次至少也需要一个多月时间。而他心里很清楚，这一个多月里，他其实还没走出自己部落的边界。

而在以前的现实生活中，他甚至很难完成这样一次远行，如果他要回去，他恐怕得有长时间无法返回的心理准备。因为，他不仅要翻越数座海拔5000米上下的高山——至少一次翻越巴颜喀拉山，还要渡过多条大河，而且至少一次要从黄河上渡过——这在夏天几乎是不可能的。沿途还有无尽的荒原、泥沼和丛林。以当下人类的眼光来看，那时，视野中的一切还保持着最初的原始模样，那也许是高原万物固有的形态、风貌和景致，他仿佛行走在侏罗纪时代的莽原，或冰河时代末期的古大陆。所有的生态环境尚未遭到任何破坏——高原生态环境的破坏是很久以后才发生的事情。当然，那个时候的世界还没有生态环境这样的概念流行，那个时候的人更不会料想到，很久以后的人类会把地球糟蹋成什么样子。

"最后的冰川期最寒冷的阶段是在25000年到18000年前。从18000年前开始，气候逐渐变得温暖湿润。尽管有时候会相当突然地回到冰川期的状态，但为时极短（如大约13000年至11500年前这段时间）。大约11500年前以来，气候保持了一个温暖的时期，称为典型的间冰期，不过间或会有更温暖或更寒冷的天

a 藏原羚　肖巴/摄
b 白唇鹿　藏巨冷保/摄
c 藏野驴　图登华旦/摄

气。全部有记载的人类历史就发生在全新世的间冰期。"（引自大卫·克里斯蒂安《时间地图·大历史·130亿年前至今》）当然，在最后的冰川期之前，地球曾经历多个冰川期和间冰期，也就是说，地球的未来也许还会出现冰川时代，只是不知道它什么时候来临。它来临的早晚决定着我们所处间冰期的长短。

这是从地球气候的历史大周期而言，如果从当下的情势看，也许这真的是最后的间冰期，冰川时代再也不会出现，间冰期会一直延续下去——而且会越来越炎热，直到地球上什么都不剩，直到毁灭。那样，很久以后，宇宙之中谁还会记得地球呢？对苍茫宇宙而言，它就是一粒微尘，微不足道。如果还有被记忆的可能，那一定与另一种文明有关，而非地球文明。比如，某外星系或宇宙文明远程调查，类似于宇宙星际考古。

这话似乎扯远了。回到千百年前的藏地果洛，我们也许会看到，最后的冰川期在这里好像还在继续，至少还没有完全过去。站在那时的雪山下伫望，也许我们就能望见冰河时代尚未走远的背影。

如若这样，远行只能在初春河水尚未解冻前，或冬季河水封冻的时候进行。如此，他要么在河水尚未解冻前及时返回，要么得等到河水再次封冻之后才能返回。那时，山上还有厚厚的积雪，沿途有可能还会遭遇风雪，夜晚不时还会遇到狼群,路途艰险,行走速度也很慢。他还得不时停下来,想办法找到一些干牛粪什么的,烧点热茶暖身子。说不定,他还背着一杆猎枪,主要是为防身,如果运气好,或有兴致的话,他也许还会打一只兔子什么的来补充能量——毕竟那个时候,狩猎还是个普遍的社会行为,为人所称道。毕竟那个时候,野牦牛、白唇鹿、马鹿、藏羚羊、藏原羚等成群结队的野生动物还随处可见,说不定偶尔还能见到雪山狮子……如此,他往返一次可能需要大半年的时间。

这在当时的条件下,无疑是一个无法想象的时空疆域。而现在,如此漫长的一程返乡之路,更无法想象。

有一句话在果洛很流行,叫"天果洛,地果洛"。想必也是从这个时候开始流传开来的。对这句话,很多人都有自己不同的解释,我对这句话的理解是,果洛人觉得:天有多大,果洛就有多大;地有多大,果洛就有多大。这与果洛自身的封闭状态有关,虽然,不能据此断定果洛是一个固步自封、坐井观天之地,但是,至少在此前的漫长岁月里,他们只知道果洛之大,却从未真正面对过这样一个问题:果洛以外的世界有多大?

果洛以外的藏地和世界

part one

那么，果洛以外的世界有多大呢？

《剑桥中国辽西夏金元史》对此前12世纪的世界（主要是指北半球的欧亚大陆腹地的游牧部族世界——作者注）有这样一段文字："那一时期的政治和社会融合的水平，常常是单个部落，或者充其量是各部落之间小而不稳定的联盟。这些部落联盟中最强大的是西边的钦察和准噶尔地区的哈喇契丹。它们确实能够控制草原的几个部分和邻近它的内地。但是，它们不过是古代庞大的游牧帝国——如匈牙利人、突厥人或哈扎尔人所建帝国的苍白无力而且不完善的翻版而已。缺乏政治上的统一同样也是草原东半部的特点。蒙古高原的某些部落（亦儿坚，irgen）保持了他们内在的凝聚力，但其他部落则分解成部落的组成单元——氏族（斡孛黑，obogh），而成为独立实体，他们为了牧地、政治领导权和他们农耕邻居的支持而你争我斗。"

在这段文字之前，这部史书还说，13世纪在蒙古人推动下的草原部落的空前统一、与12世纪的分裂与纷争形成鲜明对比。并称,"从中国东北到匈牙利,所有'毛毡帐篷下的人',无论是主动或者被迫,现在都已成为一个庞大的游牧民族统治下的成员"。

马可·波罗在他著名的游记中曾这样写道:"当他们远征时,他们只带两个装着牛奶的皮袋,一个煮肉的陶罐和一顶遮雨的小帐篷,以外不带其他的器物。在遇到非常紧急的情况下,他们可以连续10天骑在马上,不生火也不吃饭。在这种情况下,他们靠喝马血支撑自己,割开马的血管,让马血喷射到嘴里,直到他们喝饱,然后为马止血……"

传说中,鄂陵湖边的这片草原是松赞干布迎娶文成公主的地方

杰里·本赫特、赫伯特·齐格勒在《新全球史·文明的传承与交流》中——这也是一部以公元1500年为分野将全球历史分为前后两部分的史学作品——写道:"在从1000年到1500年的500年里,中亚游牧民族在世界历史中比以往任何时候都发挥过更重大的作用。"这一时期,在欧亚大陆广阔的历史时空中,纵横驰骋过的马背民族,除了成吉思汗的蒙古大军,前后还有匈奴人、突厥人、波斯人、阿拉伯人……他们不仅改变了欧亚大陆的文明格局,也深远地影响了此后的人类文明。

譬如,1453年,苏丹穆罕默德二世攻陷东罗马帝国拜占庭的都城君士坦丁堡,洗劫之后,他把这座城市作为自己的都城,并用突厥语给他取了一个新的名字:"伊斯坦布尔"。我在阿诺德·汤因比的《历史研究》上读到这一段历史时,看到有一幅征服者穆罕默德二世的画像,便在其下方写下这样几个汉字:"请记住,这一年哥伦布已经两岁了。"像是在给这一年的世界历史注脚，更像是在向未来的世界透露一个秘密。在我看来，阿诺德·汤因比是一个擅长对错综复杂的历史形态进行抽象化比较研究的历史学家，他在这方面的造诣也许只有斯宾格勒堪与之比肩，其《历史研究》《人类与大地母亲》都是我喜欢的作品。

这是世界视野下的欧亚大陆，也是欧亚历史大背景下的果洛。我以为，这种大视野和大背景是不可忽视的。只有这样才能看清自己的历史坐标。

我对13世纪世界历史最深刻的印象是，蒙古骑兵像风暴横扫整个欧亚大陆。从朝鲜半岛直到阿拉伯半岛，从黄河到伏尔加河流域，再直到多瑙河，蒙古大军所到之处，几乎所有的城市和要塞都纷纷陷落。除了在高加索和印度的丛林中遭遇有效的抵抗之外，几乎没受到任何抵挡。蒙古大军甚至差一点先后两次攻占日本诸岛——实际上，也确实曾攻陷福冈和九州岛，而随后蒙古大军在日本所遭遇的重创与其说是来自日本人的抵抗，还不如说是太平洋的海浪和风暴阻止了他们。海洋毕竟不是陆地，更不是草原，骑兵派不上用场，他们先得把战马和将士用船运过海去。为此，高丽人为他们打造了一支非常庞大的船队。其中，第二次攻打日本时，蒙古人集结了10万大军，还有1.5万名高丽水军和900艘船只。但两次攻打日本的蒙古大军都被风暴和台风吹散了。

蒙古帝国就这样进入了世界的视野。如果说，此前的藏族社会同样是一个非常强大的游牧帝国，那么，在接下来长达400年的时间里，它必将感受到来自另一个游牧部族强大力量的深远影响。而且，这种影响也必将改变整个藏族社会的未来走向——当然，果洛也不例外——不过，其对藏地果洛的影响要更加久远，一直持续到19世纪末，长达700年之久。

当然，藏族也同样深远地影响过蒙古族，但不是以政治和军事的力量，而是以宗教和精神的力量。我们甚至可以说，藏族宗教对蒙古的影响可能更加久远，时至今日，藏传佛教对蒙古族的影响还在持续。

此时，藏族社会似乎也已经在为这样一个时代的到来做着一些准备。此前的300年间，整个藏族社会都处在群雄割据的时代，历经200多年的宗喀政权（唃厮啰政权）正走向衰落，萨迦本钦政权将要兴起。

期间，一个生于1034年，名叫衮秋多杰的人已经名震四方，成为藏族著名的新旧密法之教主。他于1073年建金刚座吉祥萨迦寺，萨迦教派由此得名。衮秋多杰有三子，在佛学领域均建树卓著，次子被奉为萨迦二祖，三子为萨迦三祖。四子白钦韦布又有二子，长子贡噶坚赞（公元1182—1251年）又是一大成就者，被后世尊为萨迦班智达。其生平充满传奇色彩，相传他9岁能为人传法，先后拜印度、尼泊尔和藏地许多佛家和译师为师，学富五明，著述颇丰，代表著作为《萨迦格言》。

公元1245年春夏之交，年逾花甲的萨迦班智达贡噶坚赞带着侄子八思巴洛追坚赞和恰那多吉去凉州。"此行何往？从萨迦到凉州。此行何为？在这个冬季，他收到了蒙古王子阔端的信函，说是邀请，实含威逼：假如托言年事已高拒绝前来的话，势必兵戈相向，生灵涂炭。"（引自马丽华《风化成典》）前途未卜，但是，为了有情众生的利益，他只能只身涉险。

马丽华的文字中还讲述了一个历史细节，不容忽视。当萨班伯侄千里迢迢抵

茶壶

达凉州时，阔端正好前往蒙古草原去参加其兄长贵由汗的登基大典了。阔端至次年正月才返回凉州，他一回来，做的第一件事是，让精通医术的萨班大师医治他的病痛——据藏史称，他患有一种癫疾。顽疾治愈，不由心生敬仰。及听大师说法，更是如沐甘露。然更令他敬仰的是，萨班在文化领域的精深造诣，尤其是藏文字及其语言学令这位王子惊叹不已。"没用多久，萨班达成心愿：你给我保护，我给你佛法，你使我的民众免遭兵灾，我保证僧俗遵行你的法度。"

随后，议定了卫藏归顺蒙古的条件。萨班写了一封公开信，劝说全藏僧俗无条件归顺蒙古统治，言辞恳切，循循善诱。说这是大势所趋，不可心存侥幸，以便结束长达数百年的纷争乱局。"攸关存亡，一涵定乾坤：确定了归属，安定了人心，改变了历史进程，使西藏正式纳入中央王权之下。"此后百年间，元朝在西藏采取一系列施政方略，给西藏带来了难得的秩序和稳定。当然，也扶持和巩固了萨迦在藏族社会的领袖地位。公元1251年，被后世誉为萨迦四祖的班智达贡噶坚赞在凉州圆寂，享年69岁。

可是，与他同赴凉州的两个幼侄却正在长大成人。八思巴的弟弟恰那多吉，离开时只有6岁，18年之后衣锦还乡，身为驸马，受封白兰王。只可惜，恰那多吉英年早逝，29岁离开人世。

铺垫已经足够，历史行进到这里，该是八思巴出场的时候了。

对这个历史上举足轻重的人物，我得多写上一笔。在13世纪历史星空中，他是一颗无比璀璨的星星。甚至直到今天，我们想起这个人时，他仿佛依然在熠熠生辉。

"八思巴的大部分童年是在蒙古官廷度过的，通过长期和蒙古人的联系，他吸收了蒙古的许多价值观。"(《剑桥中国辽西夏金元史》)他既有萨迦班智达的广博学识，又深得忽必烈的支持。在忽必烈登上帝位时，他就做了元朝的国师和帝师，总领天下释教。他奉命创制了以藏文字母为基础的蒙古文字，后世称之为"八思巴文"。他还曾三次为忽必烈行密宗喜金刚灌顶，第三次灌顶之后，忽必烈承诺，从此不再将反抗的汉人赶到河里淹死。或许，在一定程度上，他也曾影响并改变了忽必烈大帝坚硬的心灵。在八思巴之后，由八思巴举荐的伯颜和桑哥，都官至丞相，均受到忽必烈的宠信和重用，某种程度上，也延续了八思巴的影响。

而且，整个元代还不仅只与萨迦派有过密切联系，至少与噶玛噶举派也曾有过联系。我们有必要回顾一下这一段历史，这段历史与整个藏传佛教史上的活佛转世传统有关，其对藏区社会的影响也更为久远。

藏传佛教史上的活佛转世传统始于噶玛噶举派的噶玛拔希（公元1206—1283年）。"一般认为其后身朗迥多杰系西藏历史上第一位转世而来的活佛，三世噶玛巴；依次追认，噶玛拔希为第二世，噶玛噶举派的创建者堆松钦巴（公元1110—1193年）为第一世。"（引自马丽华《风化成典·西藏文史故事十五讲》）噶玛拔希曾被元宪宗蒙哥汗封为大国师，赐金边黑帽一顶、金印一颗。

我们有必要记住这顶黑色的帽子。

据马丽华的记述，噶玛拔希曾头戴那顶金边黑帽，走过川甘宁蒙等地，弘法利生。遗憾的是，蒙哥汗短命，1259年在御驾亲征南宋途中亡故。大汗之位的争夺在蒙哥汗的两位亲兄弟忽必烈和阿里不哥间进行，终于在次年，两人一南一北分别自立为大汗。而噶玛拔希因经验不足，看不清世俗权力的争夺，加上忽必烈帐中的帝师之位此前已被教内一位更年轻者捷足先登，这个年轻人就是八思巴，噶玛拔希别无选择，只好站在阿里不哥一边。王位之争持续了整整五年，最终以阿里不哥投降，死于囚室而结束。虽然，后来元世祖忽必烈对噶玛拔希也多有安抚，但是自此，整个元朝，西藏地区的政治舞台上很少再见到噶玛噶举派的身影。随后发生的一系列教内外纷争——尤其是各派针对萨迦派的战争中，噶玛噶举均不在历史现场。这却使噶玛噶举重新踏上回归内心、自在圆满的心灵旅程，潜心佛学修行，方便道，大手印，大成就者辈出。

不过，也可能不完全是这样。也许正是这种原因，噶玛噶举派才没有被萨迦派视为敌人，历史对噶玛噶举也才有了格外的宽容，才没有被元朝过于边缘化，因而得以周全，甚至在八思巴之后，曾再度得到元朝皇帝的重视和扶持。据记载，第三世黑帽法王让迥多杰（即朗迥多杰）的弟子扎巴僧格曾被元朝皇帝封为国师，赐红帽，为第一世红帽法王，历史上的红帽活佛转世系统也由此开始，人称红帽噶玛巴。说明噶玛噶举派也曾一度戴着一顶红色法帽重新回到过元代政治舞台上。

碉楼与嘛呢石

　　我们也有必要记住这顶红色的帽子。像后来宗喀巴创立的格鲁派戴黄帽称黄教一样，黑帽一直是噶举派的标志，但是，从此又多了一顶红色的帽子，这顶帽子又来自朝廷，不能不戴，怎么办？只好由两个人戴，一个依然戴黑帽，另一个则改戴红帽了。

　　无论黑帽系噶玛拔希，还是红帽系扎巴僧格，某种意义上说，因为这两顶帽子，他们在历史时空中曾闪耀过别样的光辉，后来的历史也进一步凸显过这两顶帽子的非凡意义。两顶帽子将两位佛光世界的高僧大德与世俗世界紧紧地联系在一起，这在整个藏传佛教史上绝无仅有。我原本以为，四大皆空，视一切为空相的佛子不会在意这些外在的形式，但是，他们好像在意过。我想，除了借以保障教派的利益之外，他们也确实看重这两顶帽子给他们带来的荣光。

　　也许正是藏族社会与蒙古族社会的这种紧密联系，蒙古人对藏区社会的影响在元朝结束以后仍持续了很长时间。对普通人群来说，这种联系并不是以政治和军事的方式进行的，而是以文化和精神的方式进行的，因而也更加稳固和持久。所以，当元朝灭亡以后的明、清两代，藏区社会每次遇到大的纷争乱局时，仍都有蒙古人的参与。这是后话。

从元代开始，果洛受到外部世界的影响也越来越大，与整个藏区和内地中央政权的联系也越来越紧密。此后，当地的一切纷争都与果洛以外的地方有了关联。即使当地部落内部的纷争，但最终都是以外部力量的参与使其变得复杂和变样的。这种外部力量大多来自果洛以外其他藏区，更来自朝廷。

至明代以后，这种外部力量对果洛的影响更加明显。一方面，明朝时期，中国北方的蒙古人因为宗教依然与藏区保持密切联系，萨迦派、噶玛噶举派、格鲁派相继登场，在蒙古社会中扮演着重要角色；另一方面，明朝廷也开始意识到宗教的力量不可小觑，想与西藏的佛教领袖取得联系——自洪武年间开始，这种努力在整个明代一直没有停止过。尤其永乐年间，积极谋求扩大与西藏关系的成效明显。藏区很多有名的佛教寺院都建于明代就是一个例证。

"永乐皇帝在寻求正统性、渴求马匹、确保边境沿线和平及更多地了解西藏的愿望的推动下作出努力，恢复与西藏的关系。"（《剑桥中国明代史》）他派遣使者邀请五世噶玛巴。公元 1407 年，五世噶玛巴抵达南京，两个月后，皇帝赐封他为"大宝法王"。终于，在长达百年的沉寂之后，噶玛噶举再次名震四方。自五世噶玛巴德银协巴受封西藏三大法王之首的"大宝法王"，世代承袭，领受万丈光芒。从今天果洛藏区的噶玛噶举派寺院中，我们也不难想见明代对果洛藏族社会的政治影响。

2
part two

据史载，永乐年间有很多西藏高僧前往南京，但当时永乐皇帝最希望见到的一个人却一直没有露面，这个人就是宗喀巴。出于 14 世纪末对佛教卷入政治斗争的厌倦，他创立了一个新的教派——格鲁派，实际上是对藏传佛教的一次系统改革，制定了系统严格的戒律，不主张佛教参与世俗之争。据说，宗喀巴曾两次受到皇帝的邀请，但宗喀巴均称自己身体欠佳，不允许他长途跋涉，无法亲赴京城觐见。不过，第二次受邀时，他还是派了自己最得意的弟子释迦益西前去。

我出生长大的地方，历史上一直是内地通往西藏的必经之地。离我出生的那个村庄往北约十余里，有两座佛寺，曰：马营寺和弘化寺，均系当年释迦益西路经此地时所建。因是他落脚的地方，当是缘分，遂主持修建寺庙，在藏传佛教史上曾名震一时。第二次返回途中，释迦益西在弘化寺圆寂，灵塔至今尚在。

与此同时，西藏或藏族社会与蒙古族社会的联系却未因此中断，尤其是格鲁派兴起之后，为了在与其他教派的竞争中增强并巩固自己的正统地位，他们更看重与当时的蒙古首领俺答汗的关系。至17世纪早期，俺答汗的一个曾孙成为四世达赖喇嘛转世灵童之后，给这种联合似乎带来了真实的希望。但是，藏族与蒙古族的联合并未很快变成现实。

在整个明朝的果洛历史上，值得书写的一个人应该是班玛本之子那合太。在民间传说的历史故事中，他几乎被描述成了希腊神话中那位大力士的模样，他力大无比，智勇双全。他也是清代以前整个果洛历史上权力最大、地位最高的一个重要人物——也许再没有第二个人能与之相提并论。从这个角度看，上、中、下三果洛在历史上也是各有起伏和进退的，在明代时，班玛本的实力最强，而在此后，可能就是阿什羌本了。不过，此后的果洛历史上，再也没有出现过像那合太那样部落势力过于强盛的时代。氏族或部落势力主导的果洛历史，由此开始衰落——我说的当然不是部落本身的兴衰，而是历史长河中的部落社会。

那合太主要的历史功绩有这样几项：其一，他发起并领导了果洛藏区的灭苯运动，给当地最有势力和影响力的原始宗教苯教以致命的打击，自此苯教在当地藏族社会的地位日渐式微，再也没能回到社会政治舞台的中央；其二，他曾率部顽强抵抗明朝军队，大败明军，威震朝野，使果洛诸部成为当时不可小视的地方割据势力；其三，他曾用黄金刻印一部大藏经《甘珠尔》，可惜在后来的历史中被毁；其四，在85岁时，仍不服老，率领部族与固始汗大军激战，于公元1640年战死沙场，可谓壮烈！

相传，他曾多次大战明军。一次大战间隙，明军将领遣使送来密函，说要和谈休战，从此永久修好，绝不挑起战火。并约定了和谈地点，让那合太前往，要求只带随从一二人，大队人马不得前往。那合太料定有诈，便将计就计，复函称，两人因素未谋面，见了，互相都不认识。还说他有一个建议，到了约定日期，他定会如约前去，只希望将军在胸前挂一面铜镜相迎，好让他一眼就能认出将军。

明将果然中计。到了那一日，就胸挂一面铜镜在帐前相迎。远远看到那合太只带了几个兵勇前来，心想那合太定会有来无回，窃喜。可是，走到十几绳远的地方，那合太却下了马，站在山坡上朝这里抬眼眺望起来，像是在寻找什么。明将以为，那合太眼神不好，看不见他，所以停下了。便又上前几步，离开左右，只身站到前面，好让那合太看到他胸前挂着的铜镜。那合太这下看清了，铜镜在阳光下射出一束刺眼的亮光。这就是他要的结果。只见他向着那束亮光一箭射去，明将便一命归天。等明军反应过来时，那合太已经不见了踪影。那合太遂率部强攻，明军群龙无首，大败。

也许历史真的是这样，也许不是。我只是觉得，历史不应该只有轮廓和线条，它应该有细节。有细节的历史才会显得真实，也才会显出它的意义。

毫无疑问，那合太对果洛历史产生过深远的影响，至少果洛人会这样看。尤其是他发动的那场灭苯运动，对当地社会政治文化所产生的影响，某种意义上足以改变历史的走向，至少它深刻地改变了果洛未来历史文化的面貌。曾在果洛藏族社会广泛传播，并对其有过持久影响的原始宗教苯教，从此即便不是销声匿迹，也已经元气大伤，再也无法重现往日的辉煌了。仅班玛一个县就有20余处苯教寺院遗址，那都是那合太留给后世的印迹。

可以想见，一直到明代的那合太时代，苯教在果洛是怎样的兴旺。根据《果洛宗谱》和《安多政教史》的记述和有关果洛藏人的历史传说，至迟在北宋时期，果洛的班玛一带已经建有小规模的佛教寺庙——也许会更早一些。如果江日俄坝（江日堂白扎寺）的传说是真实的（我将在后文讲述这个话题），那么，很可能在唐朝时这里就有最早的佛教寺庙了，那个时候布达拉宫还没有建造，应该不晚于7世纪。当然，还有一种可能，那个时候已经出现在玛可河谷的这座寺庙并不是佛教寺庙，而是一座苯教寺庙。不管怎么说，至少明代以前长达400多年的时间里，果洛藏地的苯教曾有过十分辉煌的历史。

　　藏族学者普遍认为，苯教最初源于古代象雄，后沿着雅鲁藏布江自西向东传播到整个藏区，而苯教创始人辛饶米沃齐就出生在古代象雄。"辛饶生在象雄的韦莫隆仁，名辛饶米沃齐。或说他是佛所变化的，也有说他和本师释迦同时出世。《白琉璃书》中说：'为化象雄苯，变现辛饶身，示十二苯行，说九乘教法为生开天门，为亡断死门，度生雍中道。'总之，他必定是一位有神通变化等功德的人。"（引自土观·罗桑却吉尼玛《土观宗派源流》）传说他曾至藏区众多胜地和苯教神山，收服世间神道山灵，使苯教传播四方，

古碉楼旁的石经墙

盛极一时。

　　由此藏族学者一般都认为，苯教最初是以巫师或祭司的身份出现的。其十二大著名巫师还是当时藏族十二小邦的行政酋长，可谓原始的"政教合一"，辛饶则是他们的最高巫师。苯教信奉万物有灵论，"崇拜对象包括天、地、日、月、星辰、雷电、冰雹、山川，甚至土石、草木、禽兽等万物"（引自吴引水、曲甘·完玛多杰《藏族文化通论》）。王辅仁等学者研究认为，苯教原本是流行于西伯利亚和亚洲腹地（包括我国东北、内蒙古地区）的一种原始宗教，因巫师名曰萨满，而有萨满教之谓。后来，"萨满"逐渐成为世界公认的一个名词。王辅仁先生认为，苯教就是萨满教在西藏的地方形式。"藏地新派之苯教分为三派，即笃苯、恰苯和觉苯。"（土观·罗桑却吉尼玛语）很多藏族学者认为此三派为苯教史上三个不同的发展历史阶段。土观在梳理分析苯教关于见修方面的教理后认为，苯教教理"与晚近大圆满派所说的外形极为相似，可能是苯教与大圆满派二宗的内心颇为契合吧"。很多学者据此认为，苯教吸收了大量佛教的教理，其实，佛教尤其是藏传佛教又何尝不曾汲取苯教文化的成分。

　　据记载，公元759年吐蕃赤松德赞时期，在墨竹苏浦地方江布园的宫室前，佛教与苯教曾举行过一次大辩论。结果，苯教徒在辩论中失败，赞普便将苯教僧侣流放阿里和象雄，把苯教经典全部收集起来，或抛入河水，或压在桑耶寺的一座黑塔之下，并宣布禁止苯教为活人和死者举行祈福仪式，禁止苯教的杀生祭祀之礼，禁止信奉苯教，苯教徒全部改宗佛教。但是，赤松德赞却保留了苯教祈祷吉祥、禳解、火葬、煨桑、焚魔等教俗。这些苯教习俗后被佛教徒赋予新的内涵意义，其形式得以延续。吐蕃王朝崩溃后，苯教也曾再度兴起，可谓一个新的流派，史称"久苯"。久苯将佛教教义全部改造成了苯教教义。"佛教始终没有放弃压制苯教，但一直没能消灭苯教，反而苯教从佛教那里学到了不少东西，得到不少实惠。所以说，苯教的教理教义的形成，受到佛教的巨大影响。"（引自《藏族文化通论》）苯教甚至创造了属于自己的大藏经《甘珠尔》《丹珠尔》，连经名都与佛教一模一样。

　　时隔80年后，朗达玛灭佛。苍茫青藏在腥风血雨中，将目睹藏传佛教前弘期的结束，而后弘期暂时还不会开始。在这个历史间隙，苯教也许还会有得以喘息的机会，但是，可以肯定，苯教在藏族社会中的命运就此彻底改变，再也无法重现往昔的美好时光。这就是历史。

自那合太时期开始，果洛藏地几乎所有的苯教寺院都在短时间里纷纷被改造成了佛教寺院。而且，那合太还是一位噶玛噶举派信徒，他将很多苯教寺院直接改宗噶玛噶举寺院，甚至宁玛派、觉囊派等其他一些教派的寺院也被改宗噶玛噶举。一时间，以噶玛噶举为首的所有佛教寺院都开始兴旺起来——迄今为止，在整个藏区中，果洛也是各大教派最为齐全，佛教事业一派兴盛的地区之一。不过，藏传佛教并没有对苯教全盘否定，它吸纳并融合了苯教万物有灵、自然崇拜的思想，对后世果洛藏人的思想行为的影响依然在延续。尽管有势力稳健的宁玛派和觉囊派，但是也不得不承认，噶玛噶举派在果洛地区的优势地位由此确立，此后，再也没有哪一个教派能够撼动。像宁玛派和觉囊派智者贤者群星璀璨，在果洛之内的稳健态势和发展规模无可匹敌一样，在果洛乃至藏地以外的大千世界，噶玛噶举只以几位高僧的影响使果洛独步天下，堪称文化奇观。

以苯教为标志的一个时代由此终结。

在梳理有关苯教的这段历史时，我注意到一个苯教徒杀生祭祀的历史细节。我以为，这与当时藏地民众的生活方式有关，也与他们的生存方式有关：狩猎与游牧。

你也许还记得，我在前面写到过的一个故事，故事里，果洛藏人的祖先是一位猎人和一位山神之女。对故事的真实性你也可以存有质疑，但是，据此我相信，果洛先民都曾崇尚狩猎文化，历史上的果洛藏族社会，一定是一个猎人随处可见的地方，甚至可以说，那是个男人个个喜欢打猎，家家都有猎人的社会。以前在藏地，如果让一个男人选两样他最喜欢的东西或物件，大凡都会首选一杆好猎枪，骏马次之。果洛尤甚。以前在果洛，一杆上好的叉子猎枪，再加上一匹百里挑一的骏马，那就是身份的象征。如果枪杆、马鞍和马镫上还镶嵌着金银玛瑙，那就更不得了，那无疑是雪山和草原的传奇。一杆好猎枪、一匹好马曾经是每一个果洛男人梦寐以求的宝物。

今天，国家法律已经明令禁止公民私藏枪支，猎枪也不例外。但是，我在果洛一些人家里，看到过一些男人的收藏，其中有不少与猎枪有关——银制的猎枪叉、老旧的木质猎枪托、皮质或骨质的弹药盒（袋、管）以及其他物件，他们均视为至宝。一般来说，这样的东西都藏于一个隐秘之所，将它取出来让你看到之前，都会告知这是秘密——我当然承诺会保守秘密。一般来说，那都是祖上所传之物，一直被他们小心珍藏着。当然，在他们将其珍藏起来之前，他们的祖先们一定是不停地使用过它们的。偶尔，他们有兴致了，也会说起，祖先们曾经纵横驰骋，行猎于雪山草原的故事。一般来说，他们都不会提到祖先的名字，不是因为忘记，而是因为出于禁忌和崇敬。他们会说，我爷爷或我爷

藏地果洛猎枪的弹药器物

藏地果洛的银制猎枪叉

　　爷的爷爷这样的称呼来带出故事里的主人公，而后会说到，有一次他曾去打猎，遇见一头鹿，或一只狐狸，或别的猎物的情景。如果那是一头鹿，一般不会遗漏那头鹿长有几叉鹿角等等细节。

　　果洛地方部落法中——在所有有关处罚和赔偿的部落法条款中，除了马牛羊等牲畜财产被列为处罚和赔偿的内容之外，我发现，还有一个极为普遍的现象值得关注，那就是枪，而且，可以肯定，这枪就是猎枪。有时候，一次纠纷或一件命案，在判决时，除了别的惩罚之外，还会有罚枪若干的判决，有记载说，有人曾一次罚枪5支以上甚至更多的。这里所说的枪支，均为猎枪。由此，你不难设想，猎人在果洛曾经扮演过何等重要的角色。

青崖白鹿古岩画

part one

在读青藏高原古岩画时,我还注意到一个现象:岩画上频繁出现苯教象征符号"雍仲"(卍)的图案。"青藏岩画中出现的雍仲符号均为左旋的'卍'式,也就是人们通常认为的佛教文化的雍仲符号,但这些岩画点并没有发现佛教文化遗存。因此,这种左旋的'卍'与佛教没有什么关系。"(引自张亚莎在《西藏的岩画》)我倾向于接受张亚莎的判断。有关佛、苯孰早孰晚,虽然学界一直没有定论,但是大多倾向于苯教乃本土原始宗教,当先于佛教在青藏高原本土得到广泛传播,至少在佛教尚未传入青藏高原之前的很长时间里,苯教已经在这里得到广泛传播。佛教由西(尼泊尔)向东,或自东(中国内地)往西先后传入青藏高原的时间当相继发生在公元7世纪前后,最早或至迟,其时间跨度不会超过300年,也就是说最早应该不会早于吐蕃王朝之前,而最晚也不会晚于唐朝后期文成公主进藏的时间。随后的1000多年间,虽然佛苯各有进退,但是总体上,苯教日趋衰微,而佛教日益昌盛,大行其道。

至于朗达玛灭佛那样的事,在整个历史长河中只是一个插曲,历史走向的大

古岩画上的鹿

趋势并未改变。在后世看来，朗达玛短短三年的赞普生涯与他生逢乱世的凄惨命运早已变成了一声浩叹。就像他临死前留下的那句无人能解的遗言："或许早了三年，或许晚了三年。"这是一句在藏地民间广为流传的话，我很小的时候就听到过，听到之后却再也没能忘记。悠悠千年，它像一句咒语或箴言在人们的心上不停地敲击，几乎在整个民族的心灵上敲击出了一个巨大的黑洞。就此，马丽华在《风化成典》中诘问："是指死期吗？假如再过三年，你们就会知道我是何许人也；或者若早上三年，我就不至于身负骂名了？之耐人寻味首先在于，临终前他到底说过这段话没有，如果没有说过而是虚构，虚构者意在暗示什么？"

苯教最显著的特征是自然崇拜，藏区神山圣湖的崇拜当兴盛于这个时期。以汤惠生先生的观点，青藏古岩画出现的历史年代是距今3000—1000年之间，也就是说最晚在1000年前的唐朝末期，苯教已盛行于青藏高原。岩画分布地域从西藏中北部多湖地带，向东北一直延伸到青海湖流域，向东一直延伸至贺兰山麓和内蒙古西北高原，向南则纵深至横断山区。古岩画分布地域除覆盖整个青藏高原，还波及周边广阔区域。青藏古岩画的一个显著标记就是雍仲（卍）符号——这一特点在藏北岩画上的表现尤为突出，这也许与之距离苯教发祥地古代象雄最近的缘故，而另一个显著标志是岩画上大量出现的牦牛形象。苯教是藏地原始宗教，牦牛是青藏高原特有的物种。"迄今为止，青海地区发现岩画点有13处，在900余个图像中，牦牛图像几乎占去了三分之一，牦牛总数比岩画其他所有动物的总和还要多。"而且，"牦牛图像是整个高原岩画系统中最出彩的部分，也是高原岩画中最具本土风格的图像类型"（引自张亚莎《西藏的岩画》）。

张亚莎在《西藏的岩画》上介绍说，四川大学考古系主任李永宽先生认为，在西藏岩画的制作手法中，敲凿法最为古老。另外，敲凿类岩画中的人物所佩戴刀、剑、弩等均为金属武器，据此可以推断西藏岩画中敲凿法的运用，应该是在金属器出现之后。考古表明，西藏高原最迟在距今3000年上下就已有较为成熟的青铜器。由此得出一个大致的结论，最早的敲凿法岩画应出现在距今3000—2000年之间。

对岩画上大量出现的狩猎图，李永宽先生也有详尽记述。他认为，西藏岩画期。而藏北岩画中则出现了不少佛教文化的内容，说明西藏岩画一直持续到吐蕃王朝时期。其下限与汤惠生先生的观点相一致。

藏地果洛也有岩画，据说不少地方都有发现。不过，我只在一个地方看到过，那个地方也在玛可河谷，班玛县城往西不远的玛可河北岸一面山岩上。2017年夏，华杰洛周带领我实地考察过这处岩画。

玛可河两岸都是高山，河谷时而开阔时而狭窄，狭窄的地方，两岸山架向河谷伸出一列支脉。这个地方，河北的山架酷似一头大象，自山顶伸向河谷的一道山梁就像是大象长长的鼻子，从河西方向远远看过去，这头大象正将鼻子伸到河里饮水，又觉得，这头大象嘴里衔着一支长长的玉如意，如意翘起来的一头伸向了河流。一天，站在河南岸的公路边上，望着这一幕时，我给此处景色取了一个名字：吉祥如意。岩画所在地就在距玉如意不远的河岸上，那是一面临河的山岩，可能是因为太靠近河流的缘故，湿气充足，山岩缝隙里长满了各种植物，有一些苔藓类植物直接长在岩石表面，岩石表面风化侵蚀严重。

岩画就画在这些岩山上。据目测，岩画分布区域大约有300平方米，形态各异、生动活泼的岩画覆盖着一座突兀的小山丘。因为时常会有人去看岩画，山岩上踩出了几条小路，仔细留意，人踩踏过的地方也有岩画，只是因为不停地踩踏，形象已经模糊了。脚印没有到过，或雨水不能直接淋到、阳光也不能直接照射到的地方的岩画都还是非常清晰的，有不少岩画甚至鲜亮如初。

据李永宽先生对青藏古岩画技法的分析，此处岩画均为敲凿法雕凿而成。岩石上敲凿出来的线条是白色的，鹿以及所有动物和图案也是白色的。我为所看到的每一幅画面基本清晰的岩画都拍了图片，却没有细心调查统计。主要是因为考虑到这样的调查可能需要非常专业的方法和技能，而很显然，我并不具备这样的方法和技能。但是，根据我拍摄到的画面数量分析，此处岩画点的岩画分布数量可能有100—150幅，甚至更多。还可以确定，因为侵蚀风化，相当一部分岩画已经不复存在，至少肉眼已经无法分辨。从我所拍摄的图片看，此处岩画的亮点应该是牦牛和鹿，有十几幅牦牛和鹿的岩画堪称精品。其中，有一幅岩画上鹿的形象十分怪异，它既不像马鹿，也不像白唇鹿或梅花鹿，而更像是长颈鹿——因

云雾缭绕的玛可河森林

所表现的狩猎场景已蕴含相当先进的技术水平，狩猎所使用刀剑、弓弩、弩机等武器表明当时已有一定规模的金属工具。另外，从圈养牲畜的栅栏、宰杀牲畜的场面、多样的牧放形式和牧人居住的帐篷等场景分析，当时的西藏牧人不仅有相对稳定的居所，而且牧业经济也已发展到一定规模。

李永宽先生也注意到了西藏岩画上的宗教活动，他观察到"手持圆鼓的羽饰人物、兽首人身的神灵形象"——这是典型的巫师或祭司形象，我们从影视画面中看到的印第安和萨满巫师不都是这个样子吗？李永宽先生认为这与高原早期苯教的神灵崇拜有关。学界一般认为苯教产生于青藏高原西部，大约是在公元前2000—前1000年之间——此年代早于佛教的传入至少1500年以上，西藏西部岩画中出现的可能与早期苯教相关的内容，大致也应属于这一时为它弯弯的脖子太长了，难道这个地方还曾生长过长颈鹿？如是，它与现在的非洲长颈鹿之间是个什么关系？是同一个种，还是同一个属？又或者，是完全不同的两个品种？因为，现在的青藏高原没有长颈鹿，所以，它就成了一个谜，其谜底也许只有未来的古生物学家才能解开。

几年前，我从《青海日报》上读到一篇《果洛岩画：迁徙与狩猎的遗存》的文字，并做了笔记。遗憾的是笔记上没有作者的名字，这是我的疏忽，谨此向作者表达我的歉意——我当时也没想到，几年之后，我也会写到果洛的岩画。笔记上只有日期，2013年12月6日。据此文介绍，果洛岩画上还曾出现过有尾巴的持鞭人、叠加的左旋"卍"符号、四人牵手环绕舞蹈的场景等，还配有所拍摄清晰图片。我纳闷的是，人怎么会有尾巴呢？人类从古猿人进化到现在，已确定的历史至少已经接近400万年，现代人类的历史至少也在6万—20万年。人类即使有尾巴，至迟到几十万年前，除了尚可触摸的尾骨，外观上肯定已经完全没有了痕迹。

而假如古岩画最早出现在距今3000年以前，那个时候的人类，在外形上跟今天已经没有什么区别了。那么，身后那根长长的尾巴又从何而来？我在想，是否有一种可能，我们在研究这些古岩画时，太拘泥于当下人类的惯常思维，把但凡具有人形的非人类画面都想当然地视为人类了。它是不是别的什么生物，比如狐狸或旱獭什么的，而非人类。因为，单从画面上看，如果我们抛开脑海中人类的形象，而将它换成一只或一群用后腿支撑身子站立的狐狸或旱獭等别的生物，那也是很形象的，并非风马牛不相及。

此文字作者说："组合所有的刻画内容，似乎在告诉我们这些古代人类是在记录他们生活中出现的死亡、舞蹈、仪式以及他们的特征和崇拜。倘若该岩画和柳湾彩陶同属于仰韶文化（柳湾彩陶上也出现过有尾巴的人类和牵着手的舞蹈图案——作者注），那么这种岩画类型还应该有更多的遗存，若是河湟原住地游牧羌人群落在迁徙途中留下的记录，也许可以从中找出当时河湟原住地游牧羌人群落向西南迁徙的确切路径，这种岩画就是他们迁徙的记录。"

根据作者的描述，迁徙的人群来到此地歇息调整，因为有同伴死去，巫师的舞蹈和仪式为亡者祈祷，希望让神牵着他们的手，将他们的灵魂带往天界，摆脱

岩石上的苔类植物

人间的苦难和艰辛。如是,"这幅岩画应该是古人在迁徙途中对他们休憩时巫术行为、巫术舞蹈、原始宗教仪式的一个简要记录"。这无疑是一种有趣的猜想。某种意义上说,正因为有趣的猜想,历史对我们每个人才显示出并非相同的意义。其实,我们每个人的心里都有一部与别人不一样的历史。不是因为历史本身,而是因为我们的猜想和认识。

在写下这些文字时,我也是在猜想。我们无法还原历史现场,古代先民可以通过岩画进入我们的视野,而我们则无法通过任何方式走进历史。所有的历史现场,除非有确切的记录,否则,我们只能在想象中还原其现场。我们每个人的想象应该是不一样的,而真实的历史现场只有一种。有人说,岩画常见的原始美术形态,是儿童画、农民画和精神病人的画,也属一种猜想。从部分岩画上所反映时空交错的情形看,这种猜想也并非没有道理。无论如何,古岩画都是古代先民对自己生活场景最深情的镌刻,也是最深刻的铭记。它不仅是一种影像纪录,也是古代人类写在岩石上的文明史诗。

我的猜想是,即便果洛岩画与柳湾彩陶存在内在的联系,即便它们出现在同一时期,它们也不是同一群古代先民留下的遗存,原因很简单,我们在河湟谷地只发现了彩陶,而并未发现岩画。从岩画的分布地带和古人类的迁徙条件分析,一支远徙的部族,不可能在如此广阔的区域留下如此丰富的文化标记。即使那个时代的青藏高原上到处都留下过古羌人的足迹，他们也不是从某个地方开始迁徙的同一支部族，至少在距今 3000 年上下时，他们已经找到新的栖息地，繁衍生息，彼此相隔千里。因为所处时代大致相同，其生存方式、生产方式和生活方式也大同小异，不同区域之所以出现大量画面内容相类似的岩画，应该是同一时期不同人群出于相同的目的留下的历史遗迹。

不仅青藏岩画，不仅中国其他地区发现的岩画，纵观世界各地的古岩画，尽管其历史年代不尽相同，但在一个宽泛的意义上，它们的创作方式、主题内容以及所处时代环境有很多相类似和接近的共同点。何故？与他们其时其地的自然环境、生存状态以及生活方式有关。

迄今为止，世界五大洲超过 150 个国家都发现了古岩画，最早的岩画已有 6 万—7 万年的历史，据说，最早的安第斯印第安人古岩画也有 4 万年的历史。安第斯岩画上为什么会有各种鱼的形象——甚至还有鱼解剖后的图像，因为印第安人以捕鱼为生。著名的阿尔卑斯山岩画上，也有有牛、羊、马、鹿等形象——鹿和马的形象尤为突出，为什么没有出现牦牛形象，因为那里没有牦牛。非洲纳米比亚推菲尔泉岩画上为什么会出现了众多大象、长颈鹿、狮子和斑马？因为这是那个地方的常见动物——至少曾经是这样。如果世界各地岩画都有一个共同的主题，那就是远古人类对动物的描摹和刻画，且喜欢采用夸张手法。虽然不同地域岩画上所出现的动物各有不同，但都是动物。即便是同一种动物，其形态也大不相同。安第斯岩画上的牛不同于法国肖维岩洞和拉斯科洞窟岩画上牛的形象，也有别于青藏高原岩画上的牦牛。甚至内蒙古阴山岩画上马的形象也区别于青藏高原岩画上的马。这就像今天世界各地的人对楼房都不会感到陌生，但是具体到某一个地方，那个地方楼房的样式和别的地方还是有区别的。

如果我们仔细审视这段历史，就会发现，不仅神山圣湖，其实宇宙万物都曾是人类敬畏的神灵。也不仅是藏区，几乎世界各地都曾有过自然崇拜的历史。古罗马人视狼为自己的母亲；白羊和金牛是《旧约全书》——它可是西方文明的源头——中的神灵；蛇不仅被奉为印加帝国的创世神，也是古埃及的保护神；古印度地位最高的创造神大梵天可以被看作是宇宙最高意志的人格化体现……

在中国古代，自然神崇拜的事例更是数不胜数，龙凤自不必说，单看金乌载日、蟾宫折桂、鱼跃龙门、独占鳌头、松鹤延年、鲲鹏展翅这些词语，就能想见，我们的祖先对自然万物曾抱有怎样的敬畏之情！如果更加仔细地搜寻，我们便会发现，曾经的岁月里，江河湖海、山岳大地以及飞禽走兽、鱼虫花草在人心里皆有神性，闪电雷鸣、潮汐风暴乃至时序更替亦有神性。俯仰之下，上有天神，下有土神，水有龙王，山有山神，还有风神、雨神、火神、日神、月神、花神、灶神……但凡能够想到的事物均有一位神灵掌管，所以行事有分寸，守规矩，生怕冒犯，不敢肆意妄为。所以，某种意义上说，中国古人过的也是一种有神性的生活。只是后来，我们自己放逐了这些神灵，也丢掉了那些规矩，好让自己过上无拘无束甚至无所顾忌的生活。

藏地尤其如此。对天体的崇拜、对山神的崇拜、对动物图腾的崇拜——尤其是对牦牛和马图腾的崇拜以及祭祀拉什则的习俗等，将自己随时置身于众神的监控之下，而万物皆为众神所掌管，遂不敢践踏伤害。这是藏族生态伦理观念和民族习俗的重要基础，这对当今世界生态伦理学（广义上的）的建立具有现实和深远的启示意义。"在原始图腾崇拜以及与大自然共同和谐相处的历史实践中，藏民族为适应和改造生存环境，逐渐形成了自己独特的生态观念，从图腾崇拜又引申出图腾文化，即人们在自然崇拜、宗教信仰、神话传说、生产方式、丧葬习俗以及日常生活、生产劳动、服饰、建筑、雕刻、绘画、舞蹈音乐以及禁忌、节庆、乡规民约、习惯法等方面形成了信仰、敬畏、爱护大自然一草一木、山川河流、珍禽异兽、山珍名药等优良传统习俗，在客观上对保护、改善青藏高原生态环境起到了积极的作用。"（引自吴引水、曲甘·完玛多杰《藏族文化通论》）

这当然与人类对大自然的认知程度有关，现代科学揭开了天地间无数的秘密，周遭世界原本神秘的面纱已经不在，所有令人敬畏的自然现象已经暴露无遗。我们似乎已经看清了事物的真相，而神灵却并不存在或并未出现。这不仅让我们大失所望，还有了上当受骗的感觉。在中国，除了科学发现带来的一系列重大变故之外，我们还经历了诸如"文革""破四旧"等一系列历史变故，几乎在一夜之间，过往的一切都成了耻辱，"人定胜天"成了信仰的真理。于是，大自然就像是扒光了衣衫的躯体摆在了我们的面前，即便她曾是我们的母亲，面对她的屈辱时，我们也不会感到羞耻。我们成了大无畏的人。

但是，人肯定不能无所顾忌地生活在这个世界上，要是那样天下就会大乱。一个人要是无所顾忌，一个家庭就会永无宁日。一个人是这样，一个家庭、一个民族、一个国家也是这样。有所顾忌不仅是一种自我约束，也是一种伦理秩序和道德底线。

part two

虽然，我不曾仔细考证，但是，长期在藏区生活和工作的经历告诉我，至少在藏传佛教盛行之前，青藏高原的雪域藏区一定出现过一个以狩猎为生的时代，至少狩猎行为曾普遍地存在于整个藏区。有人把它称之为猎牧时代，我甚以为然。想来那个时候的藏区狩猎和游牧并存，先民们在狩猎的同时游牧，游牧的同时也在狩猎。

这个时代的前期曾经历过漫长的岁月，从青海湖流域到藏北湖群周边的那些岩画就是有力的佐证。因为大部分岩画上都画有牦牛的缘故，有专家将青藏高原岩画（包括新疆昆仑山麓、宁夏贺兰山、内蒙古岩画和川滇横断山区岩画——这些岩画上也画有牦牛）统称为"牦牛岩画"。我曾仔细留意过这些古岩画，发现其中的很多岩画就是一幅狩猎图，猎人手持的弓箭和弓弩清晰可辨。不仅如此，骑猎的现象已经普遍存在。据专家考证，这些古岩画出现在青藏高原的历史大约在距今3000—1000年之间。汤惠生先生认为，青藏高原最早的岩画出现于公元前1000年前后，为早期金属时期——青铜时代的文化遗存。

在这些岩画中，有很多骑鹿狩猎的场景。它告诉我们，古代先民竟然是骑着鹿狩猎的，你能想象这是一种何等样的景象吗？鹿在成为先民的坐骑之前，曾经也一定是他们眼中的猎物，尔后捕获，尔后像高原的牦牛和马匹一样被驯化成了家畜和坐骑。它使我想到了李白的诗句："且放白鹿青岩间，须行即骑访名山。"

古岩画上的牦牛

李白"一生好向名山游，千里寻仙不辞远"。原以为骑着一头白鹿去远行只是李白一厢情愿的浪漫情怀，是一个梦想，不曾想却在这些岩画上看到了真实的画面。也许李白真的养过一头白鹿，也曾骑着白鹿遍访名山，至少偶尔会骑乘白鹿，因为他正好也生活在那个年代。其时，他与杜甫、高适等好友相聚，畅游天下，临别，友人执手相问，别君去兮何时还？李白如是作答，豪爽淋漓。不禁令后人神往。

也许果洛地区最早的猎人也是这样，骑着一头白鹿去狩猎和游牧。因为，果洛有很多鹿，不仅有白唇鹿和马鹿，也有白鹿。而且，鹿还是传说中阿尼玛卿山神最主要的家畜，因为受山神的庇护，鹿在果洛一直被视为祥瑞之物，不可猎杀。虽然，20世纪90年代前后曾一度受到大肆猎杀，致使野生鹿群数量锐减，但是，后来随着枪支的收缴和保护力度的加大，鹿群几乎已经恢复到昔日的规模了。现在，果洛的很多地方又能看到成群的野鹿了，像玛沁县的雪山乡一带，鹿群已经像家养的牲畜一样，与牧人的牛羊混成一片，不分彼此。有时候，牧人草场上鹿的数量甚至已经超过了牛羊，它们与牛羊争抢草场，使牧人很头疼，不知道该怎样做才好。

其中还有白鹿。听到雪山乡有白鹿的消息之后，我曾专程去寻找。虽然，去几次我都没看到白鹿，但鹿群却是看到了的。在山巅、山坡草地上到处都能看到它们的身影，一派呦呦鹿鸣的景象。因为已经没有了猎人，好像它们也感觉到了，所以也不再害怕人类。雪山乡牧人成列告诉我，每天早晨和傍晚，鹿群都会来到他家跟前转悠，一两百头的鹿群很常见。人走到跟前，它们也不躲避，甚至赶也赶不走。

我跟成列约定，随后一定到他家里住下来，看鹿群，也去寻找白鹿。其实，我自己也不是很清楚，为什么一定要见到一头白鹿。即使找到了一头甚至一群白鹿，那又怎么样呢？你不可能骑到白鹿的背上，甚至连它的一根毛也未必能摸得着的。细细想来，自己只是想证实一下它的存在，只要它存在着，好像就能了了心愿。那也许就是且放白鹿青崖间的感觉。不一定要骑，在着，就好。

我想象过一个画面，如果一头白鹿从远处望见一座雪山会生出什么样的感想，它是否会想，那也是一头白鹿吗？它怎么会那么高大？而在雪山乡，一头鹿随时都能望见一座雪山的，就在前方不远的地方。也许正是因为这个缘故，白鹿定会更加喜欢这个地方，就像洁白的北极熊喜欢北极的冰雪一样。而如果一座雪山远远望见了一头白鹿呢？它会不会也把它当成一堆白雪呢？它们的对视和凝望无疑是一个吉祥的画面。

值得庆幸的是，至少在雪山那个地方，猎人的时代已经彻底结束，甚至盗猎的现象也似乎完全禁绝。曾经的猎物又成群结队地走进了人类的视野，不仅鹿，棕熊、雪豹、猞猁和其他野生动物也陆续回来了。如果仅从野生动物的角度看，家园似乎已经恢复到了昔日宁静的状态——当然，还有一些东西恐怕很难恢复了，譬如已经融化的冰川和雪山，已经严重退化的草原。

为国家生态安全计，从 20 世纪末开始，三江源区生态环境的保护不断升级，至 21 世纪初，整个三江源区都成为国家自然保护区，后来又成为首个中国国家公园的体制试点。包括果洛在内的整个三江源区民众为此付出了巨大代价，众多牧人迁离了祖祖辈辈繁衍生息的草原，以禁牧还草。他们不仅没有了曾经的草原和牛羊，也不再以游牧为生，而是住进了生态移民点的房屋，依靠国家的生态补偿来维持生计。一开始，一些牧人还舍不得牛羊，举家迁离草原时，把畜群也一同带到了移民点上。可是，他们没有草原，畜群没地方可去，只好让别的牧人代牧。

古岩画上的鹿

结果，几年下来，一群牛羊就从眼前消失了，说不清楚它们去了哪里，只是看不见了。从这个意义上说，三江源牧人的游牧时代也已接近尾声，游牧天涯已成为久远的回忆。

而在家养牲畜急剧减少的同时，依然留守在草原上的牧人突然发现，野生动物们一下子就多了起来，大有取代家畜的架势。与很多人的看法一样，他们也认为这是生态环境得以改善的缘故，只是不知道该如何应对接下来会出现的问题，譬如他们与野生动物怎样相处的问题，像成列家那样。因为它毕竟不是家畜，虽然它们整天在自己家的草场上走来走去，还与自己家的牲畜争抢草原，可是，你无权决定它们的去留。它们是受到国家保护的生灵，你不仅不能伤害，还得善待它们。而且，长远地看，那草原不仅是人的家园，也是它们的家园——虽然曾一度，它们从那草原上消失了，但那并不意味着它们放弃了自己的家园。牧人们称它们是国家的"牛羊"。如今，它们又回来了，你也不能不承认它们是在回家。说到底，地球不仅是人类的家园，也是所有生灵万物的家园。地球的沉沦，虽然它们和人类都成了受害者，但是与人类相比，它们更加无辜，而人类则是咎由自取。

至少目前我还不能确定，野生动物们的再次繁盛是否意味着人与自然关系的彻底改善，因为它取决于未来我们是否能与大自然和谐相处，而能否处理好这个矛盾，则要看人类会在多大的程度上给大自然让步。这是一个悬念。而从另一个角度看，即使野生动物们能够繁盛到鼎盛的景象，地球是否还能承载起如此重负也未可知，因为生态环境全球性整体恶化的趋势还在加剧，主要是全球气候变化的大趋势没有改变——似乎也不可逆转。拿三江源来说，草原、雪山、冰川、河流、森林都已经不是以前的样子了，人类所面临的困境也是所有生灵的困境，也许更甚。那么，它们将怎样面对日益破败的家园呢？如果它们也会思索这个问题，那么，它们会作何选择？它们是否有勇气和胆量与人类共享日益稀少的地球资源？即使它们做出了这样的抉择，在人类那里，它们地球公民的权益会得到应有的尊重吗？

为此，我设想过一种可能——也许是最好的一种结局，那就是让成列那样依然留守在草原上的牧人，不仅可以牧放少量的牛羊，也可以鼓励他们试着去牧放自家牧场上的鹿群（或者别的野生动物，譬如岩羊、藏羚羊、野驴、野牦牛什么的）——而与棕熊、狼、虎豹等猛兽继续保持适当的距离，并与之周旋，重新找到一个既相互制约又互为依靠的平衡点，并与大自然和谐相处，直到永远。

《山海经·大荒东经》记载："有中荣之国。帝俊生中容，中容人食兽、木实，使四鸟：豹、虎、熊、罴。"其《大荒南经》《大荒西经》中也说，一种长着三个身子的人和叔歜国人，亦使四鸟，皆为豹、虎、熊、罴。由此可见，远古先民或许真的驯养过这些猛兽，后来这一传统为什么没有一直延续下来，无法考证。我想，其原因无非有二：其一，人丢失了野性，驯服猛兽的能力尽失；其二，四鸟野性难改，不再把人放在眼里。

很显然，而今，人类更不具备这等能耐。世界一些著名马戏团的那些杰出驯兽员当是一个特例，他们身上或许延续着某种特有的原始基因。不过,在读莎拉·格雷恩的小说《大象的眼泪》时，我所看到的却是马戏团那些动物们的悲惨遭遇，也许过不了多久，以商业利益为目的马戏团驯兽表演说不定会从舞台上彻底消失，就像古罗马角斗士的表演早已禁绝一样。甚至，世界各地动物园中被关在铁笼子的那些猛兽们最终也会获得自由和解放，回归自然，因为这种做法与未来的地球文明相悖。

　　祖先们的经验值得汲取。即使所有的猛兽都能驯化成家畜或宠物，也不能为之，我们毕竟还得为大自然保留最后的一点野性，以捍卫万物生灵（或造物）的尊严。地质年代意义上的现代生物进化沉浮录显示，无论动植物，几乎所有人类驯化豢养（或栽培种植）的物种最终都会导致生物本性的衰退，继而灭绝，不得不依赖转基因的方式减缓其衰退的速度，以争取时间延续人类的繁衍。现代人类一直热衷于生命科学的实验，而试验的对象都是人类之外的其他物种（比如小白鼠），无一例外。试验的目的却并不是要更好地了解大自然，而是为了人类文明的永久延续。毫无疑问，它会极大地伤害到大自然，使大自然原本的生命序列遭到更大的破坏，继而进一步失去平衡。这是人与自然的根本性冲突。

　　所以，那些牧人即使能继续驯化那些野生动物，最好也不要家养，只是用这种方式与它们进行必要的交流。如果可能——我是说，如果能得到一头鹿什么的允许，他们甚至可以偶尔将一头白鹿什么的变成自己的坐骑，骑着它到处游走，像古岩画上的猎人和李白那样——这是因为，我知道牧人会善待自己的坐骑。我以为，这是牧人们喜欢的一种生活方式，因为牧人骨子里是喜欢逍遥和自在的。

岩石上的花朵

一个牧人骑着马走在无边的草原上是一种逍遥自在，一个牧人骑着一头白鹿走在无边的草原上更是一种逍遥自在。那样的日子里，如果这个牧人知道李白在1000多年前就已经写过那样一句诗，也一定会喜欢上李白的，仿佛他也生活在唐朝一样。但前提必须是，那头白鹿也是逍遥和自在的。

前些日，看美国影片《猩球崛起》，有一个镜头画面印象深刻，一个即将从钢铁大桥坠落的人，突然向一只大猩猩伸出一只手高喊："救救我！"那是一个人向一只猩猩伸出求救的手，看那样子，那大猩猩原本是要施救的，可是当它看清了那个人的嘴脸之后，才决定放弃的。因为，正是那个人将它们引向了灾难。于人类、于文明、于科学和万物，这个画面都具有讽刺的意味和象征的意义。

也许，人类确实到了该向大自然伸手求救的时候了。但是得记住，你要伸出去的一定是一双善意的手。

青藏高原古岩画上大量的狩猎场景告诉我们，这里曾经出现过一个以狩猎为生的时代。那个时候，这里的土著居民个个尚武，且好猎杀动物来维生。而后来，突然他们普遍地放弃了狩猎，甚至唾弃猎人。尽管一直到百年以前，青藏高原局部仍有狩猎为生的部落存在，但他们一般很难融入主流社会，一般都会远离社会核心地带，以与世隔绝的方式来保全自己的生存方式。比如，长江源区的治多草原，曾经有一个以野牦牛为自己命名的部落——雅拉部落，他们一直以狩猎为生。可后来他们神秘地从当曲、君曲、莫曲流域的广袤草原上消失了。21世纪初，我曾往这一带草原调查雅拉部落的去向。传说，他们在彻底放弃狩猎之后，所有族人都迁徙至冈底斯山麓。

冈底斯是佛教的圣地，他们从自己故土草原的狩猎场不远千里，走向神圣的冈底斯，走向冈仁波切那个被誉为地球之脐的圣地，这无疑是一次心灵皈依的精神之旅，是一次与自己血腥的历史彻底决裂的朝圣之旅。告别曾经的家园时，前方一定有一盏灯，点燃他们心中的光明。

一个狩猎的民族后来为何会禁猎？我想，一定与佛教有关，一定与佛教戒杀生的戒律有关。不过，藏地果洛也许是个例外。从清史文献中的相关记载看，直到清代，果洛依然有不少人靠狩猎为生。清史载，庆复令教其耕作，"每年五六

a 生长在岩石缝里的木本开花植物

b 树干上的苔类植物

月可外出狩猎,每年限一次,每寨限 15 人"。但是,可以肯定,狩猎已经不再是果洛藏人主要的谋生手段,人群中的猎人日益稀少,而放生的人却越来越多。随着佛教生命轮回说的日渐普及,世间万物在他们眼里已经变成了与自己生命息息相关的生命体,成为他们前世今生的自己或自己的亲人。一切善与恶的因果似乎都早已注定,只有不断生起慈悲心,用爱心观照万物,你才有可能消除一切过往的业障,获得欢喜果报。而杀生被视为首戒,罪孽深重。

是故,后世藏地遍戒杀生。尽管,直到后来很多藏人还总喜欢背一杆猎枪,或腰挎藏刀,那只是装饰而已——其唯一的用场也许就剩下防身,而非伤害。就这样,在佛光普照中,猎人或狩猎的时代在雪域藏地渐行渐远,只留下一个日渐模糊的背影。

一个牧人骑着马走在无边的草原上是一种逍遥自在，一个牧人骑着一头白鹿走在无边的草原上更是一种逍遥自在。那样的日子里，如果这个牧人知道李白在1000多年前就已经写过那样一句诗，也一定会喜欢上李白的，仿佛他也生活在唐朝一样。但前提必须是，那头白鹿也是逍遥和自在的。

前些日，看美国影片《猩球崛起》，有一个镜头画面印象深刻，一个即将从钢铁大桥坠落的人，突然向一只大猩猩伸出一只手高喊："救救我！"那是一个人向一只猩猩伸出求救的手，看那样子，那大猩猩原本是要施救的，可是当它看清了那个人的嘴脸之后，才决定放弃的。因为，正是那个人将它们引向了灾难。于人类、于文明、于科学和万物，这个画面都具有讽刺的意味和象征的意义。

也许，人类确实到了该向大自然伸手求救的时候了。但是得记住，你要伸出去的一定是一双善意的手。

青藏高原古岩画上大量的狩猎场景告诉我们，这里曾经出现过一个以狩猎为生的时代。那个时候，这里的土著居民个个尚武，且好猎杀动物来维生。而后来，突然他们普遍地放弃了狩猎，甚至唾弃猎人。尽管一直到百年以前，青藏高原局部仍有狩猎为生的部落存在，但他们一般很难融入主流社会，一般都会远离社会核心地带，以与世隔绝的方式来保全自己的生存方式。比如，长江源区的治多草原，曾经有一个以野牦牛为自己命名的部落——雅拉部落，他们一直以狩猎为生。可后来他们神秘地从当曲、君曲、莫曲流域的广袤草原上消失了。21世纪初，我曾往这一带草原调查雅拉部落的去向。传说，他们在彻底放弃狩猎之后，所有族人都迁徙至冈底斯山麓。

冈底斯是佛教的圣地，他们从自己故土草原的狩猎场不远千里，走向神圣的冈底斯，走向冈仁波切那个被誉为地球之脐的圣地，这无疑是一次心灵皈依的精神之旅，是一次与自己血腥的历史彻底决裂的朝圣之旅。告别曾经的家园时，前方一定有一盏灯，点燃他们心中的光明。

一个狩猎的民族后来为何会禁猎？我想，一定与佛教有关，一定与佛教戒杀生的戒律有关。不过，藏地果洛也许是个例外。从清史文献中的相关记载看，直到清代，果洛依然有不少人靠狩猎为生。清史载，庆复令教其耕作，"每年五六

a 生长在岩石缝里的木本开花植物

b 树干上的苔类植物

月可外出狩猎,每年限一次,每寨限 15 人"。但是,可以肯定,狩猎已经不再是果洛藏人主要的谋生手段,人群中的猎人日益稀少,而放生的人却越来越多。随着佛教生命轮回说的日渐普及,世间万物在他们眼里已经变成了与自己生命息息相关的生命体,成为他们前世今生的自己或自己的亲人。一切善与恶的因果似乎都早已注定,只有不断生起慈悲心,用爱心观照万物,你才有可能消除一切过往的业障,获得欢喜果报。而杀生被视为首戒,罪孽深重。

是故,后世藏地遍戒杀生。尽管,直到后来很多藏人还总喜欢背一杆猎枪,或腰挎藏刀,那只是装饰而已——其唯一的用场也许就剩下防身,而非伤害。就这样,在佛光普照中,猎人或狩猎的时代在雪域藏地渐行渐远,只留下一个日渐模糊的背影。

禁猎的民族和佛的信徒

——世界语境下藏地果洛的历史文化（下）

巴颜喀拉的佛光

part one

生长生灵的土地，也生长思想。

从苯教的自然崇拜到佛教的众生平等，伴随大自然众神的启示和佛家的教谕和训诫，果洛藏地走进600年前的岁月。而在整个藏地，随之走进历史的还有一位伟大的智者。

14世纪中后期至15世纪初，宗喀巴罗桑扎巴（公元1357—1419年）走进了历史视野。在雪域藏地的历史上，这是一位划时代的人物，以致在很久以后，他智慧的慈悲之光依然在雪域上空闪耀。地处巴颜喀拉山麓的果洛不可能感受不到那万丈光芒。

除了西藏的甘丹寺、色拉寺和哲蚌寺，在青海藏地还有两座著名的寺院与宗喀巴有关，一座是塔尔寺，另一座就是拉加寺。塔尔寺自不必多说，那是宗喀巴的诞生地。那么，宗喀巴与拉加寺又有怎样的因缘呢？这里有一个传说，相传，塔尔寺寺主阿嘉活佛系宗喀巴父亲的转世，拉加寺寺主香萨活佛为宗喀巴母亲的转世，因而在民间一般称前者为父亲的寺，后者为母亲的寺。因而，拉加寺在格鲁派诸寺中与甘丹寺、塔尔寺等诸寺齐名，其声望地位非同一般。从阿尼玛卿到祁连山麓，拉加寺还拥有十几座属寺，其中包括果洛久治的隆格寺和甘德的夏日乎寺，是果洛藏地最著名的格鲁派寺院。别的不说，仅从民众心理而言，宗喀巴的母亲之所以选中果洛为其永久性的转世驻锡地，果洛对宗喀巴格鲁派的意义可见一斑。

有关塔尔寺，我曾写过一篇散文《塔尔寺的雪》，现抄录如下：

其实，在夜里我就已经知道下雪了，只是没想到它会下得那么大、那么厚。

我有个堂叔在塔尔寺为僧，每次去我都要到他那儿待上一会儿。在寺院一角，他有一个自己的四合院，很是安静。坐在那里，你即使再烦躁也会安静下来。堂叔比我小四岁，原来在老家那座小寺上，后来是自己到塔尔寺的。20年前，他离开老家的小寺庙出来时，途中的一个小镇上我还见过他。是年他才16岁，正好是宗喀巴圣者当年离开故乡远行拉萨去修行学法的年纪。

那天早晨起来，看到满院落厚厚的白雪，心中的惊喜莫可名状。心想终于见到塔尔寺的雪了。在无边无际的苍茫碧雪中，塔尔寺将显出怎样的美态，抖撒出怎样的精神呢？便连忙走出门外，瞻望雪中的塔尔寺。只见白雪覆盖着整个山野和山野四合中的塔尔寺。寺院里面的一些小路上已扫开了一条道，一些房顶和门前的雪也已扫完，有的人正在清扫一些经堂、经院里的雪。在一片白茫茫的光焰中，寺院经堂的金顶显得格外耀眼。扫雪僧人身上的红袈裟在那金顶和白雪的映衬中有一种飘渺的感觉。

不知为什么，在那一刻里，我突然有一种极想扫扫雪的冲动。就拿了一把扫帚在院子里扫了起来，扫完了院子又想到房顶上去扫。正在这时，堂叔也已起床。他说，扫雪的事已包给了附近的村民，硬是不让我扫。我也就依了他，不再坚持，但在那天早晨，我真的很想扫扫雪。一个人在寺庙的佛堂点灯跪拜的机会有的是，但要是扫雪，恐怕只能靠缘分了。佛家反对执着，但却讲究缘分，一个缘字不仅幻化出前世来生的宿命，也会让滚滚红尘与一派缤纷绚丽擦肩而过。

我一直以为用一把扫帚从本来满是尘埃的地上，将那洁白无瑕的落雪，一下

果洛藏寨

　　一下扫到一起就是一种参悟和修炼的过程，就是一种至纯至净的生命体验。那就像禅宗六祖惠能在寺院的碓坊一下下舂米。我甚至以为如果没有在碓坊的那些日子，他也许就永远无法抵达一种境界，而吟诵出那四句著名的佛偈："菩提本无树，明镜亦非台，本来无一物，何处惹尘埃。"只有用心体味过如扫雪舂米一般简单劳作的大智者，才有可能得到大智慧，进而达到那种本无一物的至高境界。

　　我曾留意过不同的人扫雪的样子。有的人用力过重，结果在扫起落雪的同时带起了一层泥土。虽然雪是晶莹洁白的，但他扫在一起的雪已然是一堆乌泥了。有的人用力不匀，重时太重，轻时太轻，结果，有一下扫起的雪泥混杂，有一下，连地上的雪都没扫干净。只有一种人，扫雪的样子堪称大美。只见那扫帚起落处，仿佛并不着雪落地，只那么一拂，雪就自己飘走了。好像那扫帚被赋予了一股神力，看以轻柔，实则柔中有刚，而且至柔至刚。仔细端详，你便会发现，那不是在用扫帚而是在用心扫，无论那雪扫到哪里，都是一片晶莹洁白。

堂叔见我因没扫成雪而有点失落，就让我领着朋友跟着朝圣的人去转廓拉。转廓拉就是围着寺庙顺时针方向转圈，真正的信徒是要磕着等身长头转的。心想，在这样一个落着厚雪的早晨，与那些虔诚的信徒们绕着寺院走一大圈至少也算得上是一种美妙的经历。于是，便与他们沿着寺院院墙边的宽阔通道向前走去。原以为我们是最早的朝圣者，但那通道上密密麻麻的脚印却分明昭示着我们只能是后来者了。那每一个大大小小的脚印都转向一个方向，但留下了那些圣迹的行者却已远去。我们在那朝圣之路上走了整整两个小时，只遇到两个磕着长头在雪道上前行的藏女，别无身影。虽然身为俗人，但当你迈步踩向那些朝圣的印痕时，你的步履也就不由得神圣起来。

站在那两面山梁中间的谷口上俯瞰塔尔寺时，你说，你从没见过这么美的雪，它会让人感动得想哭。我对你说，当年宗喀巴圣者就是在这样一个落雪的早晨，从这个山口离开这里的。我相信，他也曾在这山口停下脚步回望过生养他的土地，甚至看到了在门口守望的母亲脸颊上的泪珠。不经意间抬眼望你时，你已泪流满面。

是的，我曾不只一次地想象过宗喀巴别离故土的情景，而且，所有的想象里都有一场雪。而在当时，这里还是一片林海，高大的云杉和古柏使每一场落雪都透出一股沁人心脾的灵气和宁静。

我总觉着他是那个冬天下最后一场雪的那个早晨离开这里的。因为，他只有踏着那最后一场雪上路，才有可能在下一个雪季的第一场雪来临时赶到拉萨，走他一生注定了要用心灵去跋涉的那条路。他以怎样的心力走过了那几千里高寒奇绝的极地大野？那草原、那雪山给了他怎样的加持？那烈日和漠风、那月色和星斗又给了他怎样的引领？

但是，他终于一路叩拜而来。

那天夜里，第一场雪如期而至，飘飘洒洒，覆盖了布达拉和大昭寺的金顶以及八廓街的青石板路。他拖着疲惫的身影走到那里时，雪已经停了，但清晨还没有来临，天上的星月还没有消隐。他在一片寂静中走近心中已默念了亿万次的那片圣地时，除了几声狗吠和寒风中皎洁的月光雪辉之外，似乎谁也没感觉到他的来临。人们还没有醒来。大地还在沉睡。但他知道，至少有一位高僧感觉到了他的临近，还为他点亮了一盏油灯，那是那天黎明点燃的第一盏佛灯。他望着雪地上月光下的身影道：你来了。而后，又回过头，看着身后那一串盛满月色的脚印说：我来了。

在我如此想象宗喀巴的离开和抵达时，对这样一种因果轮回的连接，心里早已是确信无疑了。总觉着非如此不能显示其空灵超然，不能昭示心灵的皈依和精神的奠基。只有作如此想象时，你才能在心里望见一盏渐渐燃亮的酥油灯，并在灯影里望见跪伏在地的那个身影。

相传宗喀巴自打16岁离开故土、告别母亲之后，再也没能回来。一种思念在不断滋长，尤其是对母亲的思念。他曾托人捎回一幅自己的亲笔画像给母亲，说是母亲拿到那幅画像后，那画像便会开口说话，可以说上三天三夜。但是捎画像的人却多了个心眼儿，将一幅临摹的赝品给了他老母亲，却把真迹捧回自己家里供奉。结果那画像只叫了一声母亲，就再也没能说话。这不仅是传说。离我出生的那个小山村不远有一座古城，古城只有城墙而没有城，那城墙很宽，宽得上面几乎可以行车。就在那古城里面，在几棵苍松和几株丁香的掩映中，藏着一座小寺，寺庙虽小，但却名声显赫。小寺庙有一件镇寺之宝，就是宗喀巴大师的亲笔画像。小时候，我常去那古城，也常到那寺庙里朝拜，但那画像从未有缘一见。直到前些日子，才见到一幅那画像的照片。照片拍得不甚清楚，但那丝丝缕缕的工笔依稀可辨，一看就知道非凡夫俗子所能描摹的。关于那古城，关于那小寺庙，我所能记得的也就是一场雪了。每年冬天，那寺上便有佛事活动，便有社火和神舞，我们就去看，但几乎都是在一个落着厚雪的日子。我觉着那古城和小寺庙的雪与塔尔寺的雪之间有着一种神秘的联系。虽然，我还说不清楚其中的玄妙，但我坚信那种联系的存在。

不能不说，那望眼欲穿的老母亲没能看到那幅真正的画像是一个遗憾。那是一个绝无仅有的母亲。在塔尔寺的一个小院落里至今还供奉着一块黑黑的巨石，

果洛藏寨

相传那是白发老母亲每天背水回来时可以靠着歇息的石头。我每次去塔尔寺都要在那块黑石头前默立片刻。就在那一刻，一位身着皮袍、步履蹒跚的老母亲，躬身背一桶水缓缓挪动的身影总是浮现在眼前。那艰难的每一步里她在惦念着什么呢？每当此时，我都不由得热泪盈眶。

后来，宗喀巴终成正果，创立世称黄教的格鲁派，成为藏传佛教史上美名远播的一代宗师。但他一直没能再见上母亲。这也不能不说是一个遗憾。母亲已在那一个雪天的早晨度他慈航，而他注定了要去度众生的。也许这雪就是他灵魂的羽毛，时时地飘回来，看望母亲，看望那一块黑石，看望这一片土地和这一座因他而建的寺庙。

塔尔寺原本没有寺，只有一座塔，那是600多年前信徒们为他这位格鲁派创始人而建的一座纪念塔。至明嘉靖年间，禅师仁钦宗哲坚参在塔旁又建一座小禅寺。一塔一寺，先有塔而后有寺，这便是塔尔寺之名的由来。以后的400多年间

又几经扩建，使之建筑规模日宏，终于成为八方信徒争相朝拜而终年香火缭绕的佛教圣地。

走在那朝圣者之路上，想及这些，再凝神驻望时，塔尔寺已在那白雪的映照中灿若一朵金莲。而那雪却在圣洁中透着肃穆，宁静中绽放安详。

这场雪不是塔尔寺在这个冬天的第一场雪，也肯定不是最后一场。但我不能肯定它是否就是六七百年前的那一场雪。如是，那么，在这个雪天，又将有谁离开抑或抵达呢？难道是你吗？但我敢肯定它就是我生命中渴望已久的那场雪。

一场塔尔寺的雪。

虽然，宗喀巴被誉为"第二佛陀"，在藏传佛教史上具有开创性的里程碑意义，但是，他并非活佛，而是一个佛界的学者，一个慈悲的智者。藏地有一种说法，每一代人都会有活佛——因为活佛转世，而像宗喀巴这样的大智者，每隔500年才出一个。因而，将他与文殊菩萨列在一起，甚至认为他就是文殊的化身。其后世600余年的藏地历史上，如果还有一个人能步其后尘的话，这个人当属诞生于19世纪后期的喜饶嘉措大师。有关喜饶嘉措，这里也有一个听来的小故事与大家分享。20世纪中期，一次大师随同周恩来总理出席在印度举办的释迦牟尼涅槃2500年世界纪念大会，依会议议程安排，与会者去佛教圣地菩提伽耶（瓦拉那西）

果洛藏寨

瞻仰，据说，一到那里，喜饶嘉措大师便跪伏在地，三跪九拜，末了，站起来，静静立于一侧，潸然泪下，并自言自语道：我是在拜2500年前出生在这里的那个人，而非在拜眼前之景物。

part two

宗喀巴之后，真正将格鲁派推向政教统治地位的是他的两个高徒，那就是为世人所熟知的达赖喇嘛和班禅额尔德尼。他们是可以转世的活佛，而宗喀巴不是。像释迦牟尼在世时从没说过自己是佛陀一样，宗喀巴在世时，也从没说过自己就是佛，更没说过，他就是"第二佛陀"。

据马丽华《风化成典》中记述，大明开国皇帝幼时曾出家为僧，但他后来之所以礼待藏传佛教，承袭前朝之风气，大封"国师""灌顶大国师"等，多被认为是出于政治的考量。到了他儿子永乐皇帝，情况就有所不同了，除了政治因素，他还附加个人情感——我想，这多半出自儿子对父亲未竟事业的继承和延续。他大举分封，大宝法王（噶玛噶举派）、大乘法王（萨迦派）、大慈法王（格鲁派）三大法王都是他封的，兼顾了几大教派。除此，从另一个层次，他还封了五个王，阐化王（帕竹）、阐教王（止贡）、辅教王（萨迦）、护教王（西藏东贡觉）、赞善王（邓柯一带）。三大法王加五大地方之王，史称西藏八王。八王各有封地，分别统辖一定地区，兼顾各地平衡。于是，藏地掀起一股晋京热潮，经久不息。由此可见，明代按各宗派传统势力维持藏地大局稳定之策略。"明代这种因其教不易其俗的制度，通过朝贡与赏赐及茶马互市以加强中央与地方和汉藏民族之间的文化和经济交流，并加强政治上的联系与管辖……在当时当地特定的历史条件下，这个不强行改归一致的办法，却收到了人民倾心内附和地方安堵如故的效果，足见其仍有一定历史意义的。"（引自李文实《西陲古地与羌藏文化》）

五世噶玛巴德银协巴（公元1384—1415年）与宗喀巴是同时代人，也绝非等闲之辈。永乐四年（公元1406年），经长途跋涉，第五世噶玛巴也抵达南京，受到隆重欢迎。事毕，噶玛巴在南京灵谷寺为太祖朱元璋和孝慈高皇后举行曼陀罗供养，历时七七四十九天的普度大斋，盛况轰动京城。据说，由于大师作法加持，每天都有奇异天象显现，祥云甘露，青鸟白鹤。为此，噶玛巴受封"大宝法王"，连随行弟子也封为"灌顶大国师"。他曾向明成祖推荐蔡巴《甘珠尔》手抄本，成祖即命其任永乐版《甘珠尔》刻本总纂，据称印行一万套，由皇室广发藏区寺院，藏地印经业由此起步，布达拉印经院就建于这一时期。

但是，从15世纪后期开始直到17世纪，对藏地真正的影响仍然是来自北方的蒙古人。尤其对格鲁派的兴起，来自蒙古人的支持起到了决定性的作用。

美国杰出的史学家斯塔夫里阿诺斯认为，1500年是人类历史上的一个重要转折点。这也是他把自己的《全球通史》分为"1500年以前的世界"和"1500年以后的世界"的原因。他说："1500年以前，人类基本上生活在彼此隔绝的地区中。各种族集团实际上以完全与世隔绝的方式散居各地。直到1500年前后，各种族集团之间才第一次有了直接的交往。从那时起，它们才终于联系在一起，无论是南非的布须曼人、有教养的中国官吏，还是原始的巴塔哥尼亚人。"他还进一步说，严格意义上的世界历史直到哥伦布、达·伽马和麦哲伦进行远航探险才开始。他认为，在这以前，只有各民族相对平行的历史，而没有一部统一的人类历史。

总体上讲，我并不赞同斯塔夫里阿诺斯的观点，即便是平行不悖，人类的历

古佛塔印象

史也一直是一个整体。而况像古罗马、古埃及、古印度,以及中国的汉代和唐朝,都曾深刻地影响并在一定程度上改变了这个世界的格局和走向——至少在那个时代是这样。

在这部史书(1500年以后的世界)的导言中,斯塔夫里阿诺斯引用了尼古拉·果戈里的一段话,抄在这里:"世界史若就其确切意义而言,并不是由所有各自独立、彼此间缺乏普遍联系或共同目的的民族史和国家史汇集而成的,也不是由大量时常以枯燥无味的形式表现出来的事件堆积而成的。……尽管世界上诸民族或者为时间、事件所分隔,或者为高山、大海所分隔,但世界史必须将所有民族的历史集合为一体,将它们统一成一个协调匀称的整体,并将它们谱成一首壮丽的诗。"我甚以为然。我以为果戈里说的是有史以来的世界历史,而非仅仅是1500年以来的世界历史。

世界从来就是一个整体,现在是,以后是,以前也是。近些年,"大历史"的概念在世界史学界颇流行，大卫·克里斯蒂安、辛西娅·斯托克斯·布朗和克雷格·本杰明的《虚无与万物之间·大历史》就是这一领域的杰出作品。它从宇宙的起源写起，人类的历史在广阔宇宙和地球万物的大背景下徐徐展开。威廉·麦克尼尔评价说："大历史将自然史与人类史结合为一种单一、宏达且易懂的叙述。这是一项伟大的成就，可以与牛顿在17世纪以统一的运动规律将天与地结合起来的方式相媲美，它取得了近似达尔文在19世纪以一套进化理论将人类与其他生命形式统一起来的成就。大历史是世界史许多目标的自然延伸。"

从这个意义上说，我个人以为，大凡中国孩子所受的历史教育是有缺陷的，是断裂的，是分散的，是不完整的。一般来说，我们会先学中国历史，而后才学世界历史。在学中国或世界历史时，我们又先古代、再近代、后现代。学中国历史时我们不知有世界历史，而学世界历史时我们又不去想中国历史。即便是一个地方的历史，只有当你把它放到世界的历史中去看的时候，你才会看清楚自己的历史。因为它并不是孤立存在的。

但就藏地果洛的历史而言，我甚至也同意斯塔夫里阿诺斯的这样一个基本判断。就像我前面说到过的，直到16世纪初，虽然它偶尔也会受到来自外部世界的影响，但它基本上依然处在一个与世隔绝的状态。当然，还有来自宗教的影响——这是此前唯一在果洛留下过深刻印记的外部力量，但是，如果没有来自统治阶层政治、军事力量的参与，单纯的信仰还不足以改变一个地方的历史。它所有的印记只会停留在心灵的层面，成为人们精神世界的疆域，而并不会过多牵涉物质世界。它可能会改变社会族群的内部心理结构，而不会改变它形成的整体结构。它自己维持着一种秩序的平衡，而从这个时候开始，这种平衡就要打破了。这是人类历史的必然。

当然，这只限于佛教或藏传佛教，而不适合别的宗教。纵贯近2000多年的人类历史，我们会发现一个普遍的历史现象，那就是佛教（包括藏传佛教）从未在人类世界的冲杀征战中扮演过重要的角色。

H.G.韦尔斯在《世界史纲》中认为，尽管佛教教理在心理方面很深奥也很真实，但佛教最终还是衰微和腐败了。所以他说，到11世纪时，佛教教义在印度，除了奥里萨之外，已经不见了踪影……"但佛教仍然在世界范围的广大地区存在着，在与西方科学相遇时佛教又可能会受到历史精神的激励，乔达摩的原始宗教的教义经过再次复苏和提纯，还可能对人类命运前途发挥巨大作用。"

即便如此，我们也无法证实，所有的佛教教义都出自乔达摩的本意。后世所看到的所有有关佛祖教言的经典，看上去都像是一种现场记录，所以一般都说：如是我闻。就这一点而言，其实，佛教经典与《圣经》无二。当然，其教义在人类心灵世界是否依然能持久地焕发出光明，那是另一回事了。

也许韦尔斯也有这种感觉。他在《世界史纲》中写道："西藏在本世纪（为20世纪——作者注）的前半期是一块佛教的热土，假如乔达摩那时访问西藏……在拉萨，他会见到一座宏伟的寺庙，众多的僧徒、住持和喇嘛住在里面，而他活在世上时的建筑物只有几间茅舍，而且没有剃度僧徒，在一座高大的祭坛的上方，他会见到一尊高大的金色偶像，有人会告诉他，这尊偶像叫作：'佛陀乔达摩'！他还会听到有人在那偶像面前念颂祷文，有人低声念颂某些他似乎并非完全陌生的箴言作为回答。钟、香、跪拜，都在这一让他惊讶的仪式中出现了。"

韦尔斯所描述的，也许就是宗教在其创始者离开很久之后所呈现的样子，但是，它未必就是真相。

我想，这也应该是世界视野下的果洛历史。是的，我试图在世界历史的大背景下去打量果洛的历史。尽管在世界历史的图景中，我并未看到果洛清晰的坐标，但我依然坚持它肯定也在其中。因为，我一直以为，一个人的历史就是人类历史的一部分，一个地方、一个部族的历史就是世界历史的一部分。它可能微不足道，但一定以它该有的样子存在着，果洛也一样。在曾经的世界历史长河中，泉州、长安、敦煌这些地方，也许比今天的北、上、广等都市占据更显赫的位置，就像历史上的君士坦丁堡比今天的巴黎、伦敦和纽约占据更加显赫的位置一样。

part three

我曾多少次去过果洛，远的不说，仅2016年之后，我曾先后十余次到果洛做田野调查，每个地方都走过若干遍。总体上看——我感觉，果洛的格鲁派寺院并不算多，而且，无论从建筑规模还是从寺院的影响力以及僧人的数量看，格鲁派寺院肯定都不在前列。尽管拉加寺地位显赫，但与许多后来建成的寺院相比，至少其外观的辉煌程度远不及其他。于是，我想过这样一个问题，宗喀巴何以如此看中这片土地，而这片土地又何以如此？这是一个严肃而庄重的话题，我不敢妄加评说。但是，它肯定与藏传佛教史上的那些教派之争有关，尤其是格鲁派兴起之后与噶玛噶举派之间的微妙关系有关。因为，噶玛噶举派有很多高僧都出生在果洛或果洛周边康区，所以，果洛及其周边广大多康地区，也一直是噶玛噶举的势力范围，别的教派即便能立足，也难以跟噶玛噶举抗衡。

我在这里说一个地方，班玛，前面已经提到过。它是果洛的一个县，就面积而言，它在果洛都不算大，但它在果洛的位置很重要，自古而今，一直都是。而确切地说，我所要说的这个地方还不是班玛的全部，而只是班玛的一条河谷，而且，也不是整条河谷，只是这条河谷中不足百里的一段河道。有必要特别指出的是，这还是一条很长的河谷。虽然，这条河在当地叫玛可河，听上去像一条小河，但就整个流域而言，它却是一条更著名河流大渡河的源区干流。而我要说的就是其源区干流的一小段河谷，从江日堂到班前，距离不超过50公里。

就在这一小段河谷里，诞生过第十世黑帽噶玛巴（大宝法王）秋英多杰、第十一世黑帽噶玛巴益西多杰和第七世红帽法王益希宁宝三位噶玛噶举领袖级的高僧。有几次去果洛时，我都到过他们的诞生地。我只想看看那个地方。

第十世大宝法王秋英多杰的诞生地在江日堂西北的山坡上，一个长满荒草的小院里，而今静静耸立着一座白塔和一尊汉白玉雕像。小院有一个小铁门从里面扣着，敲了一下门，一个女人给我们开了门。这个女人叫卡保，她的男人叫智巴，很多年里，他们一家人一直守护着大宝法王的诞生地。旁边就是他们的家，从他们家到这小院还有一个边门。那白塔是秋英多杰的纪念塔，那雕像当然也是秋英多杰的法相，秋英多杰端坐在法台之上目视着我们。除此之外，那小院里，我们再没看到任何别的铺排和装点。

第十一世大宝法王益西多杰的诞生地距离他前世的诞生地不足一公里的地方，第七世红帽法王益希宁宝的诞生地距离稍远，但也不足50公里。都是一个小院，都是一座白塔和一尊汉白玉雕像，都同样的简单。第一次去时，我甚至没有看出这三座白塔和三尊雕像的区别。尤其是那三座雕像，材质都是汉白玉，形态都呈端庄坐姿，神态都同样宁静平和，头上都戴着一顶法帽，向上卷起的帽檐都是莲花瓣形状，而且，高低大小也几乎一模一样，除了因为地势缘故朝向有所不同之外，我几乎看不出他们之间究竟有什么不一样的地方。我终于忍不住问随行的当地朋友，他们告诉我，唯一的细小区别在他们的手势。再后来，我也注意到了，他们三位都用自己的双手或一只手打了一个只属于自己的手势，想必那都与自己所修持的密法有关。

几乎每次去果洛，我都会听到他们的传奇故事，听到最多的是秋英多杰的故事。我要在这里讲述的是，他最后一次回到故土的事和回来之后所发生的一些事。

那个时候，他离开拉萨已经有七八年了，应该还在云南丽江一带。那么，他为什么会选择这个时间回一次故乡呢？这与一个人的出生有关，这个人就是第七世红帽法王益希宁宝，史称夏玛仁波切。这事缘起夏玛仁波切的前世，那个时候，六世红帽法王年事已高，今生今世所剩的时日已经不多。一天，十世噶玛巴与他在一起时，噶玛巴问，是否想过来世想出生在哪个地方？六世红帽法王回答说，还没想过这个问题。噶玛巴又问：那你是否考虑生在我出生的那个地方呢？六世红帽法王回答说，非常愿意，那是我的荣幸。这是一个事关前世今生的约定。

远在丽江的十世噶玛巴在一次观想中看到，第七世红帽法王已经转世，出生地就在他出生的那个地方的另一个村庄里。便想立刻动身前往寻访，一刻也不忍耽搁。虽然，那时他人在西南边陲，距离此地千里之外，但他毅然放下一切，决意前往。动身前，像以前一样，他再一次将自己获得的全部财富都分送给了很多乞丐，自己也化装成了一名乞丐，沿路乞讨，只身踏上寻访之旅。经长途跋涉，一日，他终于抵达玛可河谷。当走进那个村落时,一个孩子正在村口上等待他的抵达,隔老远,他一眼就认出了这个孩子,那孩子也认出了他。像他看到这个孩子的出生一样,这孩子也看到了他一路蹒跚而来的样子,并提前感知他要抵达的日子,于是早早来到村口,等候他的到来。这个孩子就是第七世红帽法王益希宁宝。他们一见如故,随后的日子里,噶玛巴为新的红帽法王授戒,并用了两年时间将噶举派的基本教法传授与另一个噶玛巴。之后,噶玛巴启程前往已经阔别10年的拉萨旧地,身边跟着两位小活佛,其中一位就是新的红帽法王益希宁宝。

回到久别的故乡之后,第十世噶玛巴应该逗留了两年左右的时间。期间,为了让十世噶玛巴能静心修行,益希宁宝还特意为他建造了驻锡地,这个地方现在已变成一座寺院,叫吉德寺。他们还一起在班前村口的玛可河上建了一座木桥。在为这座木桥选址时,十世噶玛巴下到河边蹲在一块礁石上,脱下一只靴子说,他要把靴子扔进河水里,让它往下淌,到了一个地方,它会停下来,在河水中不停地旋转,那个地方就是造桥的好地方。那靴子果然在河水中停了下来,并在河中央的一个旋涡处不停地旋转起来。十世噶玛巴就挑选了一根粗壮的木头,让人们把那根木头立到靴子转圈的那个地方。木头放下去之后,竟牢牢地站住了。原来,靴子旋转的地方有一个旋涡,旋涡底下河床有一块巨石,经河水千万年冲刷,形成了一个垂直向上的窟窿,那根木头放下去之后,就像一个楔子楔入开凿好的卯孔里,像古建筑中的卯榫结构,恰如其分,坚固牢靠。以此为固定轴心,用捆绑木头和用石头垒砌加固的方式,一个桥墩就立起来了,一座木桥就这样建成了。

直到上世纪中叶,那木桥尚在使用。后来,才改建了一座吊桥。再后来,上游不远处又用钢筋水泥建了一座更加结实的新桥,那吊桥也废弃了。那种木结构的桥梁,在西藏昌都附近的澜沧江流域河段,至今还能看到。它是智慧和慈悲的造化。

还有一个更有趣的故事。传说,第十世噶玛巴来的时候带来了一粒桃核,临走的时候,他将这粒桃核种在了那碉楼前的空地上,说日后这里会长出一棵桃树。并预言,等桃花开时,会从远方飞来两只太阳鸟,来看花开,吃花蜜。即使在那个时候,也没有人会相信这里会长出一棵桃树来,更别说会有太阳鸟飞来了。那一年应该是公元1661年（藏历铁牛年）。可后来，那里真的长出了一棵桃树。于是，人们相信那两只太阳鸟也会飞来。果然。桃花刚刚开放，就飞来了两只太阳鸟，一直到桃花落尽才飞走。之后，每年到了桃树开花的季节，两只太阳鸟都会从遥远的南方如期飞来。而且，它们像是事先知道花开的日子，总是在桃花刚刚开放时飞来，一直等到满树桃花落尽了，才会恋恋不舍地飞走。年年如此，从未错过花期，也从未匆匆离去。后来，人们回想起噶玛巴当初留下的预言，觉得那两只太阳鸟，是两位噶玛巴的化身。一年一度，它们相伴而来，也许是来看他们共同出生的地方，也或是因怀念他们相见相识的日子，在故地重游。

赛来塘菩提塔

知钦寺莲花光明宫

我是在看到一巨幅唐卡时，听说有这棵桃树和这两只太阳鸟的。这幅唐卡挂在久治县城一个小小的展厅里，唐卡上画着藏传佛教史上最伟大的多位智者。第十世噶玛巴端坐画幅上方中央，占据画幅主体位置。画像右侧画了一株开着花的桃树，两只太阳鸟飞舞着，绕着花枝流连。很显然，这是一棵想象出来的桃树——我是指它的样子，因为它太过挺拔俊秀了，那不是桃树原本该有的样子。我不解的是，这幅唐卡上怎么会有一棵桃树和两只太阳鸟呢？问其究竟，才引出上面这样一个故事来。引领我去看这幅唐卡的扎西桑俄告诉我，这棵桃树是真实存在的，它就在班前村的一个小院落里，年年花开花落，已经静静地存在了350多年。每年花开时，都会有两只太阳鸟从南方飞来，与这棵桃树共度花季。

画者嘉华噶丹用了两年多的时间完成了这幅唐卡巨制。立于这幅唐卡前，听这个故事时，我一直忍着眼泪，没让它落下来。直到离开那个地方之后，我才让它流出眼眶。因为这样一棵树；因为这样两只鸟儿。

曾有几天午后，我一直在班前村附近漫步，也曾多次从那座碉楼前经过。可我从不知道那个地方还有一棵桃树，更不知道每年桃花开时，会有两只太阳鸟飞越千山万水来到那里，只为一树桃花。便觉得，这不是一棵普通的桃树，要不，那鸟儿没必要飞这么远的路途，冒着生命危险，来这里看这样一棵孤零零的桃树了。在青藏高原以外的地方，桃树到处都是，就近找到一棵桃树，一个桃园，一片桃林，都不是难事。它为什么要历尽艰难飞到这里看桃花呢？而且，只为一棵桃树。

在海拔超过3500米的高寒地带，这棵桃树绝无仅有。在整个青藏高原，这两只太阳鸟也绝无仅有。

太阳鸟，雀形目，太阳鸟科，小型鸣禽，体细小，体长约8—15厘米。其嘴细长而向下弯曲，喙缘先端具细小锯齿状。舌呈管状，尖端分叉。尾羽呈楔形，雄鸟中央尾羽格外延长。全身羽毛闪烁紫、红、金黄等色彩。外表和习性似蜂鸟。世界已发现太阳鸟共14种，分布于亚洲南部、菲律宾群岛、印度尼西亚和热带非洲，中国有6种。太阳鸟主食花蜜，也吃昆虫，饮露珠。吃花蜜时，喜欢停留在花枝上。因羽毛色彩斑斓，体态华丽，传说为天国神鸟，故又称之为天堂鸟、极乐鸟和女神鸟，是世界观赏鸟类中的珍品。

这样一种鸟儿，怎么会出现在青藏高原腹地呢？它当属热带生物，适于炎热的气候和雨林的环境，加之身体娇小柔弱，无法在北方生存，更别说是在高寒缺氧的青藏高原。那么，究竟是什么让它们做出了这样一个不顾生死的抉择，开始了一次超越生命的跋涉呢？

要知道，它们所穿越和抵达的不仅是空间意义上的一片辽阔大陆，还有时间意义上的重重难关。我不知道，今天飞来看桃花的那两只太阳鸟是否就是当初的那两只，应该不是。据说，一只太阳鸟的寿命也就5—8年，无论如何，它也穿越不了长达350多年的时光。一只太阳鸟至少需要活上50辈子才能经历这样一段岁月，别说是一只鸟儿，对一个人来说，这也是难以企及和超越的一个时间长度。

传说中的那棵桃树其实是一棵杏树

难道它们是一代代不间断地飞越过一片大地和漫长岁月吗？一种怎样的使命需要它们付出如此巨大的生命代价呢？而它们之所以世代相传、前赴后继，却只为了一棵桃树，一树桃花。

　　随后的一次果洛之行中，我曾专程往班前村寻找过这棵桃树。我找到了这棵桃树，但是，当我站在那棵树前时，我发现它并不是桃树，而是一棵杏树——时值深秋，我还捡到一颗熟透了落在树下的杏子。原来，因不产桃杏，当地人也是桃杏不分的。而且，当地村民告诉我，这棵"桃树"并非十世噶玛巴所种，而是

传说为十世噶玛巴所种的柏树

另有其人。秋英多杰族内后人益西贝太和吉德寺活佛噶玛旦巴告诉我，十世噶玛巴确实在这里种下过一棵树，但那不是桃树，而是一棵柏树——我也找到了这棵柏树。那么，那棵桃树呢？它是否真的存在过呢？不得而知。

但那两只太阳鸟真的存在，直到今天，它还年年飞来此地，就落在那棵当地人误以为桃树的杏树上，花开时飞来，花谢时离开。班玛县旅游局局长雅格多杰喜欢摄影，曾在那里苦苦等候两年，在杏花开时，拍到了这两只传说中的鸟儿。我也看到了这些照片，一树杏花中，一只绚烂的太阳鸟正栖于花枝，像是在鸣唱，安详自在。

也是在这段河谷，我听说还有两座阿育王时期的古佛塔，这还了得，不可不重视。有关世界各地的阿育王佛塔，有两种说法：一种说阿育王一生杀伐，自知罪孽深重，遂皈依佛门，耗费巨资，选派众多僧侣，前往世界各地兴建八万四千座佛塔；一种说，阿育王临终发愿，他死后在世界各有情众生居住之地会自然生成八万四千座佛塔（当含八万四千法门之意），以赎其罪孽。一般都认为，前一种说法更可信。有报道说，中国内地也曾发现三座阿育王古佛塔，据说浙江海宁塔便是其中之一。这种说法在藏地也流传甚广，但已经不是八万四千座，而是有上亿座。对此，我的看法是，不足信，但凡涉及数字，无论是年代还是数量，藏地族人一般都喜欢夸大。

不过，阿育王也许真的曾派出使团在印度周边各国建过许多佛塔，至于是否真有八万四千座，已经无从考证。H.G. 韦尔斯是一位杰出的历史学家，具有总能一下就切中要害的本领，其史学作品堪称美文。《世界史纲》是他最出色的作品，也是我最喜欢的史学著作。尤其是他对佛教的描述甚至比很多佛学经典还要精到，你甚至可以说它充满慈悲的温暖。他在这部作品中写道："阿育王是历史上最伟大的君主之一，他所征服的地区从阿富汗一直到今天的马德拉斯省。他是历史上唯一在取得胜利之后不再将战争继续下去的军事君主。他曾入侵羯陵伽（公元前225年），那是马德拉斯东海岸的一个地方，也许他还有征服印度半岛南端的打算。那次出征取得了胜利，但战争所导致的残酷可怕的景象使他非常厌恶。他在一些保存到现在的铭刻中宣布，他不再发动战争开拓疆域，而要以宗教取代战争，从此他的后半生都致力于宣扬佛教。"韦尔斯还写到,历史上出现过成千上万的君主,或庄严恬静,或高贵优雅,或名声显赫,阿育王的名字在他们当中闪耀着光芒,是一颗独特的明星。从伏尔加河到日本,他的名字直到今天仍倍受崇敬。甚至连已抛弃了他的教义的印度,都在传颂着他的事迹。在今天的世界上,怀念他的人比听过查理曼或君士坦丁的名字的人还要多。

他说:"在这个小小的地球上,最终一定会产生一个对过去、将来及生存的本质进行深入细致地思考的人,这对一般的人是不会产生什么影响的。""乔达摩坐在下面顿悟的那棵树,一直倍受人们的关注。他属于无花果科,早就倍受崇敬,把它叫作菩提树。这棵树早已经死掉了,但在它的旁边有另一棵大树,那可能是它的后代;在锡兰,有一棵树至今还存活着,我们知道它是在公元前245年由菩

江日堂古佛塔

提树的一个枝条长大的,是世界上的一棵最古老的具有历史意义的树。"而把一根菩提枝条带到锡兰的,就是阿育王派出的众多使团中的一个。

玛可河的那段河谷竟然有两座阿育王佛塔,一座在果芒,一座在江日堂白扎寺。更登群培在《智游世界传奇罗列真金》中写道:"谈及阿育王时期的辉煌,他建筑佛塔无数,多数已经消失,在萨那吉至今保留了一座……形如扣钹,上方有座似升子,下方只有瓶座并无塔梯等,尼泊尔的古旧佛塔上的伞盖等疑似后人所为。"据说,更登群培所描述的阿育王佛塔与班玛江日堂佛塔相差无几。白扎寺印行的一份宣传彩页上还有一句这样的话:"《大伏藏师班玛昂秀岭巴传》中也有曾在此修建桑耶边界降伏殿的记载",云云。

2017年9月23日下午,我便去寻访这两座佛塔。白扎寺离得近,我决定先去果芒寺,返回时再去白扎寺。其实,果芒寺也不远,距班玛县城往东不到10公里路程,过玛可河就到了。车直接开到果芒寺后面的山坡上才停下,这时,随行的朋友告诉我,上面那一面山坡便是阿育王佛塔。我看到的是一座山头,虽然,它确实像一座宝塔,但是,它跟后面的整个山架连成了一体,要是没人指点,都会把它当成山体的一部分,而不会看作佛塔。小山头呈梯形,上窄下宽,斜斜地倚着背后更高的山峰,由下往上,山坡上露着一道道岩石,仔细端详,也确实像宝塔的层级。上面还长满了青草,靠山头塔顶的部位,还长着一片古柏。

吴引水、曲甘·完玛多杰所著《藏族文化通论》称其为"神奇的郭莽塔",修建年代和修建者无从考证。接着,也写到了阿育王佛塔的传说,说印度的阿育王在征服羯陵伽国后,对战争的残酷杀戮感到痛悔,一夜梦中,神谕启示要他皈依佛法,修建10万佛塔以赎罪。果芒(郭莽)寺住持保存着一块石板浮雕,上面的人物造型与敦煌壁画上的人物造型十分相似,据推测此塔的修建年代与敦煌莫高窟同期。这部《藏族文化通论》还对此佛塔作了具体描述:"它的外形像一个大土(当为土丘,疑是笔误——作者注),仔细观察才发现它实际修建在一个小山包上,依着山势用一块块石板垒起,呈金字塔型,塔的底部有基台,原来有围栏,现在已被毁,塔的顶部也长满了树木,看不出原貌。"

朋友引领我沿顺时针方向去转那佛塔,我们绕过几间嘛呢房,而后有一条路

江日堂三果洛佛塔。上、中、下三果洛的发祥地

环绕着那佛塔或山头。在那片柏树前，我还看到了几只从没见过的鸟儿，像戴胜，个头也差不多，只是头上少了高高的毛冠。它们不停地发出轻轻的鸣叫声，像是低吟，也或是在吟诵。如是我闻。它们在吟诵什么呢，不会是一页经文吧？及至走到山头塔顶后侧时，转佛塔的山路一下变得狭窄起来，像一道纵深的沟壑一样。我知道，这都是转佛塔的人踩出来的印记，是脚印，是无数的脚印千百年不断叠加之后在山体上切割出来的印痕。路边的石头都被转佛塔的人摸得油光锃亮，路面上突兀的石头也被行人踩出了亮光。

就那么走去时，一条藏狗也跟在我们身后走了很长一段路，后来，它可能感觉我们走得太慢了，才绕过我们三两步跳到前面去了。我们回到山下时，发现它正卧在草地上歇息。

江日堂白扎寺的佛塔是一座宏伟的建筑，而且就在路边上，只要从那里路过，大老远就能望见它的身影。我说的宏伟建筑是一座木塔，塔高四层，因而也可以说是一座木楼,像中国内地那些著名的古代楼阁,也有楼台、回廊和飞檐,譬如应县木塔、黄鹤楼,或者大观楼,也形似藏区一些著名的佛塔,譬如黄南热贡的郭麻日佛塔,区别在于这是一座纯木式建筑——如此宏伟的纯木式佛塔在藏地即便不是绝无仅有,也实属罕见。塔高五层(不包括塔尖),除第一层塔基为石头建筑之外,以上四层均以木头建造,塔基部分占地112平方米。像所有的宝塔一样,它也呈上小下大的格局。

这座佛塔的一个显著特征是,真正使其宏伟壮观的还不完全是佛塔本身,而是让塔建筑其上的那座小山包。那是一座圆形小山,状如曼陀罗,果洛藏人称之为"闪光铁山"。而且,那小圆山,也并非只有山体,经千年(果洛藏人说,它始建于公元前264—227年间)修筑演变,那小山也已变成了佛塔的一部分,成为佛塔真正的基座。用一座山来为一座佛塔当基座,即便是一座很小的山,这塔也会显得无比高大。一圈圈刻满经文、佛像的嘛呢经石像一道道镶嵌的栏杆,一层层垒砌到山顶,拱卫着佛塔。山下是一圈宽阔的低洼草地,护卫着小圆山,而以前那里还有一泓流淌的清水,像护城河。再外层,也不是空地,而是高高的石经墙。石经墙之外,也不是空地,还有高低错落的古佛塔。那是一片塔林,有石塔130余座,皆为古佛塔,实乃青海塔林之最,堪称文化瑰宝。转经房若干、百余间僧舍以及不计其数的嘛呢石。当然,还有白扎寺。如此林林总总,可谓洋洋大观矣。

江日堂古代石刻

古佛塔印象

惜哉！不少古佛塔都有程度不同的毁坏。

幸也！至2017年，一项国家投资数千万实施的文物保护及修缮工程正在进行——从文化价值而言，此项工程似乎来得晚了一些，而在历史的意义上，也许是恰逢其时。它以前为什么没有得以修缮保护，原因很多，但根本的原因只有一个，时代的原因。我们有幸与古佛塔共同迎来一个能使其得以修缮保护的时代，善莫大焉。

去过拉萨的人都知道，布达拉宫之所以宏伟壮观，一个主要的原因是它建在了一座山上，何况在拉萨城里那还算得上是一座雄伟的山。还有著名的雍布拉康，

江日堂古佛塔

宫殿的建筑规模其实也不大，只是它正好建在一座陡峭的山顶上，顿时显得巍峨起来了。江日堂佛塔也是。而且，还有更神奇的，相传当年在为建造布达拉宫选址时，最初选定的地方不是现在的那个地方，而是在这里——江日堂。这样的传说，我在藏地其他地方也听到过，比如玉树通天河谷，东仲林区边缘靠近西藏昌都的一个地方，一面山坡一层层拾阶而上，像梯田，当地也有传说，当初那里是布达拉宫的选址——传说未必可信，不止一个地方有这种传说，至少说明当初为布达拉宫选址时，也许真的考虑过很多地方，也未可知。

江日堂的传说中说，当时那里已经有一座很小的寺庙，住着一位高僧，有几个小僧徒伺候着。一天来了个衣衫褴褛、满身虱子的老婆婆，说要在那里住几日。高僧也许知晓其来历，故叮嘱几个徒儿，千万不可慢待此老太，凡事按她的吩咐便是。一天，高僧不在，几个小徒看那老婆婆走到哪儿，哪儿都是满地污垢，身上还一路掉虱子，都很讨厌。便跟她说，我们师父说了，让你离开这里。老婆婆不信，说他不可能会让我离开的，你们是否听错了，再去问问。几个小徒，哪敢跟师父去说，在附近绕了一圈，又回去了。说这确实是师父的意思。那老婆婆看着他们，沉默片刻，而后，一阵风起，她变成一只大鸟向着西面的天空飞走了。飞到西面山头上时，还停下来，回头看了看这地方——据说后来，她驻足回望的那个地方长出了一棵当地不曾见过的树，至今还在。高僧一回来便问，那老婆婆可好？几个徒儿自知闯了大祸，只好谎称，那老婆婆自己一定要离开的，拦不住。

眼前这面山坡也是
传说中的阿育王塔

只见高僧长叹一声道：看来这一切早已注定，不是我希望她选这里她就会选的。末了，才道出原委，那老婆婆并非普通民间妇女，而是一个神圣的使者——白拉姆的化身，她化成一老妪就是以防世人识破。她此行已经去过很多地方，是在精心为将要兴建的布达拉宫选址啊！

江日堂就此与一座著名的王宫别过。但毕竟是宝地，这不，一座佛塔也曾屹立千年而不朽。不过，从时间上看，即便阿育王的使者当年确曾在此建造佛塔，也肯定不是那木塔，且不说阿育王与布达拉宫的建造年代不在同一历史时期，单从此佛塔的年代和当地历史而言，也不可能那么早。如果这里真的建造过一座阿育王佛塔，我倒是觉得，也许那小圆山才是那座古佛塔的真身。从其外观特征看，它也更符合阿育王古佛塔的样子。

我看到过著名的桑奇佛塔的图片，它建造于阿育王统治时期，后来又经过扩建，但其整体格局应该没有太大变化。从有关阿育王古佛塔的史料记载判断，桑奇佛塔应该是最典型的阿育王佛塔。我手绘了一幅桑奇佛塔的草图，与江日堂和果芒寺佛塔的图片放在一起，供读者阅读时遐想。

著名的桑奇佛塔草图　　　阿育王塔前锁着的门

固始汗及其后时代的果洛

part one

藏族社会与蒙古族社会的真正联合是 17 世纪以后的事。果洛真正在藏族社会或中国历史上留下很深的印记也是从这个世纪才开始的。

17 世纪的中国大地上发生了一系列重大历史事件——再往远里说，17 世纪的整个世界也发生过一系列重大的变故。17 世纪的藏地果洛也发生了一系列重大的历史事件，那合太和秋英多杰都是这个时代的果洛藏人。

蒙古人固始汗（公元 1582—1654 年）就是在此时进入视野的。该部在喀尔喀部的强势压力下，于 17 世纪初的二十多年里西迁至额尔齐斯河畔（今新疆内）。

"格鲁派在始祖宗喀巴罗桑扎巴和他的弟子们的长期努力下，广泛扩大其教派的影响，它不仅在藏族地区得到极大发展，还普及到蒙古族和汉族地区，它在藏区各教派中出于绝对优势地位。但迫害压制格鲁派的宗堆王、直贡噶举、噶玛噶举、康白利王顿悦多杰四大对手，他们不仅控制着政权和军队，还拥有土地、属民，因此，格鲁派仍然摆脱不了被迫害和压制的境遇。格鲁派的领袖们为了彻底摆脱被压困境，争取掌握全藏的统治权，积极与蒙古和硕特首领固始汗取得联系。"（引

碉楼下刻嘛呢石的老人

自得荣·泽仁邓珠《藏族通史·吉祥宝瓶》）

固始汗于公元1636年到了拉萨。他装扮成商人模样，朝拜拉萨三大寺，了解情况。并私下拜见达赖喇嘛，作进一步观察。五世达赖喇嘛在大昭寺释迦牟尼佛像前为固始汗举行隆重的授法仪式，并加封他为"旦增却吉杰布"称号，即持教法王。他授法号回新疆后，他的一万兵力与漠北喀尔喀七大部落首领却图汗血战，以少胜多，大败却图汗，由此，整个青海地区都控制在固始汗治下。而在此前，却图汗曾与其他部落发生争战失败，在当地站不住脚，率部众占领青海藏区，作为噶玛噶举派信徒欲助宗堆王丹久旺布消灭格鲁派。

"固始汗于公元1639年5月率蒙古骑兵向康区进发，进攻格鲁派在康区的敌对势力白利王顿悦多吉。顿悦多吉极端仇恨佛教，他带兵攻打烧毁多康地区寺院，将理塘寺的大弥勒佛像内装藏取走，毁坏莲花台座。杀害僧人无数。被抓的僧人关进监牢，其迫害程度，比宗堆王丹久旺布父子有过之而无不及……""白利土王顿悦多吉动员了他的全部力量进行抵抗。在今甘孜、炉霍、邓柯、青海玉树等广阔地区激战了一年多时间，于公元1640年，顿悦多吉兵败被杀，整个康区属于固始汗和格鲁派的天下。"（参见《西藏王臣记》）在多康，固始汗与德格土司联手，攻下白利土司之后，就将白利土司的地盘全给了德格土司，使其成为多康最强大的一个土司。

因为多康地区与果洛的紧密联系，这次进军直接波及果洛，果洛藏地的蒙古人大多都是这个时期留下来的。一开始，他们留下来可能是为了维持刚刚取得的安定秩序，可后来没能离开，便融入当地藏人社会，都被当地藏人同化融合。今天，除了一部分藏人身上的蒙古人血统和基因之外，他们已不见了踪影。这些蒙古人的后代主要分布在今天的久治和甘德县的局部，一些地方至今还保留着蒙古语地名，比如索呼日麻、夏日乎等等，均为蒙古语译音。

"公元1641年，固始汗率大军向西藏进攻，并很快占领了拉萨等大部分地区。宗堆王邓久旺布兵败退守后藏，并请四世班禅洛桑却坚出面调解……"（引自得荣·泽仁邓珠《藏族通史·吉祥宝瓶》）。未果。班禅又去调解，得到不杀的承诺。最后，将其囚禁。而后从噶玛巴黑帽系第十世秋英多杰拉章中的熬茶厨师身上搜出一份秘密文件，上面写有噶玛巴黑帽、红帽系和丹久旺布要联合起来，彻底摧毁甘丹、色拉、哲蚌等格鲁派寺院，将他们的庄园交给其他教派的寺院，要把五世达赖喇嘛和四世班禅喇嘛囚禁起来的计划。并盖有黑帽系、红帽系法王的印章。固始汗这才将他缝裹在湿牛皮中沉入河中淹死。以丹久旺布父子为核心的噶玛噶举政权对藏族社会24年的统治就此结束，从根本上解除了对格鲁派的威胁。

因为写过《草原最后的女王——河南亲王扎喜才让事略》，对此后蒙古人在青海黄河以南的这段历史，我稍稍有所了解。

固始汗占据西康地区后，派长子罕都驻守巴尔喀木地区，当地藏族称罕都为花马王，称其部众为花马蒙古。罕都死后，固始汗从统治青海东南部地区的政治需要出发，令次子达尔济博硕克图济农率部南迁。清顺治九年（公元1652年），达尔济博硕克图济农及其部众由原驻地今青海湖北黄城滩一带开始向南迁徙，在一次次大迁徙之后，这是这个部族的最后一次大迁徙。他们从达坂山麓的草原上启程，经过青海湖大草原，跨过黄河，来到了黄河南部草原，定居巴水（蒙古语

古碉楼印象

称克图河）、泽曲河（蒙古语称伊克哈留河）及河曲地区的广大区域内。

达尔济博硕克图济农进入黄河以南之后，很快征服了周边的藏族部落，将卓尼俄卡以西地区的整个甘肃南部草原、四川阿坝草原以及青海果洛、玉树的部分地区、上下热贡和道纬、文都等藏地统统置于自己的管辖之内，开创了河南蒙古族历史上的一个崭新时代。

从这个时期开始，在以后长达近300年的时间里这个草原部落一直主宰着这片辽阔的土地。为了更好地统治这片土地和这片土地上那些信奉藏传佛教的藏民族，康熙四十八年（公元1710年），察罕丹津之子敦珠旺加曾率300骑前往黄河源区扎陵湖边，迎接第一世嘉木样活佛，兴建了亲王府的家寺——拉卜楞寺，使河南亲王成为这座后来名震四方的佛教寺院的寺主——这座寺院管辖的大小佛教

● 古碉楼印象

寺院超过30座。这是这个蒙古王室家族的鼎盛时期，族人中有不少人为家族的兴盛有过辉煌的建树，尤其是察罕丹津和他的儿子敦珠旺加。

一直到19世纪末，果洛一直在蒙古人的统治之下。当然也不能不受到格鲁派的牵制和影响。据康赛部落后人康尕布藏成列的讲述，后来，阿什羌部的康干、康赛之所以与甘南黄氏家族联姻，不仅是为了摆脱蒙古人的统治，制衡马步芳家族，更是出于部落家族安危的长远考量。

而曾经的历史告诉我们，格鲁派是依靠固始汗的蒙古军队打败对手夺取政权，并站稳脚跟的。

"噶玛巴宗教首领黑帽系十世法王却英多吉（即秋英多杰）组织武装反抗失败后，大约于公元1643年逃亡云南丽江纳西王处。公元1653年，他派人到拉萨拜见五世达赖喇嘛认错，要求准许却英多杰回楚普寺，发还在战争期间没收的寺庙财产。五世达赖喇嘛同意了他的要求。但要噶玛派接受达赖喇嘛对他们的管辖权。公元1661年，在外躲避十多年的却英多杰返回拉萨，朝见五世达赖喇嘛后得到款待。从此以后,噶玛派黑帽系活佛住在楚普寺,从事纯宗教活动,没有力量干预政治。"(引自得荣·泽仁邓珠《藏族通史·吉祥宝瓶》)请记住,秋英多杰是从故乡果洛的玛可河谷踏上返回拉萨的旅程的。

五世达赖喇嘛所著《西藏王臣记》如此欢喜地写道:"敦真却季嘉波王(亦即固始汗——作者注)也就从一心敬奉佛教的本土发动了大军,于丁丑年正月开到措喀地方,好比那具力王罗玛那歼灭罗刹楞伽主那样,一战之下,他将土却的四万大军完全歼灭而无余。于是东至措喀的边境,完全收归在自己的管辖之下,而以政教相辅的策略来治理所辖的民众,使其获得安乐。他渐次来到藏中,承办那能增长广大福德资粮的喜庆盛会。在西藏的金刚座——拉萨神变寺中,他接受了诸侯之冠,能使众生获得安息的大法王称号与职位。继后他转道来到噶丹尊胜洲大寺(黄教三大寺之一),当晚虽是二十七日月黑天气,但在黄昏时分,发现极为白亮的暮色,能看见细小的砾石。这是符合政教事业,将成为洁白祥和的缘起征兆;并在那时又发现一些大西藏将归他统治的良好征象……但这是从宗喀巴大师充满悲心甘露的三密宝箧中诞生而出的转金轮王(指固始汗,由于他拥护黄教才有这种威德)才有这样的一切教政功德。"在这部书的结尾,五世达赖喇嘛甚至坦言,《西藏王臣记》"是应具自在力王敦真却季嘉波(持教法王)之命而作"。

马丽华在《风化成典》中写道,这期间,明末清初的内地也在激烈动荡中。从东北崛起的后金努尔哈赤收服了东蒙古诸部。皇太极改国号为清。公元1642年,固始汗和达赖喇嘛派人与清皇太极取得联系。我以为,这是一个非比寻常的历史伏笔,此后的数百年间,格鲁派在藏地的崇高地位再也没有其他力量可以撼动。

十年后的公元1652年,五世达赖喇嘛亲赴北京,受到顺治皇帝的隆重欢迎,受封"西天大善自在佛所领天下释教普通瓦赤喇怛喇达赖喇嘛"。年逾古稀的固始汗虽未同赴京城,同样得到了封号"遵行文义敏慧固始汗",以其为西藏最高行政领袖,达赖喇嘛则为"领天下释教"的最高佛教领袖。

"清朝为何如此尊重和抬高达赖喇嘛,一是利用达赖喇嘛这个至高无上的宗教领袖以扩大自己的影响,并通过五世达赖喇嘛,将藏族政权臣属于清朝政府管辖。另一方面利用达赖喇嘛对蒙古地区的崇高威望来设法使蒙古归顺清朝。"(泽

仁邓珠语）

"由固始汗武力开创，以蒙古汗王、甘丹颇章及第悉（行政长官）联合执政的文治时代，西藏地区保持社会稳定差不多六十年。有了这一背景，五世达赖喇嘛阿旺罗桑嘉措作为政治家的才干和作为宗教领袖的胸怀得以展现，使他在藏族历史上成为与松赞干布和八思巴比肩齐名的伟大人物——神王。史载五世达赖喇嘛在位期间，修复了宁玛派、萨迦派等其他支派的寺院，各派首领心悦诚服的为多。当然，宗教宽容只存在于理想愿望中，之后格鲁派整合归并了许多别派寺院，也是不争的事实。对两位密切追随藏巴汗、打压过格鲁派，在其靠山盟友灭亡之后还在组织反抗力量的黑帽、红帽系噶玛巴，达赖喇嘛表示了蔑视，并未加害，已属不易。"（引自马丽华《风化成典》）

公元1654年，固始汗病逝于拉萨，但他所开创的那个时代还在继续。

其后，康熙皇帝对五世达赖喇嘛更是礼遇有加，一直期盼能与之相见，五世达赖也渴望觐见，终因年迈体弱未能如愿。乾隆70岁时，六世班禅绕道蒙古赴承德觐见，也算是一个弥补。为迎接他的到来，乾隆在承德专门为班禅修了一座寺庙，金顶之上还有八条飞龙，这是龙这个形象第一次大张旗鼓地出现在皇宫以外的建筑上，此等礼遇无以复加。而且，两人相见时，乾隆竟然能用藏语问候班禅，可见他对此次会晤的重视。三个月后，班禅抵京，再次与乾隆会面，入住西黄寺，这里曾是另一位格

古碉楼上的楼梯

古碉楼上的锅卡

鲁派高僧五世达赖的驻锡地，而今他又来到这里，像是圆了一个梦。不久，六世班禅便在这里圆寂，一切皆圆满。

30多年前，我在承德实习时，与同学们一起曾在避暑山庄小住。一日，立于那座酷似扎什伦布的寺庙前，遥想当年，不禁感慨系之，曾写小文《山庄之春畅想曲》表露心迹。显然，后世之所以有"康乾盛世"之誉，绝非虚名。

整个清代，藏传佛教格鲁派对人类文明的走向产生过重大影响。当然，它也深刻地改变了藏地的历史和未来，甚至直到今天，我们仍能感受到它留与后世的巨大影响。我想，这也许正是历史的意义——启示未来。

不过，我们必须记住——尤其是果洛藏人必须铭记，出生于果洛的第十世（黑帽系）噶玛巴秋英多杰曾如此自信地说过："在整个藏地，无人能在绘画艺术上的造诣超过我。我是那个有史以来唯一让观世音感到愉悦和欣慰的人，我是为绘画才来到人世的。"试问，此等旷古豪迈，自古有谁堪比？他所开创的唐卡画风对后世的影响，再无出其右者，堪称空前绝后。而他也曾生活在这个时代。

我感觉，他想提醒人们关注的是，精神世界不止是信仰的疆域，它或许还以另外的样子也在其中占据着同样十分辽阔的心灵时空。在那个时空中，他的心灵仿佛也是一片完整的海洋，也是一颗独立的星球。

也许，我们还应该记住，第八世红帽系法王之后的清代历史上，这一派系的法王已然淡出历史，至少暂时是这样。何故？（考虑到所有藏人可能都知晓第八世红帽法王生平的缘故，不忍说破）究其根源，与未来，与藏地，均具有启示意义。而他的前世第七世红帽系法王也诞生在果洛，也曾生活在那个时代。

part two

从这个时候开始，在汉文史书中，我们会经常看到"果洛"两个字，但大多没有什么好话，所有记述中都是那里如何作乱、某年某月谁谁出兵平乱之类的文字。翻开一部清史到处都能看到这样的记载，现摘抄若干如下：

○ 古碉楼印象

　　《清史稿》卷296列传83载："康熙五十九年（公元1729）冬十月，岳钟琪命讨郭罗克番部，钟琪率师并督瓦斯、杂谷诸土司兵自松潘出边。郭罗克番兵千余出拒，钟琪击破之，取下郭罗克吉宜卡等二十一寨，歼其余。乘夜督兵进至中郭罗克纳务寨，贼番抗拒，钟琪奋击，未终日，连克十九寨，斩三百余级。"

　　康熙五十七年，年羹尧因准噶尔平叛有功任四川总督，不久升为川陕总督。这年九月，青海郭罗克地方叛乱，年羹尧里应外合，利用当地部落土司之间的矛盾，"以番攻番"迅速平定叛乱。

　　之后，庆复又被任命为川陕总督。郭罗克土番屡次外出"夹巴"（劫掠）。庆复下令将其首领林噶加捉拿处斩，才使得那里的民众安抚下来。庆复下令教习那里的三百余户贫寒民户耕作，每年五六月可外出狩猎，每年限一次，每寨限15人。松潘总兵每年出巡，驻守阿坝。上、中、下三部设置千户一个、百户两个，解决当地秩序问题。

　　"郭罗克番为乱，（方显）走匿色利沟，遣兵围捕……"

其中，岳钟琪的名字出现的次数最多，频率也最高，因为，他在四川总兵、提督和川陕总督任上，果洛是最不安定的一个时期。不时有乱，但大多属"夹巴"式小打小闹，并无大碍。"夹巴"两个字翻译成汉语就是劫掠，说白了就是拦路抢劫。在古代社会这是一种世界各地普遍存在的社会现象，游牧民族中尤为常见，果洛尤甚。汉族社会里也不例外，"人过留名，雁过拔毛"，"想从此处过，留下买路钱"……这些汉语文学作品中随处可见的文字，所记述的就是藏人所说的"夹巴"，汉人叫劫匪。

至清代乾隆年间，果洛一带的"夹巴"活动尤其频繁，引起朝廷持久关注。我在互联网上看到一篇学术论文，标题就是《乾隆时期郭罗克部落"夹巴"活动述论》（作者李龙江）。阿来先生在其杰出的纪实长篇小说《瞻对》中也写道："的确是小事，川藏大道上，有三十六人被藏语称为'夹坝'（夹巴）"的人抢劫了。在那样的年代，一行人路经偏远之地而被抢劫，以致被谋财害命并不是什么了不起的事情。但是，这件事情却先上报到川陕总督庆复那里，又有庆复上奏给乾隆皇帝。说明这件抢劫案太不一般，原来被抢的是一众清兵。用今天的话讲，叫稳定无小事，何况被抢的还是川藏大道上维稳的军人……"瞻对也是多康藏区的一个土司，曾一度统领多康藏地。

"夹巴"之猖獗，由此可见一斑。于是，历任川陕总督和四川提督、总兵便不断领命，专赴围剿。而果洛又地处高寒，行军作战，多有不便，就苦了这些官兵。

不过，一直到清末，除了年羹尧、岳钟琪、庆复等在果洛有过多次拔寨屠戮的平叛之外，其实，并未动过太大干戈，也都无法与固始汗进军多康地区对果洛历史产生的深远影响相提并论。清代以后的历史上，对果洛藏地进行过持续灭绝性杀戮的非马麟、马麒和马步芳莫属。这是 20 世纪初新近才发生的事，我不想过多叙述那些悲惨的场面。一个基本的事实是，"三马"过后，果洛很多部落伤亡惨重，大批牲畜和妇女被掳走，许多小部落已经不复存在。此前，果洛与周边藏地的人口不相上下，此后，果洛的人口一直很稀少，这是最主要的一个原因。

至上世纪中叶，整个巴颜喀拉北麓果洛藏族社会大约分布有 40 多个大部落，约300余小部落。

以中果洛阿什羌本部落为例。最初，整个阿什羌本部落分为贡麻仓、康干仓、康赛仓三大部落，被称之为阿什羌三部落。部落居住地主要分布在今甘德县、久治县、玛多县、玛沁县的大部分地区。后来，贡麻仓又分出然洛仓和哇塞仓，与贡麻仓、康干仓、康赛仓并称为阿什羌五部。

再以甘德县境内所分布阿什羌本为例，至1952年，这个古老的藏族部落仅在本区域内已经发展为九个较大的独立部落，下辖75个中小部落。这九大部落分别是：阿什羌贡麻仓、大武麦仓、然洛仓、查科、垮科、藏科、莫查日麻、下莫巴、哈十科等。再以阿什羌贡麻仓部落为例，它主要分布在今甘德县上贡麻、下贡麻、岗龙、柯曲等乡镇，据1956年的调查，其所属中小部落共计39个。

再以上贡麻为例，又分为主华贡麻、主华曼麻、加果贡麻、加果曼麻、角扎、赛果尔、项果尔、夏仓、拉吾浪、浪歇、麦什科等，户数共计786户，整个贡麻仓部落经历八代头人，最后一代头人的名字是旦增尖措。

班玛本、昂欠本两大部落的变迁亦大致如此。由此你可以看出果洛藏族社会一个基本的族群脉络。

一直到今天，果洛藏人都清楚地记得自己是上、中、下哪一个部落的后裔。在果洛，一个人的名字前一般还会有一个字，这个字像胎记，那是他们家族部落的历史标记。通过这个标记，人们不仅一下能说出他们是属于哪一个部落的后裔，而且还能推断出千百年来他们游牧巴颜喀拉山麓大草原的轨迹。那是不断迁徙和漂泊的轨迹，也是不断征战和进退的轨迹。

而整个巴颜喀拉北麓全是果洛，天果洛、地果洛均在巴颜喀拉山麓。

part three

这里我要写到其中的一个部落——德昂部落，并在享誉全藏区的德昂萨智——藏文书法的神韵中结束我对藏地果洛历史文化的一次凝视和随想。

我从这道山梁走过去看到一片碉楼群

　　借此还想表达这样一层意思，我并非历史学家，我有限的一点史学修养也不足以驾驭如此恢宏的主题。我一直是《青海日报》的一名记者，偶尔也会有人把我视为一个作家，可能正是这个缘故，不停地行走和写作就成了自己的职业。就这个文本而言，我还是愿意把它归结为生态意义上的非虚构文学作品，或文化大散文。而文学与史学是有区别的，所以，请不要苛求有关历史的表述是否精确——尽管我已经力求严谨，但是谬误之处肯定还有很多——只记住我曾如此书写过果洛的历史文化就足够了。希望这是一个独特的读本，因而具有阅读价值。

　　我是一个十分幸运的人，我不仅喜欢行走，而且喜欢写作。这个世界上有几个人能使一生的喜好和热爱成为自己的职业呢？也许在未来，这样的人会越来越多——因为在未来的中国，为生计或生存而择业的人会越来越少，但在我所经历的这个时代，这应该是一件非常困难的事。我想再次表达我对《青海日报》的感恩之情，这是肺腑之言。虽然，打心里我从未想过有所辜负，但是，它的包容和关怀则成全了我的人生理想，感激莫名，则无以回报。惟不停地行走和写作尚在

德昂部落头人的后裔

继续，不敢有丝毫懈怠。

这话似乎又扯远了，就此打住。回过头来讲德昂部落的故事。

那是2017年5月10日，我和果洛州文联主席沙日才先生，在华杰洛周先生的引领下来到玛可河谷一个叫德昂的村落。从沿河公路过了玛可河上新修的桥，再沿着右岸盘山路爬上一面山坡，一个宁静的村落就出现在眼前。是的，是宁静，而非幽静。村庄所在地的地形像一个巨大的盘子，而村落就在这盘子的中央，这就是德昂两个字在藏语里的意思。"盘子"四面环山，山梁之上都有郁郁葱葱的森林，那是玛可河林区的一部分。作为一个村落，这个地方在果洛的名气之大，在整个果洛恐怕也没有第二个村落能与之比肩。这里曾是一代果洛之王那合太的驻地，后来又成为阿什羌德昂部落的中心，几代部落头人的官寨至今依旧在这里傲然挺立，甚至可以说完好无损。自村口一路向村落深处走去时，仿佛从果洛的历史长河中穿行而过。

村庄所有的房屋建筑都是石木结构的碉楼，有很多房屋是三层以上的格局，因为墙体完全是用石块垒砌而成，丝毫没有采用钢筋混凝土这类现代建筑材料，石块与石块之间起黏合作用的是纯粹的泥土，顶多还有一些木材钉在墙体石缝里，想必是用来加固的。

一般三层以上的房屋的顶层有敞开的廊檐和露台，这么高大的建筑几乎没有现代意义上的窗户，只有一些不规则的小孔。那些小孔虽然也能用来采光，但效果几乎可以忽略不计，其主要的功能是瞭望和防御。我到很多这样的房屋内察看，即使在大白天走进屋内，亦如同置身漆黑的夜里，如果没有任何照明措施，看不到屋内任何物件，尤其是一些角落，更是幽暗无比。一天，我们在一处老碉楼底层一角，去看一个管犯人用的牢房，一个人用手电筒不断扫过，也很难看清里面的情景，那感觉就像是进到了地层深处的一个黑暗的深渊。从一层到二层、三层，一般都会有一根粗壮的木头做梯子，木头上凿有小台阶，一只脚勉强能踩在上面。而三层以下的那些房屋或碉楼，大多是这些年新建的，虽然墙体也采用传统石砌工艺，但因为比以前低了很多，墙面更加平整，而且上面装有敞亮的玻璃窗户。它既保持了传统碉楼的基本形态，也吸收和借鉴了现代民居建筑的很多元素，使其更加实用和坚固。

这里是阿什羌德昂部落的发祥地。最里面的右侧山坡上有一座四层碉楼，是这个村庄最高的建筑，鹤立鸡群，大老远一眼就能看到它的存在。我们径直把车

已坍塌的古碉楼

开到这座碉楼前的空地上，想从这座碉楼开始我们对德昂部落的调查。门是锁着的，是一把现代锁子，而不是那种手工打制的藏锁——而在以前，藏地几乎所有的大门要是锁着的话，都会用藏锁。不一会儿，一个人拿来钥匙为我们打开了碉楼的门。我们从第一层小心地爬到了四层的露台，从那里望出去，远处的森林、近处的村落和农田都尽收眼底。从远处的山坡上还有阵阵诵经的声音轻轻飘落。据说，这座碉楼就是德昂部落头人阿什羌贡玛的官寨，还有两位活佛也曾在这里出生。我们看到的那个牢房就在这座碉楼低层的一个角落里，墙体也用石头砌成，手电筒照在上面，墙上的石头闪过一层阴森的光。

现在住在这个村庄里的人也还都是德昂部落的后裔，但他们并不是德昂部落后裔的全部，这里只是他们最初的根据地。像三果洛众多部落的后裔一样，德昂部落最初也在这玛可河谷发展壮大，而后不断地从这里向远方迁徙而去。他们中最主要的一支从这里一路向西，出玛可河谷，翻过巍峨的满掌山，进入黄河源区，到了今天达日县黄河一侧的草原，那片草原的名字现在也叫德昂。这是藏地游牧部落一贯的传统，他们无论迁徙何方，距离有多么遥远，都会带着原住地的地名，当然，还会带上山神和所有曾经供奉的神灵和佛像。

2016年6月4日，我去过那片草原。从达日县城出来沿黄河而下，进入德昂境内向右拐上山，而后下山就到了。那天，我主要是去瞻仰著名的德昂萨智（藏文书法）和吉吾唐卡的。据说，它们都已有200多年的传承历史，早在2008年就已列入国家级非物质文化遗产名录。德昂萨智和吉吾唐卡究竟为何物，神奇之处在什么地方？藏地以外的普通读者可能还不大了解。这么说吧，在全藏区无论哪座著名的寺院，如果能拥有一部以德昂萨智书法手工印刷的大藏经都会视为镇寺之宝，趋之若鹜。现在电脑藏文字库中的德昂体就来自德昂萨智，它相当于汉文字库中的宋体和隶书，名满天下。而德昂寺还有自己的镇寺之宝，那就是吉吾唐卡大师在德昂寺绘制的彩绘文武百尊小型唐卡。

传说，德昂萨智书法初创并流行于赤松德赞时期，一个叫比若扎那的高僧被流放到今天的康定一带，他是当时最著名的藏文书法大师之一。他在流放地留下了大量的书法作品。他去世后，玛哈嘎拉大伏藏师把他用过的笔墨纸砚进行了伏

已坍塌的古碉楼

藏，并预言，日后如有人得到这些宝物，就能得到大师真传。很久以后，一个叫桑恩旦增的德格掘藏师掘出了这些宝物，得到了大师真传，遂又在藏区很多地方广泛传播。但是后来，所有地方都失传了，只有德昂一地传承至今。

再说吉吾唐卡。也是很久以前，德昂寺一代高僧请吉吾唐卡大师到寺上绘制文武百尊的小型唐卡，每一幅约有十厘米见方，精美绝伦，但凡见过此物的唐卡艺人——无论他有多高的艺术造诣，都叹为观止。德昂寺一直视之为镇寺之宝。后来，寺院一个放牧的小僧人看到了这些唐卡，喜欢得不得了，日思夜想，念念不忘。一天，他给寺主活佛说，能不能将那些小唐卡借给他看看，他保证会妥善保管，不会有丝毫损坏。活佛答应了。他每天去放牧时都带着这些唐卡，一遍遍细细观赏，越看越喜欢，百看不厌，爱不释手。最后，他想，何不自己仿制一套？那样他就能一直与它在一起了。他天生喜欢刻刻画画，尤其是雕刻。他就自己制作了一些雕刻工具，开始在同等大小的木板上同比例雕刻文武百尊木雕。据称，其雕刻技艺之高超，已经达到了堪与原作比肩的程度。但凡见过此物者，也都叹为观止。如此，这套木雕唐卡也成了德昂寺镇寺之宝。后世将德昂萨智、德昂木雕与游牧部落中一直传承下来的吉吾唐卡一同并称果洛藏地"艺术三绝"。

那天，我不仅有幸目睹了这些宝物的原件，也看到了这些传统技艺在德昂草原的传承。在德昂寺活佛丹贝尖措的带领下，一家以德昂萨智书法为主要传承目的，兼顾果洛"艺术三绝"的"非遗"传习所已经开始运行。传习所目前有80名学员，多为德昂寺僧人，也有不少当地牧人。从2014年开始，每年还举办德昂萨智书法比赛，已举办了四届。我也看到了不少学员的书法作品，临别，丹贝尖措还赠我一幅当地牧人学员的书法作品作纪念。尽管，我不能识读，也欣赏不了它的艺术精妙之所在，但我想，这些文化瑰宝的持续传承一定会在德昂族人的心里幻化出无比绚丽的色彩，成为永久的滋养。达日县流行一句话：德昂牧人写

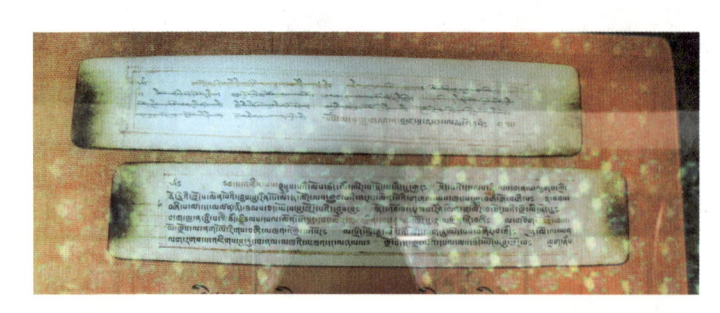

◎ 展柜里的德昂萨智藏文书法作品

◎ 德昂寺丹贝尖措活佛

的字比城里的文化人写的字还好看。有了这种文化的滋养，一个民族的心灵才会日益饱满。毕竟，任何一个民族，不仅需要面包和牛肉，更需要有精神的财富。

玛可河畔的德昂旧址保存着部落原始的文化形态，而黄河谷地的德昂则呈现民族文化的另一种形态。两个德昂，同一个部落，共同书写着民族史诗。如果前者是故乡和乡愁，那么，后者就是迁徙的远方和精神家园。

一天，在玛可河谷一处古碉楼遗址上，我久久流连。碉楼四面的墙体还基本完好。坍塌下来的石块落了一地，我在那些石块中间小心地走来走去，生怕踩到那些石头，伤着它们。尽管是一些石头，但我感觉它们仍有生命的气息。据考，这是玛可河谷最早的碉楼，已有近600年的历史，为一代果洛之王那合太的官寨。碉楼遗址在山坡上，山坡之下的河谷滩地上就是白扎寺和江日堂佛塔，是阿什羌部落的发祥地。果洛最早的佛教寺院和佛塔都出现在这个地方，第十世和第十一世噶玛巴也出生在这里。

一座经历了600年岁月和人间烟火的碉楼，不可能没有生命的气息。前后左右、里外上下，我不停地变换角度给那几面石头的墙体拍照。回来之后，还不停

已坍塌的古碉楼。墙体上透进来的白光像一只白鸽

地回放那些照片，像是在搜寻曾经失落的一段记忆。

　　直到看到墙体上的一个小孔，我的目光不再移动。那是从石墙的里侧拍到的一面墙体，是西墙。虽然是阴天，但正好是夕阳西下的时候，透过墙上的小孔一束白光还是穿墙而来。我盯着那束白光陷入沉思。有了这束白光，那小孔的边缘轮廓便清晰起来。我认出来了，那轮廓是一只飞翔的鸽子的剪影。它透着亮，像是鸽子洁白的羽毛在熠熠生辉。我不确定，是否所有墙体上那些小孔的形状也是这个样子，如是，那一定是有意为之。那么，它们缘何将那些用来瞭望和防御的小孔设计成一只白鸽的形状呢？尽管藏文化中的鸽子并不像西方文化中那样，有着和平的明确指向，但有一点却是肯定的，藏文化中的鸽子也是一只吉祥的鸟儿，也有和平的意义。

　　如是。从历史的缝隙透过来的这束光芒究竟预示着什么？对后世子孙以及未来又有怎样的启示呢？我想，我是知道的。我想，你也一定知道。

人神共舞的娑婆世界

——多维时空语境下藏地果洛的众生相

灵性世界的时空随想
——兼及神性的生活与诗意的栖居

看星吗？

我的星。

愿我是苍穹，

以无数的眼睛看你！

——古希腊小诗（引自手机短信）

part one

 我们应该还记得，我在本书前面写到过一个有关三果洛起源的神话传说，主人公是年保玉则众山神和一位勇敢的猎人，老山神化作一头白牦牛与化身一头黑牦牛的恶魔激战，应老山神之请，猎人一箭射杀了黑牦牛，帮山神除掉了恶魔，给草原带来了安宁和吉祥。

 现在，我们有必要对这个神话传说的意义进行简单地梳理。"因为一直以来，神话的主题都是永恒的、普遍的，这些主题不仅贯穿历史，而且还涵盖了人类居住的所有地方。"（引自约瑟夫·坎贝尔《指引生活的神话》）果洛也不例外。世界范围内所有的神话都传递出一个重要的信息，即便是在众神的世界里，善与恶的较量也从未停止过。惩恶扬善是所有神话永恒的主题，这可能就是神话的意义所在。其世代流传的过程就是一个不断教化和持续遵循的过程，就是人类文明从善如流的历史，是血脉和灵魂的根源。

应该指出的是，发生在年保玉则山下的这个故事并不是一个纯粹的神话，因为里面除了神灵还有人类。我以为，它是神话与传说的混合体，所以我才说它是神话传说。而这恰好是果洛地方或藏地神话有别于其他地区神话的地方，譬如希腊神话。在希腊神话中，众神都住在奥林匹斯山上，虽然，不时也会出现某位神爱上人类并与之发生亲密关系的事，但总体上，以宙斯为首的众神世界与世俗的人类世界处在两个不同的时空当中。众神俯瞰人类世界，并以人类对众神的敬畏和崇拜程度来决定它们对人世的态度，或恩赐或惩罚，或施与胜利的荣光或受到永世的诅咒，将人类的命运把玩于股掌之上。它像一场赌博游戏，输赢却早已注定，且早有预言。

像很多神话中的众神一样，上面神话中的山神也住在一座山上，这座山叫年保玉则。山神有时会变成一头白牦牛的形象，而他的三个女儿则会变成巨蟒、狮子和小花蛇。从白牦牛大战黑牦牛的情节，我们知道，除了众神的世界和人类世

龙恩寺佛塔

云雾山中　巴华/摄

界之外，还有一个恶魔的世界，那黑牦牛就是恶魔世界的代表。山神和恶魔为什么都是牦牛呢？这与当地的自然环境有关，牦牛是藏地特有的生物，具有地域性象征意义。想来，牦牛应该是果洛远古先民最早驯化家养的动物之一，因而牦牛与人类世界的关系就十分密切了。

　　此外，我们还注意到，果洛也不止年保玉则一座山上住着众神，还有一位更大的神住在阿尼玛卿。从年保玉则山神对猎人讲到阿尼玛卿山神时不敢违约的情景分析，阿尼玛卿的地位远在年保玉则之上。于是，我想到，藏地的众多山神并不是孤立存在的，他们之间不仅有紧密联系，而且其神族谱系关系还错综复杂。在进一步的调查中，我了解到，年保玉则的父亲是众山之王冈仁波切，母亲是玛旁雍措，舅舅是阿尼玛卿，外公是夏扎拉则，侄子是念青唐古拉，雅拉达泽是阿尼玛卿的次子……很显然，这只是藏地众神家族中的几位主要成员，而不是神族的全部。从中，我们可以确定的是冈仁波切和玛旁雍错是一对老夫妻，而阿尼玛卿则应该是夏扎拉则的儿子或侄子，可是不知道念青唐古拉又是谁的孩子。

玛可河风光　肖巴/摄

冬格措那湖　付洛/摄

　　从这份谱系名单，你至少还可以派生出其他更复杂的谱系，比如，除年保玉则之外其他几座大山之间的关系，而且，像写家谱一样，这种关系还可以继续往下排，子孙后代，绵延不绝。它们的足迹、身影和所能纵横驰骋的疆域几乎遍及整个青藏高原，甚至更加辽阔和遥远。可以肯定的是，如果就此展开更深入细致的调查，就会引出一个无比庞大的神族谱系来。与希腊神话甚至与毗邻的昆仑神话不同的是，藏地的这个山神系统的疆域几乎遍及整个藏地，他们中部分家族成员的居住地甚至远到内地和青藏高原周边的其他毗邻国家。

　　可以毫不夸张地说，如果你在藏地游走，在随便哪个地方发现一并不有名的神山圣湖，继而对它的亲缘关系做一番考证，最终你会发现，它也是这个庞大家族中的一员，而且还有自己的小家庭、小家族。每一位神族成员都有自己专属的领地，四至界限分明，像今天人类世界的行政区划，每年他们都会巡视自己的领地，其时，当地信众也都会参与巡视。但与人类而言，那并不是巡视，而是追随和信奉。每年农历五月，我老家的那些神族也会出巡。幼时，每每望见出巡的队伍自山冈而下，便感觉神灵就在身边。

　　如果你从那个并不有名的神山圣湖开始，追溯其家族的历史，最终你会发现，它一定会跟冈仁波切，或梅里雪山，或阿尼玛卿，或尕朵觉悟，或玛旁雍错，或青海湖，或纳木错，这些藏地著名的神山圣湖扯上关系，很有可能还是其中某一位山神湖神的远方亲戚，或一位受封镇守远方的王子，或一位远嫁他乡的公主……神族后裔浩浩荡荡，子子孙孙无穷无尽。不仅如此，它们的神族谱系最终还会跟人类社会发生关系，就像希腊神话中那些众神的故事一样。有关三果洛祖先的神话传说也是如此。

大凡山神——包括藏地其他的神，比如湖神，原本大都是魔鬼，曾长期祸害一方百姓，后被高僧大德降伏，改宗佛教，受居士戒，成为神，守护一方安宁。而大凡魔鬼又都是原始苯教的产物，因藏传佛教吸收了部分苯教的元素，这些已改宗佛教成为神的魔鬼也才得以继续存在。据说，更早以前，这些魔鬼又都是一些凶恶的匪首，死后化为魔鬼在另一个世界里继续作恶，危害外部世界。他们改宗佛教也契合了放下屠刀立地成佛的教理。某种意义上说，这也正是藏地民众对神山神湖满怀敬畏的文化心理根源。

众神世界（或魔鬼世界）是否真的存在，我不敢妄断。对宗教意义或信仰层面上的众神世界也无意妄加评论。我所感兴趣的是时空意义上的一种猜想，说白了，假如众神世界真的存在，那么，众神在什么地方呢？即便他们住在如奥林匹斯，

河源之幕　付洛/摄

或阿尼玛卿那样一座山上，在时空意义上，那座山也绝不等同于我们眼前山峰的样子，也不会与我们处于同一个时空，它应该存在于另一个时空。而如果另一个时空是真实存在的，那么，我们一直所认同的时空概念就会彻底颠覆。另一个时空与我们所处的时空是交叉存在的还是并行不悖？另一个时空之外是否还存在多个甚至n个时空？如是。n个时空之间又是个什么关系？它们各自独立、互不相干，还是既相互交错，又互为支撑和依存？时空之间是否还存在质量优劣或等级高低之分别？如若存在，人类世界所在时空又处在一个什么样的层级？我感觉，它即便不是处在最下层，也不会在高层或深层时空。因为，除了当下所处时空，我们对周遭的其他时空一无所知，既看不到，也无法感知其存在。

我想，就这个问题的终极追问甚至已经超越了宗教，成为未来世界理论物理学或未来量子物理学的方向——甚至终极理想，从这个意义上说，它已经成为客观世界的一部分。假设零维是一个元点，没有空间，也没有时间，那么，如果再增加一个点，并用一条线连接这两点，空间就出现了。如果再增加一个点，从那条直线的任何一个点都可以再画一条直线连接第三个点，再连接所有的点就有了长度和宽度，一个平面出现了。如果给这个平面再增加一个维度变成三维，这样平面就可能弯曲，于是有了高度，有了立体空间。到四维时，时间才有条件形成，与三维空间相比，四维空间多出来的一维就是时间，于是时空出现了，这是我们能直接感知的时空。不过，四维空间中的时间还只是一条直线，是从一个点到另一个点，是一维。四维空间之后，每增加一维，就会增加一个时间的维度，至六维时空，时间也会变成三维，也会弯曲。但事情还远没有结束——也许这只是一个开始，在七维空间中，一个点也许会产生无数条时间线——当然也会产生无数个新的时间点。再往后，八维空间则给无限与无限的交叉提供了无限的可能，交叉形成的中心圆点开启无限时空，所有时空的自由穿梭皆成可能。演进至九维空间时，八维空间也许还会变幻弯曲。如是。最后，十维空间才有可能再次回到元点。最初和最终交叉重叠，这是一个点，也是一个圆；是开始，也是结束；是太极，也是无极；是启程，也是回归；是自在，也是圆满。一切的一切都在其中。

这是惯常的思维方式——其实，人类以及所有多维时空生物的思维亦可呈现

无限向度。由此我们也许还可以想象时间在多维时空不断重复出现的弯曲，那里不止有黑洞，还有虫洞、空洞或别的什么时空隧洞。空间可以穿越空间，时间可以穿越时间，无穷无尽的交叉、重叠、平行、弯曲、拉长、挤压、分裂、变异……什么都会发生。存在与虚无并行不悖，存在即虚无，虚无即存在。如是。当下我们所处宇宙也许只是万千宇宙之一，而多个或无数宇宙的交叉存在却是一个无法想象的时空——至少在人类看来是这样。最终，我们不得不面对一个疑问：我们是否真的存在过？存在的或许只是一种记忆，那么，记忆又是什么呢？是时间在空间中的映像，还是空间在时间中的痕迹？所谓色即是空，空即是色，说的是否就是这样一种大景象。

　　从这个意义上讲，众神世界的存在也许并不是凭空想象，至少我们不能简单地加以否定。如果我们把众神世界想象成另一个时空当中的众生相，那么，或许我们就不会执意于否定，粗暴妄断。这里我要强调的是，我并不是在讨论宗教——至少不是狭义的宗教，而是在试图讨论宇宙万物的真相。如果一定要对这样的话题找寻一个归属，我以为这是个哲学命题，至少也是个科学命题。在未来，我们也许不得不思考和面对这样一个问题，那就是地球之外的其他时空中也有神话吗？要有，他们的神话又是什么样子？或者，对地球子民来说，它是否就是一个众神的世界？

　　某种意义上，在神话时代，人类只用心灵或

a 鹰　藏巨冷保 / 摄
b 较量　图登华旦 / 摄
c 伴侣　图登华旦 / 摄

班玛风光　肖巴/摄

甘德风光　肖巴/摄

想象认识这个世界，并对自己看到的那些无法解释的自然现象给出一种判断，并加以描述。在藏区，这个时代也许延续到了几百年前甚至更晚近的年代。雪山上的雷声，草原上的彩虹、冰雹，以及满天星斗、日月食等自然现象，在他们无异于神迹。一片土地的神性与大自然无穷的神秘性产生共振时，一个精神的世界就会得以成功架构。似乎可以肯定，人类最初的启示仿佛都来自头顶的苍穹和脚下的大地，如果那是一种叙事，那么如此宏阔悠远的叙事并不是人类的心灵能够驾驭的。如果万物共有一个使之得以孕育的子宫，那就是宇宙。"在属于大宇宙秩序的神话系统中，宇宙的整个疆域就是我们共同的母亲女神的子宫。"（约瑟夫·坎贝尔语）

一次，我向中国社会科学院哲学所伦理学研究室主任甘绍平先生请教生态伦理学问题，他坦言，目前世界生态伦理学基本上还是以人类为中心展开的，其研

达日风光　旦正才让／摄

究对象依然是人类及其生存环境，宇宙万物远没有进入视野，顶多也只是一种模糊的背景。我坚信，迟早有一天，我们一定会把宇宙万物均纳入伦理学范畴，在终极意义上架构生态伦理体系，从精神和自然两个向度将之推向极致。假如你承认宇宙是一个整体系统——无论是否只有一个宇宙，那么，地球只是这个庞大整体中一个微不足道的微型小系统，无论地球人类文明多么令人骄傲和自豪，也只是这个微型小系统中更小的一个系统。如是。宇宙万物就是一个广义上的生态系统，地球以及人类文明只是这个整体系统中一个极其微弱的部分。只有把宇宙万物均纳入伦理体系，我们才能找到自己精确的坐标。

2017年12月上旬，我在上海。有几天晚上，乘地铁往返于复旦大学与浦东之间，10号线换乘4号或6号线。地铁里，我注意到一个现象，所有的男女老少都拿着手机，一上车，无论坐着还是站着，都低头盯着手机屏幕。那一刻，我在想，虽然地铁上所有的人都处于同一时空，但又不完全是。如果把我们所面对的那个虚拟空间想象成一个真实的世界，比如无数颗星球，那么，你也许会发现，某种意义上，我们并不在同一个时空当中。因为，每个人手中的手机屏幕上所显示的时空是不同的，无数条我们无法分辨的连线把无数个人与无数个世界联系在一起，每一个人的世界与另一个人的世界既相互交叉又并行不悖。那就是属于每个人自己的坐标。

看到这一幕时，我却在上海的地铁上想起果洛。进而，我还想到，虽然上海与果洛远隔数千里，但此刻的上海，也许还会有人如我一般想起果洛，而果洛也一定有人会想起上海。这当然不仅仅是因为上海对口援助果洛，还一定有别的原因，比如上海与果洛同处一个国度、一个星球、一个时空、一个星系、一个宇宙、一个大千世界，在多维时空的意义上，它们之间的联系从未间断过。

古今中外，也许只有2500年前的老子和释迦牟尼——也许还有孔子和苏格拉底，曾将自己的目光伸向如此辽远的时空。老子在《道德经》里写道：道生一，一生二，二生三，三生万物；人法地，地法天，天法道，道法自然。显然，老子眼中的道和自然都已超然天地之外。子曰："是故易有太极，是生两仪，两仪生四象，四象生八卦。"自太初（太一）而来，天地万物相生相克，其中，任何一个时空、任何一个星球，无论它有多大，都不可能游离于整体之外独善其身。

敦云丹嘉措所著《夏日乎寺不变大乐洲史善法之妙音》一书的第一章第一节开头有一段文字，很有意思："贤劫千佛之人寿减至六万岁时，拘留孙佛出世，执佛法四万年，第一次集聚四万比丘讲解佛法；第二次集聚七万比丘；第三次集聚六万弟子，佛法传承八万年之久。人寿减至四万岁时，拘那含念尼佛出世，执佛法三万年，第一次集聚七万比丘讲解佛法；第二次集聚六万比丘，第三次集聚五万比丘，佛法传承一千年。人寿减至二万岁时，迦叶佛出世，执佛法二万年，第一次集聚二万比丘讲授佛法；第二次集聚八万比丘；第三次集聚六万比丘，佛法传承七万年。人寿减至一百岁时，释迦牟尼佛出世，他首先心生菩萨心行；其次无数大劫积善业；最后在金刚座修行成佛。初在波罗奈城转四谛法轮；中在灵鹫山转无相法轮；最后在广严城转分别法轮。惩处外道六师，把佛教发扬光大，后来把传承佛法的重任托付给了饮光尊者佛。公元前545年圆寂。"

接着，敦云丹嘉措还写到，佛圆寂九年后，在东部德兼玛岩洞，饮光尊者讲解论藏；近护讲解戒律；阿难陀讲解经藏，五百罗汉给予监督和公证。这便是佛教的第一次集结。佛圆寂一百一十年后，以阿育王为施主，智巴为主的七百罗汉

黄河源区印象　藏巨冷保/摄

认为印度广严城诸比丘十谬法为非法,给予严厉批判,最后完成了一套三藏经。此为佛教的第二次集结。佛圆寂四百年后,在克什米尔扎兰达寺,布尼噶等诸罗汉和比丘各抒己见,最终达成一致。对此前所记载经藏及论藏进行整理和修改。此为佛教的第三次集结。

  我所以逐字摘录这段文字,并非是要谈论佛法。且不说力所不能及,仅凭了佛法无边这几个字,也岂容我等凡俗之辈妄加评说。令我感到惊讶的是,著者所要写的并非是一座佛教史上著名的寺院,然其一开篇寥寥几行字,便让自己的目光穿越几万年时光、纵横捭阖的开阔视野。我以为具有这等视野的人当堪称智者,只有一个既能纵观亿万年悠悠岁月,又能将大千世界尽收眼底的人,才会有如此宽广的视野。佛家说,如果你想认识大千宇宙,不妨眼光向内,先认识自己,把自己认识透彻了,你也就知道大千宇宙为何物了。我以为,这就是生命的秘密和神性所在。

  虽然你并不等于宇宙,但是你就是宇宙。据约瑟夫·坎贝尔的观点,神话的第一个功能就是,让个人在面对眼前的这个名叫"存在"的怪兽般的奥秘时,能产生一种感恩、肯定的敬畏之心;第二个功能在于呈现一个宇宙体系的意象,一个围绕我们四周的宇宙意象;第三个功能则在于验证并维护某个特定社会体制系

统，亦即你专属的社会单位得以存在的一套判断是非对错、得体与否的共享标准；第四个功能是，神话必须带领个人通过他生命的各个阶段，从出生到成人、从老迈到死亡。

part two

　　我感觉，众神栖居繁衍和迁徙漂泊的样子就像是人类社会在另一个时空中的复制样本。如果仔细留意世界不同地区的创世神话，我们就会发现，"上帝按自己的模样创造了人"，其实是一个共同的普遍现象，甚至，创世过程都惊人的相似，上帝和女娲都用了七天时间创造了人类和天地万物。

　　《圣经》创世纪一开头就说，起初，神创造天地。头一日神说，要有光，就有了光。第二日神说，诸水之间要有空气。神就造出空气。第三日神说，天下的水要聚在一处，使旱地露出来。这事就成了。第四日神说，天上要有光体，于是就有了日月分管昼夜。第五日神说，水要滋生有生命的物，便有了各种水生物和鸟雀。第六日神说，地要生出活物来，并照着我们的样子造人——人造出来之后，神对他们说,要生养众多,遍满地面,治理这地,也要管理各种活物。并将地上一切结种子的蔬菜和一切树上所结有核的果子,全赐给他们做食物。将青草赐给其他有生命的物。第七日,神造物完毕,神歇了工,安息了。

孤独
一切将要升起的太阳
都等待我,我等待谁

我走向黄河
我把自己的苦闷和无边黑夜的一角
揉痛了,揉红了,红成第一只雄鸡的
冠,昂起我的第一个黎明

第二天,我把忠诚的焦渴揉成第一条犬
驱逐寂寞,追过猎火渔火点点的灯火
我放牧一团团温驯的情感,二天
放牧成白色的羊群,荒原被我驯服
第五天,黄土高原在我的手上移动了
移动成一头头牛,负起我的轭
第六天,黄河的浪涌过我的手中
涌成扬鬃的马,驮起我的
弓箭
盔甲
英雄的功勋
出生入死的骁勇

第七天,已经第七天了

我把生命的一半

揉进黄河

揉进山峰和岩石

揉成男子汉。让他走过

神坛，王座，战场

在他的肩膀下

经受得住所有的哭泣和战栗

靠在他胸口上的世界

不会崩溃

我把另一半生命

揉进杏的眼

揉进多瓣的莲心

揉进丁香和芭蕉

永远不愿解开的缱绻

揉成少女。需要美丽和柔情的支持

世界才不会倾斜

漫长的七天。我走进了神话

他和她走进了历史

  这是任洪渊先生长诗《女娲》中的句子。当年，在北师大的一间普通教室里，我曾当面聆听任洪渊先生朗诵他刚刚完成的这首诗。他用带有蜀音的普通话和全部的激情将这首诗演绎得淋漓尽致，到第七天时，朗诵达到高潮，他高喊道："第七天,已经第七天了。"于是,创世完毕。当代中国诗人笔下的创世纪是如此展开的：人首蛇身——人，让野兽的躯体死去——补天,我同世界一同开始——黄河边的第一个七天——我不是斯芬克斯,我解答——50万年前的头盖骨下21世纪的思考。

  我想要说的是，无论是《圣经》还是《女娲》都是人类的创造，而并非上帝和女娲自己的作品。其实，佛经也不例外。与《圣经》不是基督本人的作品一样，佛教所有的教义教言，也并非佛祖释迦牟尼自己写下来的。他无疑是一位伟大的导师，而后世所看到的所有经文都是他的信徒或学生们记下的听课笔记。所以，所有的经卷上几乎都不断重复着四个字：如是我闻。那就是说，这是他们所听闻的教义教言，它与《柏拉图全集》中所收录苏格拉底的言论思想如出一辙。这是我一直以来的一个疑惑——也是我没能成为任何宗教信徒的原因。但我依然可以是自己心灵的信徒，因而对所有真正伟大的宗教教义都抱有必要的敬畏和真诚，因为，它们都有一个共同的地方，那就是它们都在探索心灵世界的奥秘。而对于生命，心灵世界的奥秘一定是最终极的奥秘。

尼多风光　耿尼/摄

河源精灵　肖巴/摄

如是。与其说，上帝或女娲照着自己的模样创造了人，还不如说人类照着自己的样子创造了上帝或女娲以及众神。因为，我们并不是从上帝、女娲和众神的身上看到了自己的影子，而是从自己的身上看到了上帝、女娲、众神乃至佛的形象。众神最初的故乡一定在人的心里。他们曾在人类的心灵世界居住过，说不定迄今还在那里栖居。如果我们感觉不到他们在自己心灵世界的存在，并不是他们抛弃了我们，而是我们自己放逐了自己的神灵。

从这个意义上说，也许藏地真的是最后仅存的一片净土。藏地民众从未放逐过自己的神灵，藏地历史上多次发生灭苯事件，可在普通民众心里，苯教神灵一直居住在他们曾经居住过的地方。藏地也曾发生过大规模灭佛事件，可在民众心里的佛性一直不曾泯灭，佛依然在心里。不仅如此，在他们看来，万物皆有自己的心灵世界，一山一水、一草一木、鸟兽鱼虫莫不如是。因而万物亦有神性、亦有佛性。因而神圣，因而不可肆意妄为，不可随意伤害万物。而且，整个大千世界都是神性的整体，不可分割，生灵万物（包括人类）都是构成这个整体的一部分，哪怕是很不起眼的一部分，只要使其受到伤害，就一定会伤及整体，也肯定会伤及别的部分，人类自然也无法幸免。是故，佛教将世间万物皆视为有情众生，彼此之间的情分和缘分早已注定。历经无数劫难，尚能同处于大千世界，与众生和睦与共，分享阳光雨露，便是无上的福报。相互时刻珍惜眷顾尚恐懈怠，又怎堪相互戕残？所以，藏人不仅信佛拜神，也祭拜山川万物，所以，他们从不敢对自己身边的一山一水、一草一木起歹念，行恶行。果洛藏人亦然。

虽然，在纯粹生命的终极意义上，我也一贯主张万物平等，因为只有这样，人类才不会凌驾于万物之上。给苍生万物以应有的尊重和足够的伦理关怀，而不至于肆意妄为。但是，就生命智慧的体悟层次和境界而言，我也相信，在很多方面它们之间确实存在差别——至少在人类眼里地球万物之间是有差别的。譬如直立行走的人类与爬行类动物之间，看上去，它们都有四肢、头颅、皮毛以及眼耳鼻舌身意，似乎只是外貌特征的不同，但其内在的特征也许比我们所能想象的要复杂得多。

从生物进化论的角度看，我非常欣赏歌德的一句话。他说，植物和动物进化的终极秘密在树木和人类。也就是说，植物进化的顶端是树，动物进化的顶端是人。一株野草经过亿万年的生长变成了一棵树，应该是一种进化；一只爬虫经过亿万年的跋涉长成了一个人，应该也是一种进化。一般来说，对这样一个结果，我们都愿意接受，因为它符合人类惯常的思维方式。但是如果反过来就很难接受了，因为它不符合人类的愿望。

即使在以主张万物平等的佛家眼里，我想，其所谓平等一定是指万物原初的本性，亦即本性光明自在，而非拒绝承认万物之间一直存在的差距。生命轮回说是佛家一个主要的思想体系，我们假设生命轮回真的存在，那么，接下来你就会发现，生命轮回的途径并不是一个一帆顺风、持续精进的事业，而是一个充满了逆境坎坷，甚至反复无常的久远跋涉。但就其总体而言，每一生命个体都有一个希望抵达的方向。如果这是一次分好几辈子甚至几十辈子才能完成的生命跋涉，那么，你就会看到，总体上它也是一个循序渐进的过程。

虽然其过程不时会出现反复，偶尔也会呈现一个生命从一个相对很低的层次一下进入到更高层次的大喜悦。那是由因果所决定的。对众生而言，前世的一只爬虫今生如能转世为一只飞鸟也许就是一种进步。因为一只爬虫常常会被一只飞鸟啄食，所以一只爬虫如有来世很可能会成为一只飞鸟。飞鸟曾啄食爬虫，这就是业障所种下的因，爬虫又变成飞鸟，这就是孽缘所结出的果。

从这个意义上体察万物，如果这是一座金字塔，人类肯定处在这座金字塔的顶端了。作为一种动物，它肯定是所有动物中的佼佼者，这一点不容置疑。《圣经》上说的，上帝按照自己的模样创造了人——想来，上帝也是直立行走的。也是因为这个缘故，假如真有神灵存在，我相信人一定是最接近神灵的物种，因而具有神性。

紧接着，我想到了这样一个问题：上帝和人（直立行走）为什么都朝着天空的方向生长？我得出的结论是，天空的方向是圣洁的方向，因为那里有天堂——而相反的方向则是污浊的方向，因为那里有地狱。远古中国开天辟地的创世神话说，清纯之气不断上升为天，污浊之气不断下沉为地，当也是这个原因。

现在，我们再来看人类，我要让你看的是一个人体。现在请想象有一个人站

天神的净土　肖巴/摄

在你的面前——他可以穿着衣服，也可以是裸体，然后请将目光移至肚脐的地方仔细端详。尔后，从那个地方把人体分成上下两个部分，尔后，对这两个部分内在脏器以及其他部位进行简单归类和分析，你就会发现一个奇妙的现象——与心智有关的所有脏器都在肚脐以上，越往天空的方向越有灵性，也越接近光明；而肚脐以下脏器大多与排泄污秽有关，充满兽性和欲望。假如我们不考虑人体上用来行走的双脚和用来创造的双手，人体上下两个部分内在的差别会更加惊人——如果向上的部分是一个精神的世界，那里住着天使，那么向下的部分就是一个物质的世界，那里住着魔鬼。

约瑟夫·坎贝尔说："信徒的双手在心脏的位置触碰到了神灵的双脚。"

康德的墓碑上写着一句他最常被人引用的名言："有两件事物我愈是思考愈觉得神奇，心中也愈充满敬畏，那就是我头顶的星空与我内心的道德准则。它们向我印证：上帝在我头顶，亦在我心中。"

阿尼玛卿的光芒

part one

　　阿尼玛卿是一座神山，山上一直住着神仙。传说中的阿尼玛卿是一位天神，他来到人间变成了一座雪山。藏人称阿尼玛卿为"博卡瓦间贡"，亦称"斯巴乔贝拉干"，即开天辟地九大造化神之一，在二十一座神圣雪山中排行第四，掌管东部藏区山河的安宁，为世间最神圣的救护者之一。他也是雪域宝库主神，是佛苯二教的守护神，是藏人心中证得十地的菩萨，当然也是整个玛域果洛的守护神。"阿尼"，在藏语中是先祖老翁的意思，并包含美丽、幸福和博大无畏之意；"玛卿"为黄河源区最大的山。

　　因为他在众神世界的崇高地位，一年四季，朝山的人流从未间断过。他们大多从一个叫册奈堪德的地方启程，尔后，按顺时针方向绕阿尼玛卿一圈圈叩拜。据说，阿尼玛卿山神的属相是马，所以，每逢马年来朝拜的人更多。

　　想来，我到阿尼玛卿的次数少说也不下十次。一次次走向阿尼玛卿时，感觉自己也像个朝圣者，但是我不是，或者说根本算不上。我只是去看那座山的，还有栖居生息于斯的众生万物，比如动植物和人类。无论哪个季节，选择从哪个方向走向阿尼玛卿，它都像是超然世外的样子，很难真正靠近。即使你已经站在它的山坡上，你也无法真正看清它的模样，你所看到的永远只是它的一角，或者只是它某条支脉的一丛山野。

我第一次去阿尼玛卿是30年前的事，没能走到山跟前，只是多次从远处的山坡上眺望过那熠熠生辉的山峰，那感觉就像是童年的回忆。小时候，我曾从噶玛隆夏拉胡拉后面的山顶之上遥望过天边的冰川和雪山。它们在大草原深处高高耸立着排成阵列，以一派威严俯瞰脚下连绵的大地和大地之上的芸芸众生。在我幼小的心灵里，它们就是神话，就是神圣和崇高的象征，就是众神的领地。在过去的一个又一个千年里，它们以自己的威严守护了大草原的安宁。它们是草原上真正的众神，顶礼和膜拜一直在它们的脚下起伏。

其实，直到今天，我也不曾真正走近过一座雪山。每一次我都是从很远的地方凝望着它们。虽然，有几次，我几乎就站在它们脚下的土地上了，甚至已经可以用手去触摸那一派浩然晶莹，但在我的心里，它们依然离我很远。我感觉，人

阿尼玛卿之晨　肖巴/摄

阿尼玛卿印象

类永远无法真正靠近它们。这就是因为它们的神圣和崇高。真正的雪山属于凝望的目光和虔诚的心灵。你只能站在或远或近的地方去凝望,只能用你的目光和心灵去触摸它寒彻九霄的肌肤和晶莹剔透的灵魂。即使在想象中,你也无法真正离它很近。即使那些远道而来的朝圣者们,向它一路叩拜而来时,也只是让自己的心灵去尽可能地做一次渐渐靠近的跋涉,而从未有过要用自己的肉身靠近它的冲动,更别说是将自己的脚踩在那一派晶莹之上了。

20年前,我第二次去阿尼玛卿。那天,在动身前往阿尼玛卿雪山时,我心里就有一些犹疑。像阿尼玛卿这等神圣的地方,最好让它静静地耸立着,别去侵扰。或者,就像一个朝圣者,向它一路叩拜而来。坐在车上,一点点向它靠近时,总感觉那雪山却越来越远了。上午10点55分,我们抵达册奈堪德,意思是黑色的十字路口,那是阿尼玛卿的朝圣者开始转山的地方,山下的河谷滩地上密密麻麻地垒着状若塔形的石堆,有的石块上还刻着六字真言:嗡嘛呢叭咪吽。那些塔一样的石堆布满了那片三岔河谷,看上去就像是谁布下的一个石阵。那是朝圣者留下的纪念。看惯了一些名胜建筑上随处刻下的某某到此一游的那些不堪之语,再看那些石堆时，竟令人心魂震颤。那石堆从那山沟一直垒向两面的山谷。据说，朝圣者每绕阿尼玛卿一周就要在那里垒上一块石头。而要绕阿尼玛卿一周至少需要七八天时间。那是一个怎样漫长和壮观的垒砌过程呢？

从那里往前，路旁的山坡上长满了高山柳之类的灌丛。快到白塔沟那座古老的白塔处时，山坡上不时还能看到云杉、圆柏等乔木的身影。白塔立于两条河交汇的三角台地上。塔边有座小寺庙，但并未见有僧人在。寺庙一侧的一溜儿平地上，扎有两顶帐篷，分别有一老一少貌似行僧的人，正一凿一锤地在石板上镂刻着经文。这两个人均来自甘孜色达，他们已经在这里刻了六七年的经文了。寺庙后面的山坡上，刻满经文和佛像的石片已垒成了一道高墙——这种石经墙堪称青藏大草原上的一大奇观，那道石经墙的大部分石片上都刻着六个字：嗡嘛呢叭咪吽。有的石片很大，刻的字也大，一片石板上只刻了一个字，于是，六块大石板立成一排才能连成巨大的"嗡嘛呢叭咪吽"。有的石片很小，刻的字也小，六个字都刻在一块石板上。当这些大大小小的石板错落有致垒放成一道石经墙时，它就具有了震撼人心的力量。那是他们两个人六七年时间不间断的创造，那是他们献给神圣阿尼玛卿的礼物。他们在远离阿尼玛卿而又能望得见阿尼玛卿的地方，用这种独特的方式进行朝拜，他们用心力和意志走在朝圣的路上。从他们身边举目凝望时，阿尼玛卿正在一片云雾缭绕中光芒四射。那一刻，心就开始发颤，眼睛就开始潮湿。我花几块钱从他们手中买了一块嘛呢石，虔诚的供放在那石经墙上了，想以此表达我对雪域神山的敬意。但是，我却不得不问我自己，那块嘛呢石的价值是可以用几块钱来衡量的吗？如果不能，那么，我们又拿什么敬献给神圣的阿尼玛卿呢？又拿什么敬献给神圣的青藏高原呢？

大约在中午一点半左右，我们经一路颠簸终于抵达阿尼玛卿雪山脚下，著名的千顶帐篷雪峰就已在眼前了。过了那条河，就看见满山坡盛开着的大朵黄花，这种花曾伴随我走过了青藏大草原。很多人说，它就是歌中唱到的格桑花，我不敢肯定。但我知道它的汉语学名叫黄花绿绒蒿。就在我们观赏那些花朵时，乌云已遮住了头顶的天空，阿尼玛卿雪山也已躲进了浓云密雾之中。我们已经走到它近前了，但却难以瞻望它的容颜。随后就开始落雨，雨滴很大，像是下大雨的样子。

要是那样，我们就无法返回，就决定往回走了。雨就在后面跟着，一直把我们送出了那条山谷。等走出那山谷之后，再回望阿尼玛卿时，它已破云而出，山顶之上已是蓝天映照，阳光灿烂。即便觉得遗憾，但这恐怕也就是缘分了。

part two

一直以来，我都有一种坚持，觉得人类不能总是以征服者的样子面对每一座雪山。人类的心灵深处得为大自然留存一点最后的神圣和敬畏。即使人类的征服者能登上所有的雪峰，在这些雪山面前，人类永远是渺小和脆弱的。从某种意义上说，这些雪山对芸芸众生而言永远是不可征服的。它的不可征服就在于众生的渺小和它自身的伟大，也许还在于众生灵魂的污浊和这些雪山原本的神圣和崇高。也许有一天，因为人类征服欲望的膨胀会最终断送掉这些雪山，所有的雪线和冰川都将消失殆尽，但它们作为雪山的样子不会改变。人类充其量会泛滥成一股洪流，

金色之晨　肖巴/摄

而绝不会耸立成一座雪山。视野尽头能有皑皑雪山冰川是大自然的恩典，是人类灵魂永恒的安慰和寄托。它们是自然界的先贤和圣哲，它们是大地的心灵和旗帜。

在阿尼玛卿雪山脚下的一些巨石之上，我看到了红色的地衣。它是生物登陆之后最早生成的陆地生物种群，是地球陆地生物的祖先。大约在6亿年之前，它们率先登上陆地。那时的地球表面到处是荒漠和坚硬的岩石，它们就在那岩石上开始谱写地球生命最初的历史。岩石和生命的纠葛与交融，你能想象那是一个怎样激动人心的一个开始吗？也许一切早已注定，它们在登上陆地之前，地球母亲竟然将真菌和藻类两种全然不同的生命力赋予它们，真菌分泌的地衣酸与藻类的光合作用相互依存，使坚硬的岩石因为腐蚀而变得松软，渐渐地就变成了富有营养的土壤，为陆地植物的生长和地球生物繁盛时代的到来奠定了基础，是它们改变了地球的模样。想来，它已在这雪山脚下的土地上已经延续了数亿年的生命历史。若以年龄计，它则是这神圣雪山的老祖宗了，它眼见了那巍巍雪山一天天崛起耸立的历史。而今，它却在雪山一角，寄生于若干巨石之上，甘愿点缀其间，那是一种大自然与生俱来的气度吗？也许大自然本身从来就不在乎谁更高大和渺小，甚至不在乎消亡和延续。所有这一切也许只是人类的谬见而已。

但是，人类在乎自己的消亡和延续。那么，如果人类想永久地保全自己的延续，就必须遵从大自然整体的延续，就必须对大自然存有敬畏，也必须让大草原和雪山冰川们永远存留在视野之中。因为只有大自然的整体序列得以延续才会有人类的繁衍。大自然是人类永恒的栖息地。如果没有大自然的延续，人类又何以为继？这是那一座座雪山所以神圣和崇高的理由。

再次去果洛时，已经知道那里下了一场雪，然而，抵达果洛之后，那场雪还在继续。大雪几乎覆盖了整个巴颜喀拉山麓，所以，接下来的很多天，我们一直在雪地里行进。即使不下雪，即使在夏天，这里的很多山上也有积雪，通常我们把这样的山都叫雪山。这当然是一个泛泛的指向，不过也有确指，譬如阿尼玛卿雪山。在当地，谁都明白，日常说起雪山两个字时，说的就是阿尼玛卿。

阿尼玛卿是一列由西北而东南走向的山脉，西北缘起昆仑，东南直抵甘川河曲草原，与巴颜喀拉平行，绵延近千里。但是，我们常说的阿尼玛卿雪山并不是它的全部，而只是它的核心部分——玛卿岗日及其延伸段。与山脉的整体走向不同，山脉中段的玛卿岗日调整了一下自己的姿势，呈南北走向，这样它就可以朝着东西方向耸立，这是日出和日落的方向。山阴与山阳，日出与日落，分隔阴阳生两仪。也许，这是一座雪山之所以成为一座神山的一个时空朝向，也许它真的暗含了某种不为人知的天地万法真相，因而有灵气，因而有法度威力，因而神圣庄严。否则，众生千百年周而复始不间断地虔诚膜拜就成了没有尽头的酷刑。假如这就是信仰，对众生而言，这种信仰的代价未免太过惨重。我想，事情不应该是这样的。

日出是黑夜结束的地方，也是白昼开始的地方，当然也是点燃朝霞的地方。而日落却是结束白昼和黑夜开始的地方，当然也是点亮满天星斗的地方。这不仅是时间行进的方向，也是生命轮回的方向，是心灵世界的向度，当然也是阴阳两极周而复始的方向。我以为，地球不止有两极，而是有四极。看得见的南北两极是空间意义上的，是有极之极，实为两仪。看不见的东西两极则是时间意义上的，实为无极之极，是太极。南怀瑾先生说，太极是一个圆，一个空，万物皆有太极。虽然，广义上的空间也有瞬息万变和无边无际的特性，但是，在一个狭小如地球般的空间里，我们依然能够穷尽其清晰的边际。这至少让我们暂时感觉到了存在的真实性，但是在一个无限久远的时间中，这种眼前的真实存在却很值得怀疑。因为时间有稍纵即逝和无始无终的特性，不可确定，故而，一般来说，我们只能看到当下，却无从把握恒久，这是灵魂的困惑。

在这个意义上，生命以及心灵的朝向也许是一个终极的向度。所以，佛家认为，无论人，还是别的生命，以及有情众生，都理应遵循这样一个向度。譬如一个人睡觉时，如果足伸南向，头顶北方，背朝东方而面朝西方，右侧卧，则可睡得香甜，是为安详，称之为吉祥卧，尤其临终时一定得保持这样的姿态。也许真是这样，因为它符合空间和时间意义上地球四极的奥义精妙。星夜仰望苍穹，看满天星斗亿万年周而复始，秩序井然，它所揭示的也许就是其精妙之所在。如此想来，我等凡俗如蝼蚁者、渺小如微尘者，竟然与宇宙之浩瀚也有着如此紧密的联系。

玛卿岗日主峰由三座6000米以上的山峰组成，最高峰海拔6283米。三座山

阿尼玛卿印象

峰通体被冰层封裹，终年光芒四射，山间沟壑有冰川流泻，熠熠生辉。历史上的冰川大多长约三五公里，宽约一两公里。其中位于东北坡的哈龙冰川长7.7公里，面积24平方公里，垂直落差超过1800米，为黄河流域最大的冰川。如遇晴天，日出或日落时，从远处山冈上举目远眺，整个雪山如燃烧的火焰，光芒万丈，那是玛卿岗日的光芒。天地间，玛卿岗日让自己变成了一盏灯，一片光明，照耀苍茫大地，照耀生灵万物，照耀大千世界。

　　因为肩负别的使命，这次去阿尼玛卿，我们是开车去的。后又因同行者中有人严重感冒——在高海拔地区这是很危险的事情，司机不得不送他回西宁。这样从果洛回来时，我们就得乘坐航班了。尽管果洛开通航班也有些日子了，期间，我也曾多次去果洛，但这还是我第一次坐飞机从果洛回来。从玛沁机场一起飞，飞机并没有直接往西宁方向飞行，而是先往北飞行了一段时间，尔后才拐向西宁方向。我不确定这是否纯粹出于航线因素的考虑，感觉像是有意为之。因为如此，一起飞，飞机就在阿尼玛卿一侧飞行，乘坐此航班的每一位乘客都有机会从高空近距离俯瞰这座神圣的雪山。一想到，一生中竟有一次旅程是从阿尼玛卿雪山之巅经过，心中不禁凛冽清凉。

我的座位正好在左边靠窗户的位置，透过舷窗，阿尼玛卿便在左侧身旁苍茫透迤。它第一次离我那么近，好像一伸手就能摸到。我至少有很多次从阿尼玛卿山脚下经过，不是从北面就是从南面，不是由西往东就是由东往西。总觉得它是一列西北往东南或由东南往西北走向的山脉，从高空拍摄的图片基本上也契合了这样一种认知。

当我从那么近的地方凝望这座雪山时，我还是被深深地震撼了。在山脚下，你也许会看到一座山的高大，却看不到它的巍峨磅礴，甚至从山顶你也看不到巍峨磅礴的全貌。只有从高空，你才能看到巍峨磅礴。从高处望下去，阿尼玛卿巨大山架上的每一座奇峰、每一道山梁、每一丛支脉都尽收眼底。

从阿尼玛卿头顶左侧飞过时，除了雪山，我还想看到那一片森林，但是，阿尼玛卿挡住了，那片林莽就在阿尼玛卿左侧的山谷里。那是一片千年古柏组成的林莽，在阿尼玛卿山下，它们已经长成了精灵。我曾多次在那森林里穿行，从树干和根茎的粗壮程度看，林中很多古柏的树龄可能在4000—4500年以上。

这就是大自然的造化，也是阿尼玛卿的造化。虽然，从高空我并未看到那些古柏，但是，我确定它们还在那里。这就足够了。

part three

传说中的阿尼玛卿山神有一个庞大的家族，有九男九女共十八个儿女，有亲族三百六十位，还有一千五百名忠勇卫士和侍从，守护黄河源头的雅拉达泽峰就是它的次子。它还是雄狮大王格萨尔的寄魂山和护法神，是《格萨尔》史诗中最广为传唱的一个地方，传说中，它曾给降临人间的格萨尔喂过第一次饭。格萨尔大王本是大梵天王的第三子顿珠，因雪域藏区群魔横行，百姓遭难，观世音菩萨

转山 曹生渊/摄

慈悲为怀，令其投生凡间，自己则化身阿尼玛卿，成为他的守护神。为了尽快铲除祸害人间的各种妖魔，阿尼玛卿又化身猎手花鹞——格萨尔十三位畏尔玛战神之一，佑助格萨尔降妖伏魔。

据莲花生大师弟子白罗杂那（音）记载，阿尼玛卿山神住在用宝玉修建的宫殿里，宫殿高九层。他骑白马，戴尖顶毡帽或盔甲。不骑马的时候，也戴王冠。也有显菩萨身，只穿法袍什么也不戴的时候。骑白马的时候，他在云层中挥舞手中的牧鞭，巡视四方。

藏区有"马年转山、羊年转湖"的传统礼俗，而阿尼玛卿是八方信众最主要的转山目的地之一，其地位仅次于冈仁波切。每年都有四面八方的信众经长途跋涉到这里转山，向它献上他们的敬畏和膜拜，尤以马年为最。据说，刚刚过去的2014年这个马年，到阿尼玛卿朝圣的人超过了30万，这还不包括果洛当地的民众。世代栖居于玛域草原的每一个阿尼玛卿的子民，尤其是生活在雪山脚下的那些牧人，从记事的时候开始，几乎一直在朝圣的路上，沿阿尼玛卿山脚顺时针叩拜行进的脚步从未停顿过。

嘉仓·贡拉是一位果洛牧人的后裔，认识他以后，我问过他一个这样的问题：

"你是否很怀念自己的童年?"他回答说:"谁能不怀念过去呢?如果可能的话,我真想回到童年时候的快乐时光。"说着,这位年近古稀的老人抿着嘴唇憨憨地笑了笑,像个害羞的孩子。

是啊,谁能不怀念过去呢?而且,这怀念会随着时光的流逝而与日俱增,当你不再年轻或者已经老了的时候,可能会忘记身边刚刚发生的事情,却无法忘怀童年时候的那些琐碎,甚至连每一个小细节都不曾丢失,连一些自己原本以为早已忘记的小事也都纷纷回到记忆中来——譬如儿时的同伴在一个不合时宜的场合放了一个不合时宜却又意味深长的响屁,你都会记得一清二楚。记得徐则臣在一次发言中说过,故乡是空间意义上的童年,童年是时间意义上的故乡。我甚以为然。

很多时候,我也希望自己能回到童年时光,尽管那里到处都是饥荒和苦难,但我依然心怀这样的冲动,想回到那里重温那段令人心醉的时光。尤其是,当发现自己已经不再年轻,而且正在一天天变老的时候,总喜欢回首往事,却又总是发现往事不堪回首,至少虚度了生命中的许多时光,也曾怠慢甚至玷污过许多弥

嘉仓·贡拉和一群雪山牧人在阿尼玛卿山麓

足珍贵的情谊。于是，心想，假如我能回到自己的生命之初，并重新开始我的人生之旅，我一定会好好把握和珍惜每一个日子，并为它赋予真正美好的意义——但前提是，你得带着今生的记忆回去，也就是从未来回到过去，否则，曾经的挫败和悔恨都可能会再次重演。如此说来，人生不可以重来。对每一个人、每一个日子都只有一次，如果荒废了，所荒废的不仅是时间，也是自己的生命。而如果算起来，一个人一生所能拥有的日子也不是很多。还有那些宝贵的情谊，在曾经的岁月里，它们是何等样地照亮和温暖过你的人生，而你总是在不经意间将它们冷落在一旁。

当然，我很清楚，我永远也不可能重新回到童年时光，唯有在回忆中，你才能找回若干童年的记忆——仿佛它们之所以一直待在原来的那个地方，就是为了有一天你会想起它们。

一个人是这样，一个民族也是这样。也许正是受了自己童年回忆的启示，在巴颜喀拉北麓的果洛大草原行走的时候，我才决定回到很久以前的那个蛮荒岁月，找到那个最初起始的地方，找回我们曾经铭记过而后又不慎失落了的记忆。尔后，从那里转过身来，往回走，走到今天的阳光下，审视自身，并打量这个世界。我想仔细检点我们曾经遗落的那些记忆，并小心捡拾和弥合，就像给自己的亲人包扎伤口，希望有一天，所有的伤口都能愈合，所有的肌体都能健康如初。所有的回忆和历史，其唯一重要的意义在于，时刻用它来警示自己，好好珍惜当下并把握未来，而非为过往的悔恨所吞噬和淹没。

某种意义上说，玛域果洛的大草原和它的子民们为我们珍藏了一份人类童年宝贵的记忆。那是古老东方神话的重要组成部分，其意义如同古希腊神话。

现年72岁的嘉仓·贡拉出生于下大武——那是雪山一侧一个部落的名字，并在那里生活了19年，尔后，又在雪山的另一侧工作了21年。后来，虽然不在雪山脚下生活和工作了，但他感觉自己一生从未离开过阿尼玛卿的怀抱，一天也没有。他没上过学，他所有用来读和写的文字知识都是自己一个字、一个字地学来的，很多年之后，他竟然为阿尼玛卿写了一本书，叫《阿尼玛卿旅游指南》，用藏汉两种文字详细讲述了阿尼玛卿的故事，包括阿尼玛卿18个儿女和48位神族成员的名字和他们的故事。

书中有大量图片，大多是山神家族成员的图片。图片分两部分组成：一部分是我们在雪山看到的神族成员，其实就是一座座或雄伟壮丽、或高峻巍峨的山峰；而另一部分则是这些山峰人格化或神化的形象，看上去就像是寺院唐卡或壁画上的佛像，每一位都有自己特有的装束和威仪。他们当住在内世界，我们通常是无法看到的。贡拉讲起每一位山神时，就像他刚刚与他们见过面说过话一样，他们穿什么，戴什么，有没有留着胡子，骑什么颜色的马，手持什么样的武器或宝物，都会说得一清二楚，无一遗漏。

嘉仓·贡拉在跟我说起阿尼玛卿时，我感觉，他不是在讲述一座雪山，而是在讲述自己爷爷奶奶的故事。在他眼里，阿尼玛卿不仅是一座山，它也有生命，具有人格的尊严和力量。它不仅是人和生灵万物的家园，也是众神的家园。他感觉，自己的祖先们一直和众神居住在一起，并一同哺育了文明，创造了历史。他一直以为，这是一个了不起的开始。从现代人类的眼光看，这也许不符合科学的精神，但是，科学并不代表全部，更不代表全部文化。神话和传说至少也是文明的源头，世界上是这样，在果洛更是这样。

"你想想看，我四岁的时候，跟父母一起转过一次山。走到这里的时候，我一伸手，就从牛背上摸到了山上的冰雪——我还记得那一份透彻心扉的清凉。那个地方，应该就是现在这高架桥通过的地方。那个时候，夏天来临时，这里还被厚厚的冰雪覆盖着，而今，从这个地方已经望不到冰雪的影子了。"站在雪山脚下阳柯河、阴柯河交汇的地方，贡拉指着从头顶上飞架而过的高架桥说道。十岁之前，他已经转过四次阿尼玛卿雪山了，一生中转过多少次，他记不大清楚了。

"那时，雪山的夏天就要来了，牧人需要转场游牧。父母亲赶着家里的牛羊，把我装在一个篮子里驮在牛背上——驮在牛背上的还有牧帐、酥油、糌粑和一家人的全部家当——我们上路了。从雪山一侧的下大武部落草原启程，沿顺时针方向围绕阿尼玛卿雪山缓缓前行。这是一条朝圣的路，一路上，大人们一直在磕着等身长头。"

"那个时候，生活在雪山周围的牧人都这样转山。如果走到有寺庙、佛塔或

阿尼玛卿的柏树

曾有高僧诵经修行的地方，我们就会停下脚步，扎好帐篷，安顿好，住下来，在那里磕头念经，或者听高僧大德讲经说法，停留的时间也随自己的心情而定。绕雪山这样转一圈，最快也得七八天时间，有时候，也会走十几天甚至更长的时间。"

他告诉我，他爷爷奶奶小的时候，雪山周围还能看到藏羚羊和野牦牛；他小的时候，这里还有狍鹿、大头盘羊和豺狼，现在都看不到了。其他野生动物也越来越少了。

回想童年的记忆时，嘉仓·贡拉黯然神伤。毕竟，那已经是很久以前的事了，而今，那一切已经不复存在，他只能在回忆中遥望曾经的雪山家园。

part four

认识嘉仓·贡拉几天以后，我跟他去了一趟阿尼玛卿雪山。

雪山下的牧人在一座古老的白塔边上立了两座佛像，一座是释迦佛祖的像，一座是莲花生大师的像。都是雪山周围的牧人自发组织修设的，在他们眼里嘉仓·贡拉也是雪山下的牧人，不能落下，把他也拉了进来。两座佛像已经落成，承揽此项工程的施工人员来自河北保定。这天，嘉仓·贡拉和雪山的很多牧人要

喜马拉雅旱獭

高山兀鹫

前往佛像耸立的地方，对工程进行现场验收，并对工程预算开支和结算结果进行最后的核对，支付剩余的工程款。

嘉仓·贡拉把此行的目的告诉我之后，我便决定跟他一起去看看究竟。那天早上，一出果洛州府大武镇，我才发现，我们与一条正在建设的高速公路并行。这条高速公路是从花石峡通往久治县的，在花石峡与通往玉树的另一条高速公路相连接。它是果洛藏族自治州历史上的第一条高速公路，纵贯果洛大草原。从大武方向看，这条公路紧挨着阿尼玛卿雪山右侧通过，而我们要去的那个地方正好在公路边的山坡上。朝向雪山方向一路走去时，心早已抵达雪山脚下了，但车却总也抵达不了。旧路因施工已经遭到损坏，而新路还未修好。一路走去的前方，到处都在施工，到处都是堆积如山的砂石料场和混凝土搅拌站，还有被挖得面目全非的山坡和河床，路极其难行。

因为路途坎坷，原本一两个时辰的路程，我们整整走了一个上午，正午时分，才到达目的地。那是阿尼玛卿右侧的一道山梁，那道山梁与阿尼玛卿之间的山沟里有一条河，叫阳柯河，它与从另一个方向奔流而来的阴柯河在山脚下汇合，而后流入黄河。这一阴一阳两条河，像翅膀，也像两条哈达，围绕在阿尼玛卿身前。阳柯河上游右岸山坡上很久以前就耸立着一座白塔，据说是藏王年热所建。此塔曾几度毁坏又重建，现在所看到的白塔是前几年才新建的。当车穿过阴柯河谷拐向阳柯河谷时，在车的左面，我看到，高速公路的高架桥已经从阿尼玛卿的山坡上凌空而过。据说，到今年年底，这条高速公路就要全线贯通，明年底竣工通车。到那时，通往雪山的路一定非常好走，也会有越来越多的人朝这里涌来。虽然，目前我们还无法想象，它会给这座名满天下的神圣雪山带来什么样的后果，但有一点却是肯定的，它对雪山的持久性影响是不言而喻的。

十几年前，我曾抵达过这里，并从这个方向仰望过云雾缭绕的阿尼玛卿，并在山下河谷仔细观察拍摄过鲜红的地衣——那种开在石头上的花朵，生物登陆以后在地球表面生成的最古老的生物。那个时候，除了雪山下的牧人，还没有太多的人来过这里，所到之处，一派宁静。只有流水的声音、风吹雪山的声音、鸟儿鸣叫的声音，也许还有云飘过、花开了的声音，除此，别无其他的声音了。

我们抵达那个地方时，已经有几个人在那山坡上了，之后又有不少人陆续抵达。我不仅是来看阿尼玛卿的，也是来见这些人的，以为自己会有充裕的时间可以坐在阿尼玛卿神圣的山坡上，与它的子民们一起说话，说有关阿尼玛卿的前世今生。这好像是在一个人的身边，跟一群与他有关的人在说他的闲话，可能会牵涉到是非。说实话，我并不在意阿尼玛卿就在身边，我甚至希望阿尼玛卿能听到我们的谈话。而且，如果可能，我还希望它能对我们的谈话内容感兴趣，并加入

阿尼玛卿冰川　肖巴/摄

到我们的行列里来。因为，在这些雪山牧人看来，阿尼玛卿不仅能听到人们说话的声音，还能看穿人的心思，它几乎知晓一切。

而且，在谋划这样一次谈话时，我并不知道阿尼玛卿本身对此有什么样的看法，而这一点却是至关重要的。无论是在自然生态意义上，还是在牧人眼中雪山人格化的神性意义上，世人眼中所谓大自然的保护和利用，其出发点和落脚点都是人类自己，却把作为当事者的自然主体排除在外。至少在道德伦理的层面上，这个逻辑是不能成立的。

可是，我一直没有找到与他们中的任何一个人说几句话的机会。一到那儿，他们便围成一圈，坐在那山坡上说他们的事，仿佛我根本不存在一样。他们一直在核对两尊佛像的工程费用、预决算出现的缺口和弥补办法。我无事可做，便自己背着相机，在那山坡上溜达，或站在那山坡上对着阿尼玛卿和它的妻子拍照。那山坡对面有一座尖尖的山峰，上面没有覆盖着冰雪，山坡上长着茂密的灌丛，据说，她就是阿尼玛卿的妻子，山顶之上建有专门祭拜王妃的拉什则（鄂博）。它左侧身后是阿尼玛卿的第二高峰，我记不起它的名字了，应该是一位王子或公主吧。我从那个地方一遍遍凝望这些巍峨的山峰，并想象它们传说中英姿勃发的样子时，心中顿生无限感念和敬畏。

这不是一种无为的膜拜，而是藏人亘古以来对大自然所秉持的一种信念和敬仰。只要这种信念和敬仰一直在心里，他们就会信守与自然万物和睦与共的初衷和善念，而不会肆意妄为，不会妄自尊大，不会凌驾于万物之上。也正是因为有这样一种慈悲情怀的存在和延续，这里的山川万物也才一直保持着昔日的光辉。某种意义上说，是藏人自己心中的善念保护了一切，他们是自己的守护神，他们不仅守护了自然万物，也守护了自己栖居生息的家园。

　　我只跟其中的一个人说过几句话，这个人就是昂布加。虽然，此前我们已经通过电话，但这却是第一次见面。2016年，我第一次去果洛时，三江源生态保护协会的扎多先生嘱咐我，到果洛一定要去见一个人，他就是昂布加。扎多是我一生敬重的朋友，大半生致力于三江源和青藏高原生态环境的保护事业，他发起成立的三江源生态保护协会是中国民间最早的环保组织之一。据我所知，在他之前，中国内地只有两三家民间环保组织，一家是梁从诫先生发起成立的自然之友，一家是廖晓义女士发起成立的地球村，另一家就是杨欣发起成立的绿色江河，前两家都在北京，后一家在四川成都。而现在几乎每个地方都有好多，甚至一些乡村也有环保组织了。不可否认，这也是一种进步，甚至可以说，是中国走向生态文明的标志，当然也是当下这个伟大时代的标志。

　　昂布加就是一个牧人环保协会的会长，身为玛沁县雪山乡牧人，他眼见了阿尼玛卿的生态变化，也为雪山日趋严重的生态破坏和环境污染担忧，便于2013年发起成立了阿尼玛卿牧人生态环境保护协会，自发开展生态保护和环境治理。一开始只是发动雪山牧人不定期集中捡拾垃圾，后来，除了捡拾垃圾，还持续进行雪线、冰川监测和水源地调查保护，同时还开展反盗猎活动，保护野生动物……要知道，这是一群普通的牧人，即使在今天，这些事发生在他们身上，仍令人感动。所以，一到果洛，我就给昂布加打过电话，可一直没有见到。没想到会在阿尼玛卿不期而遇，我们都以为这是缘分。只要缘分在，迟早是会见面的。

　　那天，嘉仓·贡拉带我去的那个地方，距离阿尼玛卿著名的景点千顶帐篷不远，再往前就是哈龙冰川。嘉仓·贡拉告诉我，以前人们走到这些地方时，会听见从雪山深处传来的法螺声，他好像也听到过的——我清楚地记得，他就是这样说的。

对佛教徒而言，能有幸听到法螺的声音，便永不堕地狱，是莫大的福报。仔细想过之后，我愿意相信那是真的，因为，这是一片人神共居的地方。荷尔德林说，人诗意地栖居在大地上。心想，要是置身于一座雪山的怀抱，突然，耳边传来飘飘渺渺的法螺声，那该是怎样的一种造化呢？

阿尼玛卿，对住在里面的神仙来说，那是一顶洁白的帐篷，四季千年闪耀着光芒，云如炊烟，星辰如灯。对天地万物来说，你自己就是神仙，天空如帐，大地为席。对栖居于斯的牧人来说，你就是故乡和童年，天上的云朵和地上的牛羊都一直在梦里飘荡。

那天傍晚，经过玛卿岗日，夕阳刚刚坠落，坠落之后开始燃烧，光芒照亮了雪山，烧红了天空，却烧毁了天上的云彩，朵朵白云皆化为灰烬。点亮的雪山像一盏灯，光芒万丈。

4
part five

后来，昂布加和我就成了朋友。他家就在雪山下那片森林的边缘，去他们家就必须经过那片森林。一天去他家的路上，我站在一棵古柏的伐桩前，对昂布加说，这棵柏树的根茎已经超过1.5米，这说明它在地球上可能生长了4500年之后，人类却只用了一会儿工夫就把它给砍倒了。我从他脸上能看出来，对此他并未表现出惊讶。我又说，这棵树长了2000年之后，佛祖释迦牟尼才出生。对此，他感到无比惊讶。我又说，你要是在这样一棵柏树下出生，活一百岁，你死的时候会发现，除多了几片树叶之外，它跟你出生的时候一模一样，你看不出一点变化。他更为惊讶。

其实，昂布加的祖先们也并不生活在雪山，而是在雪山那边的兴海草原。他们迁至雪山的时间也不长，顶多也就70年左右。此前，还有不少人从黄南等周边藏地迁至雪山和果洛其他地方。也就是说,现在的果洛藏人不全是三果洛的后裔，但他们已经成为果洛藏人，这里成了他们新的故乡。然而，迁徙还在继续。与以往游牧部落从一片草原到另一片草原，逐水草而居的迁徙不一样的是，新的迁徙有了一个共同的目的地，那就是城市。像很多农民已经变成城市居民一样，跟随城市化大潮，很多有条件的牧人也正向城市集结。

像雪山乡的很多牧人一样，昂布加也早已经不住在雪山了，那里只是以前的家。虽然，房子和院落还在，但他们离开那里已经很多年了。现在，有两个专门雇来放牧的农民住在那房子里。他们家已经没有羊了，但还有一群牦牛，有200头左右，需要有人放牧，就雇了两个人，为此，他每年要支付5万到6万元的工资。从他的谈话中能听得出，这对他们来说似乎不算什么。不过，这样一来，要算经济账的话，这群牦牛几乎不会给他家带来任何收益。如果还有点好处的话，也就是保障一家人的肉食供给，因为自己不放牧，挤不了奶，一家人所需乳制品还要到市场上买。

他们家有上万亩草场，每年挖虫草时，都承包给一个虫草老板带人进去采挖虫草。2016年的承包费是60万元，2017年也是这个价。2017年虫草大丰收，昂布加觉得60万元少了一点。但是，前一年就已经签了合同，钱也收了，就没法变更。接着，他又说，虫草的产量和市场波动很大，提前很难预测，只能根据上一年的行情来定，而2016年虫草欠收，虫草价格也不好，虫草老板基本上没赚上钱。遇到像2016年这样的年景，60万似乎多了一点，而像2017年，60万似乎又少了一些，昂布加觉得。

昂布加说，他们家草场的虫草收入在雪山乡一带算不上好，顶多只占中等水平。有一两个村，好一点的人家每年的虫草收入都在一二百万，甚至更多。四五十万是雪山乡全乡虫草户均收入水平。很多年里，总体上都维持这样一个水平。而这仅仅是出让草场虫草采挖权的收益，少数人家——如果自己放牧的话，也许还有一点牧业收入，像昂布加一样的一些牧人还做一些生意，也有一些收入。昂布加主要在做虫草生意，每年他都会去收购一些虫草，而后自己销售，如果市场行情没有太大波动，靠这项收入维持一家人的生计应该不成问题。如此看来，雪山乡牧人每家每户每年都会有一大笔固定的收益，一般都在四五十万元以上。所以，除少数牧户之外，他们很少自己放牧，也不住在原来的牧场家里了。很多人在州上买了房子，有些人还在西宁买了房子，住到城里去了。

　　昂布加说，一开始，他们主要是想让孩子上更好的学校，接受更好的教育。雪山乡的学校毕竟不如城里的学校好，州上的学校也没有西宁的学校好。如果不是这个原因，昂布加也许永远不会离开草原牧场。昂布加说，如果就他自己，他还是更愿意待在草原上，过牧人的生活。但他也承认，一个人在城里生活的时间长了，就会发现很多生活在城里的好处，大的不说，买个东西、看个病什么的，城里就比乡里方便，还有交通和水电暖等设施的那种方便程度，住在乡里——尤其是像雪山乡一样的大山深处，你根本无法想象。

　　于是，很多时候——虽然说不上有多么喜欢，但也确实越来越习惯于城里的生活。当然，他们还时常回去，但回去的次数似乎在不断减少，一家人一起回去的次数更少，顶多也在最好的季节——夏天回去住上几天。住几天就得回城里，总有一些事情，让你感觉到住在牧场上的很多不便——虽然那里曾经是他们祖祖辈辈生活的地方——而且，城里长大的孩子也更喜欢住在城里。冬天几乎不回草原去。

　　说到这些时，昂布加总会叹一声气，说不清楚那是因为惆怅，还是因为怀念。但是，他心里清楚，即使再留恋昔日的牧场岁月，他们也回不去了。对他们来说，曾经的游牧生活似乎已经结束，至少他们再也不会因为牛羊畜群而去到处迁徙和漂泊。如果他们还会继续保留自己的牛羊和畜群——实际上，他们已经没有了羊群，也没有了马匹，而只剩下了牦牛——只要自家的草场上还能长出虫草，他们也都更愿意雇佣别人去放牧和看护。

　　现在，昂布加一家人住在州府大武一个小区的一栋楼房里，在一栋楼一个单元的一楼左侧。他结过两次婚，现在与第二任妻子与两个孩子及老岳父生活在一起。俩孩子还小，很可爱，也很顽皮。我没见过他的前妻，但见过与前妻所生的一个儿子，在西宁和果洛都见过，从衣着和谈吐已经看不出雪山牧人的痕迹，说普通话，也很流利，像是与父辈生活在两个世界里。几次在西宁与昂布加在一起说话时，都有他儿子在场。交流遇到困难时，他都帮父亲翻译。

　　这一代的果洛年轻人，他们大多都受过当地最好的教育。与父辈相比，他似乎已经完全脱胎换骨了。其中也包括他女婿，有一两次，他儿子不在身边时，女婿就陪在他身边——这属于隐私，我没敢问，但我想，那个他叫女婿的小伙子应该是个"准女婿"，至少与他女儿还没完婚，因为，这小伙还在读大学。我没见过他女儿，好像也在读大学。

不过，我见过他儿媳妇，当然也是"准儿媳"，已经大学毕业，经过考试，在省城机关单位找到稳定工作，而且工作与三江源生态保护有关——就这一点而言，昂布加与未来儿媳之间会有很多共同语言。可昂布加不知道汉语世界里还有"准女婿""准儿媳"一词，藏语世界里只有"女婿"和"儿媳"。一次在西宁，我约昂布加在一个地方刚坐下，他儿子就来了，身后跟着一个漂亮姑娘。昂布加低头瞄了一眼，满脸都是笑容。一落座，他就介绍说："我儿媳。"这时，他儿子纠正道："我女朋友。"由此我相信，在昂布加心里"儿媳"和"女朋友"并无分别，但我也肯定，在他儿子心里，这还是有区别的，否则，他就不会纠正。

这是一个雪山老牧人和他儿子的区别。如果说，一代昂布加们因为自己牧场上盛产虫草，最终做出了让自己和后代离开牧场的抉择，那么，他们的儿女们因为父辈们的这次抉择，很可能再也回不到祖先们世代生息的牧场了。他们当然知道那是他们的故乡，可是他们不会回到过去的生活——也许永远不会。这也许是昂布加这一代人真正担心的事。因为迟早他们都会离开这个世界，而子孙后代却有了自己新的"牧场"。虽然，新的"牧场"覆盖着水泥，根本不长牧草，也没有牛羊畜群和牧帐，但是，那里有他们的梦想。而那梦想里，也许再也不会有马背上悠扬的牧歌。

也许，昂布加并未担心过，因为他可能并未感到这样一种结果有什么不好。很多时候，他甚至觉得这也许就是他想要的生活。只是在想起自己的牛羊和牧场时，他心里才会生出隐隐的愁绪，怅然若失。因为大量农区人口涌入采挖虫草，不仅对牧场造成了破坏，牧场上还堆满了垃圾。他带领一群雪山牧人一遍遍捡拾那些塑料垃圾，可是总也没有一个捡拾干净的时候。水源地也受到严重污染。那天，就在昂布加那几间小土房之下的河边，我们看到一群采挖虫草的人临时搭建的十几顶帐篷，帐篷周围到处都是粪便和塑料等生活垃圾。目睹了那一幕，昂布加很

昂布加轻轻捻动手中的念珠，一脸凝重地望着对面的山冈说："上到那山顶望出去，风景特别好看。"我感觉，他说的是曾经的故乡

生气，让他们尽快捡拾干净。可是他很清楚，即使他们确实捡拾干净了，他们也不会把那些垃圾和虫草一起背回自己家里。

尽管，像雪山乡这样盛产虫草的地方并非到处都是，但也绝非个案。至少果洛、玉树的很多地方与雪山乡都有一比。比如青海虫草主产地杂多县，一些地方的情况甚至比雪山乡更糟，很多牧户因为虫草收益，已经没有了牛羊畜群。杂多不少地方，正常年景每户牧人的虫草收入动辄上百万，每年都有这么多钱，水一样往家里流淌，感觉好像怎么花都花不完。于是，他们中的不少人甚至家都懒得回家，一家人就索性吃住在宾馆里，因为他们知道，来年还有这么多钱。于是，到了年底，所有钱财都挥霍一空。有户人家，门前停着好几辆车——很多人家的成年人几乎每人都有一辆车——年底家中有人生病，急需送医院，可是他已经没有钱给车加油了。听上去匪夷所思，但这是事实。

有钱和虫草自然是好事，但作为牧人，没有牛羊畜群却是一件很危险的事。草原——牛羊——牧人是一个有机整体，是一个生命共同体，而现在这个整体中的草原和牛羊已经出现问题，紧随其后的就是牧人——也许已经出了问题。

那天，我们气喘吁吁地爬上那条溪水潺潺的河谷，坐在山坡上时，看到了两只高山兀鹫和几只喜马拉雅旱獭，有一只旱獭隐在远处的灌丛中啾啾的鸣叫。向那个方向望过去，一面的山坡上有几间小土房，上面有蓝色的玻璃窗户。我很想去那里看看，可昂布加说，很久没有住人了，没什么可看的。我也没再坚持，主要是因为那又要消耗大量的体力，而体力已经所剩无几，我们还要走很远的路，才能下到山下，回到路上。于是，那小土屋里的一切，对我就成了一个秘密。那里放着昂布加离开草原牧场之前的所有记忆。

因为那记忆，所以他还不时地回来。可那之后的记忆都不在这里了，他儿女们的记忆更不在这里。也许，他们也会不断回到这里，但是，可以肯定，现在昂布加回来时已经不像出门回家的父辈和祖辈，而轮到他的儿女们回来时，与他的回来也是不一样的。虽然，都是返乡之路，但心灵所能抵达的地方却不一样了。

从那陡峭险峻的山谷里出来，前面就是另一条更大的河谷。我们在一片平缓的台地上坐下来，看四面山野和林莽。那台地之下是一条咆哮的河，那河出了这条山谷，就流进了黄河。台地正对面是一列高峻的山峰，它是阿尼玛卿的一条支脉。黄河出果洛从河曲草原一个大拐弯又奔腾而来，从对面山峰的那一侧奔流而去。黄河此岸是阿尼玛卿，彼岸就是兴海大草原，就是昂布加的祖先们逐水草而居的地方。盘腿坐在那台地上时，昂布加轻轻转动着手中的念珠，一脸凝重地望着对面山冈说："上到那山顶望出去，风景特别好看。"一脸的凝重还在。

我感觉，他说的是曾经的故乡。

远逝的英雄时代
——格萨尔王史诗传唱的草原和雪山

自千年以前那个寂静的傍晚
有一匹骏马向我飞奔而来
马蹄声在大地上轰响如战鼓。
有一支歌谣随它飞翔,
有一双眼睛却在千年以后的初晨守望
万千里关山刀光剑影
千万里征程金戈铁马
处处是天涯。而天涯飘落
千军万马的驰骋最后就是一声悲怆的嘶鸣
所有的陪伴都如季节飘零
所有的温暖都如流水走远
你就一路独自鸣响,鸣响成了唯一的声音
天地间就此只剩下寂静
只留下一个影子

> 悠悠岁月就成了一条缝隙
> 你就是那缝隙里穿射而过的箭镞
> 那时鸽子的翅膀正掠过一片废墟
> 一片洁白的羽毛正在斜阳里飘落
> 我看见有一颗眼泪缀在那羽毛上
> 我担心它会坠落成最后的夕阳
> ——摘自拙作《孤独·想起格萨尔》

part one

约翰·缪尔第一次到优胜美地（此地后来成为美国国家公园）时，便为那里的自然美景所深深吸引，并写下过这样的文字：没有任何人工的殿堂可与之媲美，只要有面包，我就可以永远留在这里。

一次次到青藏高原腹地行走，并面对很多地方的美景时，我也曾有过这样的感叹。大河之上，辽阔的玛域果洛草原就有很多这样的美景，譬如，阿尼玛卿、年保玉则、河源湖泊群、玛可河原始森林，等等。在跟当地牧人的深入接触和交谈中，我才发现，在他们心里这些地方早就是神圣的殿堂，那里不仅是他们世代栖居的家园，也是众神居住的地方，像希腊神话中的奥林匹斯山。这里的很多山川湖泊，一般都会有两个名字，或者说其名字至少包含了两层意思，一层意思是自然意义上的地理坐标，而另一层意思则指向人格化的心灵坐标。两个坐标就是两个可以无限纵深的向度，在现实和精神的层面上将当地牧人的心灵时空拓展到了可与宇宙万物进行交流并相互依存的辽阔疆域。

幸好，一百多年之后，中国也有自己的国家公园了。现在，三江源国家公园体制试点已经开始，果洛黄河源区与玉树长江源区和澜沧江源区并列成为公园的主体。与美国国家公园所不同的是，这里不仅是自然的殿堂，也是神圣的地方。在设立国家公园之前的漫长岁月里，世代栖居于斯的藏人一直虔敬地面对着这里的山川万物，并一生一世地行进在朝圣的路上。

藏地果洛，大河之上，整个巴颜喀拉北麓，自古以来，这些山川万物在民众心里都有着至高无上的地位。如果对其稍加了解和认识，你就会发现，这些原本属于自然界的一些地理景象，在当地牧人和他们祖先的心目中，亘古以来就是神圣的，其尊严不可侵扰和冒犯。它们不仅是人格化了的众神，也是神性化了的众生和人。我在前面已经写到，像人类一样，它们也都有自己的血缘关系和家族谱系，甚至也住在大地之上，也吃饭穿衣，而且，它们相互之间也有着盘根错节的亲缘和血缘关系。

不仅如此，它们的神族谱系最终还会跟人类社会发生关系，就像希腊神话中的那些故事一样，阿尼玛卿和年保玉则也不例外。有关三果洛起源的神话传说所讲述的就是山神的世界与人类世界交错进行的故事。

而且，果洛不仅有神话传说，还有英雄的史诗。有各种迹象和文化遗存证明，这里很可能就是世界上最长史诗《格萨尔王传》的故乡，至少也是格萨尔史诗文化的最核心地带。阿尼玛卿是格萨尔的寄魂山，扎陵湖、鄂陵湖、卓陵湖是格萨尔王妃珠姆的父亲三兄弟。传说中，岭国热查老翁的三个儿子迎娶了阿尼玛卿的三个女儿；岭国人去攻打噶尔部落时抢回了噶尔部落头人的女儿，她以后就是格萨尔的母亲……这里面，有神话，有传说，也有历史，仿佛众神和传说中的雄狮大王以及果洛人的祖先们一直有着亲密的交往。有时候他们是朋友，有时候他们是亲戚，而更多的时候，他们只是居住在同一片土地上的两个时空当中。时空交错中，众神会化成人形来到人间，尝点人间烟火味儿；人偶尔也会到众神居住的地方，去沾点灵气。于是，他们会讲述同一个故事。果洛历史上曾出现过许多杰出的格萨尔艺人，其中包括说不完的艺人、画不完的艺人和写不完的艺人，他们一代代演绎着英雄的故事，身临其境，会让人产生自己就生活在英雄史诗中的感觉。而且，在果洛，听人讲述这一切时，我真感觉他们是在讲述自己真实的历史，而谁又能说这不是他们真实的历史呢？

如果这是人神共舞的娑婆世界，那么，雄狮大王格萨尔就一定是这个世界最显赫的角色，独一无二。《格萨尔王传》因为是世界所公认的最长史诗，对史诗本身的挖掘抢救和整理研究也早已成为一个世界性的课题，称之为"格学"。从19世纪下半叶，西方许多学者在中国西藏及其毗邻藏区各地广泛搜集资料，从事研究，并著述探讨，大家辈出。至上世纪，格萨尔研究更是不断向纵深发展。法国学者石泰安可谓佼佼者也，其代表作品《西藏史诗和说唱艺人》罗列了上世纪50年代以前冗长的论著目录，世界"格学"界的卓越成就由此可见一斑。当然，藏地本土格萨尔研究的历史可以追溯到更早的时候，不过，流传于世的大多是史诗本身的一些抄本，很少有人对格萨尔这种神奇的文化现象进行过理性的学术研究。

中国格萨尔研究翻开崭新的一页是上世纪80年代以后的事，堪称新的伟大时代。这个时代的显著标志是，国家层面和各藏地省区以及州地市都成立了格萨尔抢救办公室，均为国家编制内事业单位研究机构，简称"格办"。这个时代的突出贡献是，使一大批格萨尔艺人得到抢救性保护，使一大批史诗说唱文本得以录音，并持续整理出版。我估计，近几十年，中国整理完成和印行出版的格萨尔

格萨尔马背藏戏　肖巴/摄

史诗文本的数量，可能比此前历史上的总量还要多出若干倍。这是民族文化的盛事，也是时代的幸事。

但是，就我的观察，迄今为止，世界"格学"整体上仍处在抢救整理阶段，对这一世界性的史诗文化现象、特质以及文本背后所蕴含的历史意义等诸多方面的理性梳理和深入探讨还远没有完全展开。几年前，我着手创作自己的第一部长篇小说——名字尚未最后敲定，主人公次仁顿珠是一个格萨尔艺人，另一个人物久美彭措是一位"格学"专家。他们出生、长大的一片草原，格萨尔史诗广为传播，要是放在现实生活中那也是个"史诗村"。小说中有一节文字与我正在书写的内容有关，尽管是虚构的文字，它所表达的一种认识观点也未必正确，但却是我的真实想法。不妨抄录如下：

久美彭措是个研究格萨尔的专家，在国内外都已小有名气。他从一个普通的研究人员一步步走来，坐到省格萨尔研究办公室主任的位置上，所付出的心血和劳动有目共睹。

在一些场合，一旦人们对他所取得的研究成果有所赞誉，他总是这样调侃道，一个在格萨尔的故乡长大的牧人而已。这句话里当然有自谦的成分，但更多的是自豪和骄傲。

你想，一个在格萨尔的故乡长大的人研究格萨尔，那是什么成色，尤其在同行面前，这句话的潜台词就是，即使什么也没做，只要牵扯到格萨尔，他就是权威。

这些年，他出席过国际国内数不清的各种格萨尔学术研讨会，见识过全世界格萨尔研究领域的各色人等，他很清楚那都是些什么货色。说白了，就是一句话，很多人毕其一生的心血所做的研究无非是想搞出一份令同行认同的格萨尔目录。即使能搞出一份详尽而且准确的目录，那又怎么样呢？

格萨尔史诗对这个世界究竟意味着什么，他们永远无法回答。他自己也未必能回答得了。但是，他很清楚自己的使命——抢救。抢救，还是抢救。这一代人能抢救多少就是多少。也许到了下一代就已经无从抢救了。他没时间和他们争论是非对错，甚至没时间梳理自己的一些想法和观点，没时间去写学术论文。

他要做的就是尽一切可能去记录。他坚信，只要把所有的东西都能记下来，整理一份目录并不难，撰写几部学术著作也不难。他甚至还坚信，现在他脑子里转悠的那些想法和观点，无论它多么精妙和独到，有一天也肯定可以出现在别人的脑海里。

但是，关键是首先得弄清楚格萨尔史诗到底是什么，现在所有的一切都是残缺的东西，已经抢救整理出来的东西还只是一个零头。哪怕是下一个简单的结论都为时尚早，还妄谈什么研究？全世界有那么多人在研究格萨尔，但是，从夏里胡拉草原上随便拉出一个人来，他对格萨尔的了解和认识绝对比他们中的任何一个人都要透彻深刻得多。

所以，他把所有的精力都放在了抢救上。到雪山草原上去，搜寻、搜集、挖掘、记录、整理，这就是他的工作和生活。

他刚从玛域的森林里回来，从那里带回来很多传说。

他喜欢有关那盏神灯的传说。过些日子去夏里胡拉草原时，他要讲给次仁顿珠听，次仁顿珠一定会喜欢的。

在他所见过的格萨尔艺人中，次仁顿珠是最神奇的一个。

每次想起次仁顿珠，久美彭措都感到很幸福。他竟然和这样一个神奇的人一起长大，而且，连自己所从事的工作都是围着这个人转的。这是多么大的缘分啊！

"也不知道，那小子现在怎么样了？"

一想到次仁顿珠，久美彭措就担心他的身体。在夏里胡拉草原最要好的几个朋友中间，就他和次仁顿珠见面的次数最多。回家时见，工作时也见。以前，他工作时的很多精力和心思都花在次仁顿珠身上了，次仁顿珠就是他的工作。

可是，这几年，次仁顿珠的身体状况越来越糟糕。也说不上是什么原因，像是病，也不完全像。他隐隐地感觉到，那种异常与格萨尔有关。

这么多年，他一直在持续地关注一个问题，那就是格萨尔艺人的地域性特征，以及格萨尔艺人分布地域的历史性特征。他发现了一个奇特的现象，格萨尔艺人只出现在那些远离现代文明和城市喧嚣的地方。

那些地方，一直保持着自然生态环境和文化民族心理生态的原始风貌，一般

格萨尔剧　肖巴/摄

都远离交通要道，远离工业社会，远离商业市场，远离现代机器的轰鸣。

从历史上看，格萨尔艺人的分布区域整体上呈逐步缩小的趋势，而其缩小的速度还在不断加快。这与现代工业文明社会的急剧扩张有关，总体上对格萨尔艺人的分布地形成了一个包围圈，而且，这个包围圈正在快速缩小。

他做过的一项专题调查显示，以前，格萨尔艺人的分布范围很广，它几乎覆盖了整个青藏高原的每一个角落。之后，格萨尔艺人从青藏高原东部边缘逐渐消失了，而后是东北部边缘。

久美彭措把这些地区称之为"艺人空白区域"。再后来，这种空白区域的范围就越来越大，逐步向高原腹地扩展开来。很多以前有不少格萨尔艺人的地方，到现在已经很久没有出现过了。他从这种历史发展的趋势中推断，这些地方以后将永远不会再出现格萨尔艺人了。

　　夏里胡拉草原处在青藏高原的中心地带。久美彭措心想，如果连夏里胡拉草原的格萨尔艺人都会消失掉，那么，整个青藏高原格萨尔艺人完全消失的日子已经不远了。

　　有时候，他真希望自己是在杞人忧天，但是，很多迹象表明不是。次仁顿珠疯疯癫癫的样子已经十几年了。自从一条公路修到夏里胡拉边上，他就出现了异常，随着那条公路的延伸和从公路上进来的东西越来越多，他的身体状况也每况愈下。

　　他想，没有人去研究格萨尔不要紧，只要格萨尔艺人还在，只要草原牧人还能听到艺人在说唱，格萨尔的故事就不会消失。但是，如果格萨尔艺人消失了，那么，格萨尔的故事消失的日子也就不远了。

　　对格萨尔来说，可以没有久美彭措，但是，不能没有次仁顿珠。

　　以前没有人研究格萨尔，也没有格萨尔研究机构，格萨尔史诗不照样流传了上千年吗？但是，如果没有了格萨尔艺人，即使有再多的人研究格萨尔又有什么用呢？没有人说唱，没有人聆听，格萨尔还会流传千年吗？不会了。绝对不会。

　　他曾把自己的这些想法说给次仁顿珠听。他越说越激动，竟然没留意次仁顿珠的反应。当他问，你有没有这样的感觉时，听见次仁顿珠"刺溜"地吸了一下鼻子。他这才发现，次仁顿珠已经泪雨滂沱。

　　这就是我心中的格萨尔史诗。

　　据史诗描述，格萨尔降临人间后，不断遭到奸人陷害和各种妖魔的攻击，由于他本身具备的神力，加之诸天神及护法的保护，不仅未遭毒手，反而将害人的妖魔和鬼怪逐一铲除。格萨尔从诞生之日起，就开始为民除害，造福百姓。5岁时，格萨尔随母亲移居玛域黄河之畔避难，8岁时，所属岭部落也迁移至此——当然，那个时候，他还不是格萨尔王，那个时候的他还叫以前的名字：觉如。12岁，觉如在部落的赛马大会上取得胜利，并登上王位，称格萨尔王。同时娶森姜珠姆为妃。从此，格萨尔开始施展天威神通，东讨西伐，征战四方，降伏了入侵岭国的

赛马称王登基雕像　金措/摄

北方妖魔，战胜了霍尔国的白帐王、姜国的萨丹王、门域的辛赤王、大食的诺尔王、卡切松耳石的赤丹王、祝古的托桂王等，先后降伏了几十个"宗"——古藏地及其周边诸部落和小邦国家。所有人间妖魔降伏铲除之后，格萨尔功德圆满，与母亲郭姆、王妃森姜珠姆等一同返回天界，规模宏伟的史诗《格萨尔王传》至此结束。

3
part two

据考证，格萨尔赛马称王的起点应该在今天达日县城附近的黄河岸边的爱迪，终点在今玛多县和曲玛莱县交界处的玛涌滩北部边缘的一道山梁上。期间的直线距离至少在300公里左右，骑手们要策马穿越的赛段路程应该更远，因为他们需要绕过一些险峻的高山和水流湍急的河道。在一个刚刚下过雪的日子，我曾试图沿着这条路从当初赛马的起点走向终点。一行人开着几辆越野车，一大早从达日县城出发，日近黄昏时才走到玛多县城，而其终点还在200公里以外。其间现在已有公路通达，部分路段还是柏油路，我们一直在公路上行驶。我无法想象，这是一次怎样惊心动魄的比赛。格萨尔又是怎样克服一路的艰难险阻和无数陷阱的阻挠才抵达终点，登上王位的？那时他才12岁，还是个孩子，而他的对手个个都是老谋深算，事先又都在沿途设下陷阱试图加害，看上去输赢早已注定，别说赢得比赛，他能生还的几率都小之又小。可他是神子，他有各路天神的护佑，每逢险境总能安全脱身，把所有的骑手都远远甩在身后，独自抵达终点，一战成名。

　　此前，我曾不止一次从这个方向走向其终点，每一次走到鄂陵湖边上就无法前行，最远的一次也只走到过卓陵湖。很多次，站在碧波万顷的鄂陵湖边上时，我都想哭出声来，不仅是因为那一派蔚蓝浩渺的圣洁，还因为大自然正在遭遇的一切。尽管近几年鄂陵湖水位在逐年上升，玛多草原的千湖景观又出现在眼前，湖边草原生态环境日益恶化的趋势也有所遏制，但是，长远看，鄂陵湖及其周边生态环境整体恶化的大趋势并未改变。鄂陵湖、扎陵湖、卓陵湖以及星宿海水域面积急剧增加的背后也许是一次更大的灾难——那灾难甚至比上世纪末黄河断流、湖泊急剧干涸消失更可怕。因为全球性气候的干暖化，青藏高原气温逐年升高，雪山冰川正在迅速消失，整个高原厚厚的冻土永冻层正在迅速融化，融水进入湖盆河谷，成为地表径流。表面看上去，一切仿佛意味着生态环境的改善，实则意味着更大的灾难性变故。要知道，生态环境的改善或恶化是一个系统性的变化，局部的改善不一定是真的改善，局部的恶化可能也不一定是整体的恶化。我们应该关注的是整体的变化，只有整体的改善才是真正的改善。而全球性生态环境和气候整体恶化的趋势尚未改变，青藏高原也不例外。

　　两年前，在秘鲁召开世界气候变化大会期间，我也留意过一条新闻报道，说的是秘鲁一些高山湖泊的水位也在持续上涨，湖水淹没了周边大片的土地和草场，致使生活在湖边的土著居民不得不每年搬一次家。他们在此次大会上呼吁，如果不采取积极措施应对气候变化，这些土著居民将失去他们世代栖居的家园。此前，在一些公开的文字中，我还读到，在西藏一些湖泊密集的地方，也正在发生类似的事情，当地牧人也担心，如果这种现象持续下去，将会危及他们的家园。因为，全球气候的持续变暖，这种现象已经成为一个世界性的话题，越来越受到人们的密切关注。

　　最近的一项科学观测显示，预计到2050年青藏高原的冰川面积将减少到现有面积的70%，减少面积超过13000平方公里，到2090年将减少到现有面积的

50%。也就是说，因为气候变化的原因，因为青藏高原是全球气候变化最敏感的地区，全球多年平均气温如果上升1摄氏度，青藏高原气温上升幅度可能会超过1.5摄氏度，甚至更高。受此影响，青藏高原冰川雪山融化的速度正在加快，冻土下限正在上升。对三江源乃至整个青藏高原的局部地方的生态环境来说，在表面上，这种变化在短时期内也许会带来积极的影响，譬如地表径流和湖泊面积的增加等，所谓"千湖景观"、大湖水位上升等均属此例。从长远看，它对久远未来的负面影响一定会更加深远。

我小时候生活的地方夏天还能看到冻土。那个地方冻土地带的海拔不超过2500米，现在至少3000米以下已经没有冻土层了。这才不到40年时间，冻土层的下限已经上升了整整500米。它们又去哪儿了？我的回答是，它们都变成了地表径流和湖泊，所以海拔超过4200米的黄河源区才会重现千湖景观。

相对于冰川和雪山，对冻土地带的变化尚未引起我们足够的重视。但是，请记住，冰川和雪山只是这座高原最引人注目的自然奇观，而冻土地带则是这座高原的主体，至少曾经是这样。冻土的融化最初肯定开始于海拔相对较低的地方，最终也肯定会在海拔最高的地方结束。我有一种感觉，冻土最先开始融化的地方也许还不至于造成大的生态变故，因为那里的冻土层很薄，不足以对地表产生地质结构性影响。但是，如果高海拔地区的冻土也开始融化——从现在的情况看，这一地区可能包括了海拔4000米以上的所有地区，那么它就会带来地质结构性的灾难变化。如果3000米是一个下限，那么，从这一高度开始，随着海拔的不断升高，冻土层的厚度也会不断增加——其实际厚度无法想象，因为迄今为止，我们从未以任何方式探究过它的厚度，也许整个地壳都是永冻层。

2017年8月，我在澜沧江源区目睹了令人震惊的一幕：冻土塌陷。很多地方出现了一个个巨大的深坑。有些地方，原本有一片小湖，湖面基本与地面一样高，可是，近几年湖面急速下降，我看到的一个小湖短短十几年间下降的垂直高度超过了十几米，也许更高。而有些地方，地面也出现下沉，不是一大片，而是一小片一小片的不规则下沉，因而也出现了一个个巨大的深坑。杨勇是一位地质学家，常年在青藏高原考察地质变化。他告诉我，那些深坑就是冻土塌陷。据他的描述和我的理解，高海拔地区的冻土地带并不全是泥土，也有冰层。像南北极一样，青藏高原高海拔地区，有不少地方地下只有厚厚的冰层，却没有土层。冻土融化可能会使一片沼泽地彻底干涸，而冰层的融化则可以使地表下沉，造成塌陷。

从澜沧江源区回来之后再次去果洛时，我的田野调查又增添了一项内容：冻土地带的调查。在阿尼玛卿和巴颜喀拉山麓，我曾一次次停在公路边上，观察公路两侧冻土地带的细微变化。一天，我在做调查笔记时，曾写下这样的文字，在未来的某一天，我可能会专门为冻土地带写一部书，书名都想好了，就叫《冻土笔记》。为什么会是在未来，因为有很多的现象尚需进一步观察，还有许多的问题需要进一步求证。

如果不了解这大背景，鄂陵湖这一片水域仍是可以大加赞美和欣赏的绝妙景色。蓝天、白云、湖光、山色，湖中的岛、水中的山，水天相连，远山裹水，一派浩渺。加上湖滨山坡上的一两群牦牛和若干帐篷及小土房，还有，有心人立在湖畔的那些镌刻着关爱之言的石头，那些牧人们堆放的刻满六字真言的经石，那些印着经文在山坡上迎风飘展的经幡……这一切，把迷人的湖光山色映衬得更加古朴原始，弥漫着一种令人目眩的神秘与旷远。这种大气派与大景象，只有在黄河这等伟大长河的源头才能看到。从措洼尕则山顶立有牛头碑的地方望去，视野中除了鄂陵湖，还有滚滚黄沙和满目荒野。无边的草原已经退到最后的防线。茫然四顾，只看到一些七零八落、黄草稀疏的草地，那就是黄河母亲生命源头最后的草原了。

part three

我从未顺着当初赛马的路线抵达过其赛程的终点。

我是从另一个方向抵达终点的。那天下着小雨，我们是从曲玛莱县的麻多乡走向那个终点的。麻多乡就在玛涌滩上，穿过那片开阔的草原，跨过黄河源流，走不远就到那个地方了。一个小时后，我们抵达黄河岸边。黄河流过玛涌滩时的样子就像一条小溪。我们在那伟大神圣的溪水边上停了许久，而后抬脚跨过那溪水，又一个时辰之后，抵达格萨尔登基台，那个地方叫加改贡麻。一座石头砌成的祭台，祭台前立有石碑，上书：格萨尔王登基台遗址。从字迹判断，当是今世之物。旁边古石塔耸立，塔边有经幡飘荡。从那遗址上的塔边东望，扎陵湖在天地相接处放射着金色的光芒。走到北面的山坡望去，无边的草原上曾经有无数的湖泊，像夜空的繁星，此乃星宿海是也。当然，如今那灿烂群星中的许多星星已经黯淡消失。那片曾缀满星星的草原，很多地方已成为不毛之地，沙砾遍野，生机尽失。

毫无疑问，眼前的广袤草原就是昔日岭国的土地。从史诗中反复出现的"玛域""阿尼玛卿""扎陵湖""鄂陵湖""卓陵湖"等地名看，果洛及其周边藏地也许真的是格萨尔岭国的核心区域，至少史诗所描述的很多重大事件都曾发生在这里。一般认为，他的出生地可能并不在今天的果洛境内，而在邻近的四川阿玉地。出生后迫于叔父晁同的加害，随母亲逃亡至果洛。也说他出生之前，他母亲就已逃至玛域果洛，他在这里出生和长大。

在藏地果洛，你经常会听到一个人说，他是岭国格萨尔的后裔。"岭"不仅是一个部落的名字，也是古代一个邦国的名字，后来，它还成了很多当地藏人的种姓，成了姓氏。现在的达日、甘德一带，你还能找到部族姓氏中带有"岭"这个字的人群。如此说来，如果格萨尔是一位天神，岭国的部族就是一个神性的民族。果洛藏人视之为血脉，他们生活在一片神性的土地上——这当然是一种灵性的生活。草原雪山，蓝天白云，畜群牧帐，一个神性的部族，也许这就是荷尔德林所说的：诗意的栖居。

历史上是否真的有过格萨尔其人，众说纷纭，至今尚无定论。不过在藏地，一般都普遍认为他是一个真实存在过的历史人物，其历史年代大约在中国的唐朝或吐蕃时期（也有说宋朝时期的）。只是，历经格萨尔艺人的千年传唱，它也确实已经不完全是那个历史人物的传奇故事了。千年以来，它一直在不断地创作完善。一代代格萨尔艺人和他们的众多听众都一同参与了创作。这无疑是一个漫长的创作过程，如果把《格萨尔王传》看作是一部作品，那么，其创作传唱的千年岁月也堪称悲壮的史诗，在人类历史上绝无仅有。期间，不排除这样一种可能，把众多历史英雄人物的传奇故事都集中在一个人的身上，进而塑造出一个旷世罕见的英雄形象。它的创作素材可能不仅源于藏地——比如藏王赤松德赞和青唐政权的唃厮啰，甚至有可能来自整个世界——比如像项羽、关羽、凯撒、亚历山大、阿育王这样的历史人物。这不是我一厢情愿的臆想，在藏地有很多人也持这样的观点。

而且，即使格萨尔真有其人，在史诗中说唱的格萨尔也不是一个真实的历史人物。应该可以肯定，史诗中的格萨尔，一半是人，而另一半则是神——一位天神。作为人的一半，他是岭国的王，他率领岭国军队征战四方，开疆拓土，护佑岭国子民，是千古英雄；而作为天神，他可以上天入地，降妖伏魔，赴地狱救母救妻，使他们起死回生，是一位法力无边的战神。甚至连他的战马和众将士也被描述成了众神的模样。其中可能有真实的历史故事，但更多的是一种理想化、神圣化的精心塑造。在历经千年的漫长塑造中，把理想中所能想象的所有传奇故事都集中在他的身上，使他成为人神合一的旷古传奇，这就是英雄史诗。而极易民间流传的口头说唱形式又使之具有了无穷的生命力。只要其得以流传的文化生态保持原有风貌，不遭到破坏，随着时间的推移，也许这一英雄形象还能一直塑造下去，直到永远。我想，这也许就是《格萨尔王传》为什么会成为超长史诗的原因。

直到今天，我们只知道，它是世界上最长的史诗，却不知道它究竟有多长，或者长到了什么程度。因为，迄今为止，我们还并未整理出它的全部目录。已经整理出来的目录中一直在增加新的史诗目录，不时，总会听到什么地方又发现一部或多部格萨尔史诗的消息，说那是以前从未听说过的新发现。

"说唱艺术《格萨尔王传》，是一部卷帙浩繁的超长史诗。史诗描述了英勇善战的格萨尔大王从神子下凡、赛马称王，到南征北战、征服一系列敌国的故事。对于格萨尔其人的原型众说不一，或说是藏王赤松德赞，或说是青唐政权的唃厮啰，或说是康区德格的一小王，不过即使有所本，也显然是一个被高度提炼、借题发挥的艺术形象。史诗的产生年代，一般倾向于吐蕃时期，或之后的11—12世纪；至于作者，倾向于集体创作，尤其是经一代复一代说唱艺人增补情节，修辞润色，不排除后世僧侣文人的进一步加工。最初的源头似已迷失，也许在雅隆部落兼并高原诸雄时就有了情节人物片断，后续故事不断扩充，就像一条条溪流的汇入，终成江河。通过对尚武英雄时代的传唱，可见对于古代战争的记忆，逝去的时代已成绝响。"

这段文字是马丽华在其《风化成典》上一幅噶玛噶举艺术风格的格萨尔王像旁所写的图注。她在这部书的《苦修者米拉热巴》一节中还写道："在藏传佛教的旗帜下，尚武好战的冲动渐渐平复，人们把以武力称王的英雄时代，变形记忆在《格萨尔王传》的传奇里了。"马丽华是汉语世界里对藏地最杰出的书写者之一。在我看来，与之并列的其他几位都出自藏地，其中包括四川的阿来、西藏的次仁罗布，也许还有青海的江洋才让——我以为，他那些短篇小说，是当下汉语文坛最杰出的文学作品。而他们都是藏人，马丽华是个例外。而且，其他几位都是小说家，马丽华也是一个例外，她一直以非虚构作品见长。我曾系统地阅读过他们几乎所有重要的作品，这在我有限的阅读范围内也是一个不多见的特例。借此向他们表达我的敬意！这是题外话。

在这里我想要说的是，马丽华关于《格萨尔王传》史诗为武力称王英雄时代的变形记忆的判断是有说服力的。一个金戈铁马、刀光剑影的漫长时代终于远去，一个因尚武而纵横驰骋、征战四方的马背民族终于偃旗息鼓，自此不再剑拔弩张，将自己的目光投向远方的战场，而是平复收敛杀戮的血性，回归自在本性。在佛光里，开始更多地关注于内心的精神时空。

不过，若是除却了"藏传佛教的旗帜"，这也许是世界所有英雄史诗共同的特征。从西方的荷马史诗《伊利亚特》和《奥德赛》到印度史诗《罗摩衍那》，从柯尔克孜史诗《玛纳斯》，再到彝、维吾尔等民族的史诗，无不如是。其中像荷马史诗，我们甚至可以看作是荷马本人的作品，因为荷马不仅真有其人，而且也确实是一位诗人。与世界上任何一部史诗不同，《格萨尔王传》史诗的传唱形式和流传方式一直是一个神奇甚至神秘的文化现象。虽然，它在整个藏区广为传唱，民间也确有很多人或多或少都能说唱，但是，从传承角度看，它对真正的史诗说唱艺人是有选择的，甚至是很挑剔的，并不是哪一个人都能成为格萨尔艺人。无论一个人多么想成为一名格萨尔艺人，多么刻苦用心，或多么赋有才情，如果他并未被选中，靠后天的学习是成不了格萨尔艺人的。那么，是谁在选定格萨尔艺人？或者说，什么样的人才可以成为格萨尔艺人？至今还是一个谜。

part four

从格萨尔艺人的传统类型来看，不外乎这样几种：圆光艺人、顿悟艺人、神授艺人等。圆光艺人，大多在说唱时面前会摆放一面铜镜，之后一般会有一个简短庄重的祷告仪式，之后说唱开始。据说，艺人能从那面铜镜上看到格萨尔史诗回放的画面，与此同时，对场景进行程式化描述的说唱文本会在他脑中涌现，并从他的舌尖上汹涌。神授艺人，大多到十几岁时，会做一个梦，梦中他会见到一位骑白马的老翁，会给他讲述格萨尔史诗，醒来后，一般他不会马上就能回想起一切，可是，过了些日子，史诗便会整部整部地出现在他的记忆里，而且，会越来越多。一开始，他只想起了一两部，可后来，几十部、上百部的史诗都出现在记忆中，无法忘怀，便开始说唱。顿悟艺人有点特别，这类艺人会在人生的某个阶段，大多是在年轻的时候，有一天，他像是顿悟了一般，突然会说唱格萨尔。"这类艺人由于潜意识或潜藏在意识深处的故事的前文本被某种外在的景物或事象激活后，即可说唱。"（引自诺布旺丹《艺人、文本和语境》）除顿悟艺人之外的这些艺人，在进入说唱状态之前，大凡须举行一个简短的祈祷仪式，诺布旺丹博士称之为"降神"，进入说唱状态之后，便像是神灵附体一般，滔滔不绝，甚至无法自行停顿。而一旦停止，回到现实中，他对自己刚才说唱过的史诗内容几乎没有任何记忆。后来又出现了掘藏艺人、智态化艺人、吟诵艺人、能写的艺人和能画的艺人等，其中有一些属现代意义上的职业艺人，与集体记忆中的传统艺人是有区别的，至于他们是不是真正史诗意义上的格萨尔艺人，难以界定。我个人以为，他们即便是格萨尔艺人，也不是民族集体记忆中的格萨尔艺人。

我曾跟很多人探讨过格萨尔艺人的文化现象，从未有人给出一个令人信服的

甘德县格萨尔三十大将彩塑

合理解释，所有的解释都是一种猜想。其中常见的一种猜想是，在藏地的藏人中，一定有一个特殊的人群，平日里，他们分散在藏地偏远僻静之地，与普通牧人并无分别。但是，在他们的潜意识中却有一个庞大的记忆库，像现在的记忆磁盘，容量之大，难以想象。它就像地层深处沉寂的火山，等有一天，它受到某种神奇外力的作用或神圣的启示，便会自行喷涌，艺人自己无法掌控其局面，只能顺势而为，成为命定的史诗说唱艺人。他们一般认为，这是一种神秘的生命力量，它会在一代代人身上延续。也有人说，这些艺人前世都是格萨尔王的将士，后世则带着自己前世的记忆一代代轮回，回到人间讲述英雄格萨尔的传奇。对此，我既没有发言权，也不敢妄言。

不过，这几类格萨尔艺人，我则是都见过的。2000年8月，在长江源区干流通天河畔的克右日则山上，格萨尔艺人才仁索南和索南坎布来到山坡上的一个宽阔台地，煨放了桑烟，尔后，诵经祈祷，尔后，开始说唱格萨尔史诗的片段。据说，才仁索南就是一位神授艺人。大约在十六七岁时，一天，他在去放羊的路上睡着了，做了一个梦，一位骑白马的老翁走进他的梦里，给他说唱格萨尔史诗，好像持续了几天几夜，他快坚持不住了。后来，时间来不及了，说不完，那老翁就从马背上卸下一个大包袱，里面全是经卷一样的大书，并说，他得把没来及说唱的故事都要装进他的脑子和肚子里，好让他回去后慢慢看。在梦中，才仁索南感觉，那些书卷被强行塞进他的身体里时，他的脑子快炸了，肚子快撑破了，疼痛难耐。他被吓醒了。醒来之后，他望了一眼天空，睡着前看到的那朵白云还在原来的地方，太阳也还在原来的地方。他只是睡着了一小会儿。虽然，他并不记得那老翁说唱的格萨尔史诗，但那个梦却还记得，很清晰，便继续躺在山坡草原上，想着梦里的事。突然，他感到头痛欲裂，肚子鼓胀。他伸手摸了一下自己的后脑勺和肚子，还好，摸起来还跟以前一样。

　　那天放牧回到家里，他感觉自己还恍恍惚惚的。过了很长时间，这种恍惚的感觉才渐渐消失。也就在这时，他开始想起格萨尔史诗中的事，一开始，只是一些片断，不完整，可后来，一整部史诗出现在记忆里，层出不穷的人物、故事、对白、唱腔都滚滚而来。他试着说唱，一张口就把自己吓了一跳。他清楚地意识到，自己已经成了一位格萨尔艺人。尽管此前从未有过这样的体验，可格萨尔他是听过的，不仅听过，还非常痴迷，只要听说哪里有艺人在说唱格萨尔，他总会跑去听的。他知道自己身上出现的这些变化意味着什么，任何一个藏人都知道。随后发生的一切，更令他震惊！很多时候，他会被格萨尔的故事折腾得兴奋不已，甚至很难入睡，而一旦入睡，他就会被格萨尔的故事席卷，万马奔腾，刀光剑影，飞沙走石，惊涛骇浪。他想起来的格萨尔史诗内容越来越多，到后来，他记起的格萨尔史诗已经超过了400部，且还在不断增加。

　　我的朋友、杰出的藏族学者文扎不相信这会是真的，他找到才仁索南，试着给他整理出一个说唱目录。而后，从中随机指定一部让其说唱，进行测试，看是否有假。令文扎吃惊的是，随着验证目录的不断增加，一个事实也越来越不得不面对了，那就是一个人的记忆里怎么会凭空出现如此浩繁的史诗篇章。更令文扎难以想象的是，才仁索南几乎目不识丁，虽然认得几个藏文字母，但算不上识字，更谈不上有学问。在才仁索南的说唱中出现了很多历史人物，有一些人名，文扎都闻所未闻,其中包括很多古印度先贤。文扎便在古代典籍中仔细搜寻,他找到了,所有的人名都找到了,都是人类历史上杰出的伟大贤者和智者。为了进一步证实自己的判断,等说唱停止,才仁索南走出说唱状态,回到现实之后,文扎装作若无其事的样子,在不经意间向才仁索南提及那些历史人物,并告诉他这些人在历史上很有名,问他是否听说过他们的事。才仁索南都说从未听说过。由此,文扎推断,作为格萨尔艺人的才仁索南和作为牧人的才仁索南并非同一个人。虽然,他们共同拥有同一个肉身,但他们的灵魂世界或心识世界却截然不同。

我见识过才仁索南的不凡。才仁索南,长江源治多县治曲乡牧人,是年29岁,不识字。一天晚上,在文扎家里,进入说唱状态的才仁索南曾给我讲述地球以及宇宙的形成过程。我在《谁为人类忏悔》一书中,记录了才仁索南所讲述的这一过程,现摘录如下:

一场蔚蓝色的大风暴在宇宙深处酝酿而后漫卷浩荡。亿万年岁月随风而去,它还在猎猎呼啸。之后那无边无际的蔚蓝色狂潮开始渐渐聚拢。那渐渐聚拢之后的蓝色风暴最后的样子可能就像一颗没有硬壳的透明鸡蛋。渐渐地在那风暴的中心开出了一朵五彩的莲花,四个花瓣都有不同的颜色。花蕊也是五彩的。慢慢地从那花蕊深处又长出了一棵菩提树。树叶和花瓣上都缀满了露珠。又是亿万年过去,那些露珠已然滴落成海,菩提树在海中央缓慢生长。这时大海四周又刮起了一场风,海浪渐起,海水溅在了菩提树上。又亿万年过去之后,菩提树在海水的浸泡中慢慢变白,最终变得洁白晶莹。在菩提树下出现了最初的海洋生物。之后,菩提树在晶莹洁白中化作了须弥山。山顶出现最初的天界。五大天堂随之形成。须弥山开始向着天空隆升。升高之后的山顶又出现了那棵菩提树,树冠遮住了天空,树枝上缀满了果实,绿荫覆盖着大地。天界的神灵就靠那果实为生,想吃什么样的果子,那树上就会长出什么样的果子。之后,须弥山的上空开始有光芒照耀,大海开始落潮,海平面下降,陆地浮出水面。又亿万年过去之后,陆地生物开始生成。有神灵犯了天条,被贬下凡,这就是人类的祖先,他们的坐骑就演变成了各种各样的动物……

我们试着做过一个想象，他即使倾其一生的全部精力去说完它们都不大可能。其中的很多部涉及宇宙和地球万物的形成以及人类历史上的许多重大事件。

我一直在思考一个问题，是谁将这些冥想一样的东西放进了一个普通牧人的记忆中？且不说，这一幅宇宙万物的创世描述在多大程度接近真理的原貌，但我敢断定，即使是世界上最富想象力的天才科学家在面对这幅奇妙的创世图画时也会惊叹不已。我承认我在聆听这段描述时心灵曾经有过的震撼。它给我的启示和引领具有终极的意义，以致使我在处于懵懂的状态中也敢于思考关乎地球万物的大问题。我不能否认它原本具有的智慧光芒。

在各类格萨尔艺人中，除了神授艺人和圆光艺人，掘藏艺人也显得很神奇。图登达杰就是一位掘藏艺人。据说，他可以在任何地方都能掘出格萨尔的神器，为此，全国《格萨尔》工作领导小组办公室主任诺布旺丹博士牵头，央视《探索发现》摄制组还专门拍过一部纪录片。据他的讲述，如果需要寻找一件很久以前伏藏的神器，他似乎具有在不同时空中将其转移挪动的能力。那件东西原本可能

格萨尔掘藏艺人图登达杰

不在那里，可是人们想考验他，是否能在另一个地方把他掘出来，他只好用意念先把它挪动到他们临时选定的某个地方——在我看来那就是时空大挪移，而后再把它掘出来。这些年，他已经掘出30余件神器宝藏。他夫人琼茨说，也许那是一种灵魂深处带来的智慧。琼茨认为，在一些特定的人身上，智慧可能会随着灵魂传承，从而使过往前世的智慧得以延续。

作为一种文化现象，格萨尔艺人也许是有史以来最不可思议的事，以致在常人看来，格萨尔艺人本身也像是神话。但是，一个不容忽视的事实是，真正的格萨尔艺人正在离我们远去。虽然，表面上看，各类格萨尔艺人似乎层出不穷。

我注意到一个历史现象。曾经的岁月里，格萨尔艺人在藏地是到处都能见到的，从青藏高原东北边缘到雅鲁藏布江河谷、羌塘以及阿里大草原，整个喜马拉雅山麓都有格萨尔艺人在说唱和游走。可是，后来艺人出现的地理范围在不断缩小，而且有一定规律。格萨尔艺人最先消失的地区出现在人口密度较大的东北部，至工业文明出现以后，格萨尔艺人的消失又往一些城镇周边区域扩展，而且，随

马背格萨尔剧　肖巴/摄

着城镇化进程的加快，但凡能听到机器轰鸣的地方、生态环境遭到严重破坏的地方、空气和水体有污染的地方，格萨尔艺人再也不见了。从现在的情况看，仅存的格萨尔艺人都分布在青藏高原腹地远离工业文明或工业污染的地方。由此，我有一种预感，在未来，他们能够出现的地方会越来越少，因为工业文明无可阻挡。如果任其发展，迟早有一天，格萨尔艺人会从历史上彻底消失。我曾与研究格萨尔的学者探讨过这个问题，不少学者也有和我一样的担心。

4
part five

从另一个角度看，我们可能正处在一个民族文化大繁荣的伟大时代——也许是有史以来最伟大的一个时代，传统民族文化得到前所未有的重视。顺应时代潮流，藏区各地都将格萨尔史诗作为重要的文化工程加以推进，各种保护性抢救挖掘工程和建设项目几乎遍及藏地各处，这当然是幸事。以果洛为例，尽管我不曾做过统计，但从果洛各地的情形分析判断，近五年内，开工兴建的各类格萨尔文化项目至少有数十项。因为果洛成为首个国家级格萨尔文化生态保护实验区，政府和民间都非常珍惜这个机遇，各种名目的格萨尔博物馆、格萨尔传习所、格萨尔学会或协会、格萨尔广场及雕像等随处可见。自治州州府所在地大武镇及其周边，就有三四座堪称宏伟的建筑与格萨尔有关，座座金碧辉煌。

甘德县可以说是格萨尔史诗文化在果洛藏地的核心地带，县城有一座格萨尔博物馆，那是一座宫殿，建在一座小山上，远远望过去，像是缩放的世界文化遗产布达拉宫。距县城西北三公里处有一个村，村名叫德尔文。以前那里是德尔文牧人的冬季草场，除了草原，只有帐篷，没有房屋。现在那里被确定为格萨尔史诗村，一项与决胜贫困有关的牧民集中搬迁安置项目也随之实施。"德尔文史诗村"石碑前的河畔草原上已经建起数百座大小统一、设计相似的房舍。在新落成的村庄边上是一个现代广场，广场上还有喷泉和水池，水池前方是格萨尔及诸大将组成的巨型雕像。从村庄方向望过去，广场尽头是一个高台，有石头台阶和栏杆，

玛域格萨尔文化旅游节　肖巴/摄

德尔文村格萨尔广场雕像

　　上得台阶，又是一个宽阔的平台，平台之上耸立着一座宏伟的木结构仿古宫殿建筑，为德尔文格萨尔史诗传习所。

　　德尔文所以称为史诗村，不仅因为这里出过多位誉满藏地的杰出格萨尔艺人，比如最能唱、最能说的格萨尔艺人都出自这里，还因为格萨尔史诗在这个牧人村落里的普及程度。一般来说，历史上很少有女性的格萨尔艺人，可德尔文有女性格萨尔艺人，而且还是个能写的格萨尔艺人，据说已经写出好几部史诗文本。

　　我曾两次专程到德尔文调查，不巧，都赶上牧人上山采挖虫草的季节，没见到一个格萨尔艺人。最后一次去时，我特意给县文体局领导打了一个电话，希望能见到一个当地牧人,他在电话里说,那里现在只有一顶帐篷,你自己去,一到就能看见。我确实看见了那顶帐篷,它就在河边草地上飘送袅袅炊烟。可不知为什么,我没有走进那顶帐篷。我在那广场上走来走去,趴在草地上给那些建筑物拍照。我趴在草地上,让镜头扫过眼前的一大片紫蓝色花朵,将那宫殿框进镜头。因为,前一夜刚刚下过雨的缘故,天上的云层直压向山冈,山上飘着雾,从镜头里看过去,那宫殿的金顶像是在天上。那一刻,我想到,格萨尔大王完成人间除妖降魔的大业,天下太平之后,又化作一只大鸟回到了天上。那么,此刻他是否就在那云层后面俯瞰他曾久久盘踞的巴颜喀拉,俯瞰芸芸众生呢?

甘德草原与格萨尔有关的建筑并不是今天才有的。早在20多年前,位于甘德下贡麻乡的龙恩寺"玛域格萨尔文化中心"已经建成。龙恩寺寺主宏格多杰活佛的前世班玛登宝既是他的上师活佛,也是他的父亲。除了弘扬佛法,班玛登宝曾一生致力于格萨尔史诗的传播,是藏地对格萨尔史诗的传承研究做出突出贡献的大德之一。可能是受了父亲的影响,宏格多杰从小也对格萨尔史诗表现出浓厚的兴趣,他的主要贡献是将格萨尔藏戏引入甘德草原的寺院,对这一古老剧种在草原上的传承推广起到了极大的推动作用。宏格多杰是一位具有现代思想和超前

德尔文格萨尔史诗传习所

意识的智者，不仅潜心佛法，也注重现代科学以及人文修养，曾游历世界各地学习人类文明的优秀成果。据说，左钦寺第一世左钦仁波切在入定观想中，看到了很多格萨尔史诗中的景象，并以此创立了格萨尔藏戏的表演形式。在班玛登宝和宏格多杰父子的大力推动下，上世纪80年代初，龙恩寺就派出僧人到左钦寺学习藏戏表演，回来后，先在龙恩寺表演了几场，其中有马背藏戏，感觉很好看，随后就到其他一些地方表演，很受欢迎。据宏格多杰说，后来，果洛地区其他寺院也开始表演格萨尔藏戏，但那也就是上世纪90年代以后的事情。

龙恩寺有一个格萨尔藏戏团，一开始就有一支70多人的僧人表演队伍，曾一度发展到100多人，后来有所精简，但仍有70多人。还扶持培养了很多格萨尔艺人和藏戏表演人才，其中包括说不完的格萨尔艺人、写不完的格萨尔艺人和格萨尔史诗掘藏师。宏格多杰自豪地说，当代果洛藏地最著名的格萨尔艺人几乎都是从龙恩寺走出去的。而且，他自己也写格萨尔史诗故事，包括用来演出的格萨尔藏戏剧本。除了写，他还画，用画笔把格萨尔及其诸多大将的形象展现在世人面前，他的目的只有一个——教化人心向善，促进人与万物的和谐。

龙恩寺宏格多杰活佛

2016年6月5日，我到龙恩寺拜访过宏格多杰活佛。走进他的住所之前，我看到门前有很多人，像是等着见他。从衣着上看，不像是本地人，以为是外地游客，没太在意。在客厅落座之后，我们几乎一直在聊有关格萨尔的事，间或也会说到自然万物，比如生态环境问题。他说，龙恩寺后面的山上长满了各种植物，灌丛茂密，林间还有很多珍稀野生动物，尤其是鸟类。有一段时期，这里的生态环境也曾遭到破坏，到后来情况越来越糟，看着心疼，不能坐视不管。他就举行了一个仪式，把整个这一片山野都放生了，包括山上的每一块石头、每一株草木和其他生灵万物。如此一来，效果还真不错，从此，再也没人到山上破坏了。利益众生原本就是佛家的事业，能通过自己的努力让大自然得到保护，让子孙后代永续利用，对自己来说，更是一件莫大的福报。何乐而不为？

我一直以为，佛教徒的放生对象都是动物，比如鸽子、鱼、牛、羊什么的。我小时候，有几只放生羊一直在村里走来走去。它们可以随意走进任何一户人家，不受任何阻挡，像是去串门。在果洛行走时，我才发现，原来自然万物都可以放生，甚至石头、草木以及山川都在放生之列。那些随处看见的神山神湖，因为山上住着众神，实际上那整片山野都已成为放生的对象。在阿尼玛卿山下，你要是看到任何一种动物，当地藏人都会告诉你，那是阿尼玛卿山神的家畜；你要是看到任何一种植物，尤其是那些开着鲜艳花朵的植物，当地藏人也都会告诉你，那是阿尼玛卿山神花园里的花朵。

后来，我看到宏格多杰活佛抬起手腕看了一眼手表，想必是有事要处理，便说，你要有事，我们暂告一段落，等你处理完手头的事再继续。他说，也好。门口来了40多个越南人，都是从美国西雅图飞过来的，等着要见他。大老远来了，得见一下。

我觉得新奇，也没离开，想看一眼那些越南人拜见一位藏地活佛的情景。管家出去通报了一声，那些越南信徒便弓着身子鱼贯而入。而后，依次跪伏在地，向他叩拜。完了都会用额头轻轻去碰一下他的膝盖，他也会伸出一只手，用手掌轻轻摸一下他们的头。礼毕，他们又呈上一些特地从美国带来的小礼品，其中还有几颗苹果。说水果不让带，所以只带了几颗。宏格多杰当即让管家切开了，让我们分享。之后，一行人等又弓着身子，轻轻退了出去。宏格多杰也不起身相送，只是向他们挥了一下手。前后持续时间不超过半个时辰。我在心里想过一个问题，他们费那么大劲，从地球的另一边到这高寒荒僻之地，来见一个人，就为了这短短的半个时辰吗？这半个时辰对他们又意味着什么？是施与？还是回报？我不得而知。也许宏格多杰知道，但他没说，我也没问。即使他说了，我也未必能听明白。

随后，有关格萨尔的交谈继续。此前，我在果洛的一些地方听说，因为格萨尔在人间受到莲花生大师的护佑，他在藏传佛教中也具有崇高的地位，备受尊崇，所以藏传佛教把格萨尔史诗的传播也视为一项了不起的功德。其中包括格萨尔藏戏的表演，因为戏剧表演形式的喜闻乐见，更容易普及传播，很多修佛之人将格萨尔藏戏也看作是一大更善巧的法门。想来，宏格多杰之所以对格萨尔藏戏存有如此持久的热诚，不只是出于艺术审美，也许还有更深的意义。临别，宏格多杰送我一幅格萨尔一大将的绘画作品，当然不是原作，是一件复制印刷品。看到画上还有鹰、老虎等禽兽的形象，灵动飘逸，不解，问其究竟，宏格多杰如是说：没有实质意义，只因为喜欢画动物，属随性为之。

觉囊派隆什加寺与龙恩寺离得很近，都在柯曲河边上，都在同一道山梁下。与龙恩寺一样，隆什加寺也与格萨尔史诗有不解之缘。寺管会副主任久美昂秀活佛也是一位格萨尔史诗文化的杰出传承者。他说，甘德县不仅在地理位置上处于果洛的中心，民俗文化和格萨尔史诗文化也处于中心地带。

在三果洛众多部落中，阿什羌是最大的部落之一，有五个分支部落，分别是贡麻仓、康干、康赛、女王和哇塞部落。其管辖范围除了今天甘德县全境之外，还包括达日、久治、班玛三县的一部分。久美昂秀是果洛阿什羌部落头人的后裔，他爷爷曾是这个传奇部落最后的头人（也叫王）。他爷爷原本是四川壤塘寺的活佛，因为当头人的哥哥突然去世，他才回到部落草原，接替哥哥履行头人职责，管理阿什羌部落，成就卓著。他主持颁布了《红本法》，那是藏地果洛历史上第一部用文字颁布的法律。他还在寺院开办私立学校，让不少不是僧人的孩子在那里学习，那也是果洛历史上第一座正规的教育机构。他爷爷也是一位格萨尔史诗文化的传承者，他爷爷在那个特殊年代曾一度被冤入狱，狱中还曾书写过一部格萨尔史诗。狱友中有好几位活佛，有囊谦智曲（音），还有德昂寺、隆务寺的两位活佛。囊谦智曲提前刑满获释，临别，他将自己在狱中写成的史诗文稿让其带出监狱，交给他的族人。后来，他爷爷冤死狱中。很多年之后，久美昂秀的父亲突然收到一个邮件，是囊谦智曲活佛寄来的，里面有一封信和一部书稿，信上说，那书稿就是他爷爷在狱中写成的一部格萨尔史诗，那就是流传于世的《格萨尔王传·药师宗》。据说，当时狱中曾发生流行病，隆务寺活佛对德昂寺活佛说，果洛的活佛有办法。他爷爷就说，我正在写《格萨尔王传·药师宗》，上部已经写完，下部还没写。现在我来说唱，你们记。他就开始说唱，另外三位活佛记录。说唱记录完毕时，狱中的流行病也好了。第三天，囊谦智曲获释，将这部史诗带出来，曾刊印流传，但上面没有他爷爷的名字。后来，他爷爷平反，囊谦智曲才写信来，说明这件事。后来出版的这部书上就有了他爷爷的名字。

与宏格多杰活佛一样，久美昂秀活佛也热衷于格萨尔马背藏戏。他解释说，格萨尔马背藏戏，最初可能是作为一种重大佛事活动中的迎宾仪式出现的。仪仗装扮成格萨尔三十大将、七勇士的模样去迎宾，这是何等隆重的礼仪？久美昂秀感慨道。隆什加寺也表演格萨尔马背藏戏，以前每年只演一次，这几年，一些大型文化活动也邀请他们去演，演出次数也比以前多了，每年都要演三四次。现在，他们寺院的藏戏团有80位固定的演出人员，但现在寺院上不养马，演出所用马匹得向附近牧人借。

格萨尔史诗对藏地果洛的影响有多么深远，很难想象。尤其是随着佛教传入藏地，史诗的佛教化趋势对藏地影响更为深远，它使一种原本具有神话色彩的民间口头说唱形式更加神圣，并成为族群信仰的一部分。"当佛教的潮流几乎席卷了整个藏区，佛教化的理性思维被定于一尊之时，这一边缘地带（指果洛等三江源藏地——作者注）佛教势力依然相对薄弱，尚不曾遭际佛教意识形态的独霸，人们的神话思维亦未被理性和经验知识所肢解，作为史诗赖以产生的思维基础，诗性智慧仍然引领着文明。"（引自诺布旺丹《艺人、文本和语境》）这也许正是格萨尔史诗在果洛等地流传更广，使其成为格萨尔史诗文化核心地带的真正原因。我们丝毫不会怀疑，藏传佛教及其文化形态是藏民族传统文化的核心所在。从这个意义上说，格萨尔史诗文化体系对整个藏地的影响也许仅次于佛教文化。当它与藏传佛教结合以后，对后世民族文化心理的影响则是绝对的。

也许一些学者所强调的"诗性思维"或"诗性智慧"在格萨尔史诗中具有普遍的意义。当面对那些已经整理出版的史诗文本时，无论翻开哪一个章节或说唱片段，在字里行间，也许我们很难找到真正具有诗意的语言，我们所读到的总是程式化的语境设置，甚至同质化的叙事。但是，当我们把一部、十几部、上百部类似的文本摆在眼前，并对其进行整体性打量时，真正的诗意出现了。诗的大境界、大意境、大意象、大隐喻、大象征在其中肆意激荡。我想，这或许就是一部伟大史诗与诗人作品的区别，也是荷马这样的史诗诗人之所以伟大的地方。诗人作品试图以灵性的词汇和语句意象呈现诗性和诗意，而史诗则以宏大的叙事架构呈现更庞大的主题，并以此完成民族整体的诗意表达。如果前者所抒发的是某个瞬间的灵感冲动，那么史诗则是久远时空及其诗性历史积淀的总体表达和抒发。

总体上讲，史诗不仅是诗意和诗性的表达，也是神性的表达。这也许就是几乎所有的民族史诗中都有伟大神灵的缘故，它缘于人类神性的生活和诗意的栖居。这个世界可以没有神灵——原本可能确实没有神，但是，你的生活不能没有神性，甚至你的心中也不能没有神性。否则，你就会肆意妄为，甚至会忘乎所以，无所忌惮。而那无疑是非常糟糕的事情。

part six

与甘德毗邻的达日县也许是格萨尔王时代的政治中心，有新落成的狮龙宫殿为证。当然，新落成的此建筑并不叫狮龙宫殿，而叫达日县格萨尔史诗传习所。但据考证，传习所所在位置，就是当年格萨尔王狮龙宫殿原址。而且，由杰出的藏族建筑设计师扎西设计的这座现代建筑物，据说是参照格萨尔史诗中对狮龙宫殿的描述而精心打造的。

近30年间，每次到达日，我都会去那个地方。第一次去时，旁边的查朗寺正在举行一场葬礼。那里有一个天葬台，是那一带最大的一个天葬台。那是我第一次见到天葬的场景，也是第一次参加一个陌生人的葬礼。我站在山坡上，目睹了天葬师送别亡灵的情景，心惊肉跳。晚上回到住处时，还没有从那气氛中走出来。听说，旁边不远处的玉隆森多就是传说中格萨尔大王狮龙宫殿的遗址，就去看那个地方。

那个地方在黄河谷地一侧的山坡上，是一片平缓的台地。据说，从那台地上驻足四望，四面山野的每一条山沟都朝着那片台地，大大小小的山沟足足有一千条。抬眼望去，果然，不仅山沟，连每一道山梁都向着那一片台地低着头，像匍匐的狮子、大象和巨龙。但是，狮龙宫殿早已灰飞烟灭，不见了痕迹，原来建有狮龙宫殿的地方已经还原成一片草原，青草悠悠。几年后再次去时，那里已经有一片建筑，说是新建的狮龙宫殿。可看上去，它就是一排普通的房屋，除了院门的门楼采用藏汉结合的古建筑形式，其他建筑物根本看不出它是一座宫殿。它建于1991年，经全国《格萨尔》工作领导小组办公室的批准，由达日县政协副主席旦贝尼玛活佛主持兴建，属原址重建。此前，有关文物和考古专家对宫殿遗址已进行反复考证并确认，有大量出土文物为证——这些珍贵文物后来都在重建后的狮龙宫殿陈列珍藏，其中包括格萨尔的盔甲和宝刀。1992年3月，最初重建的狮龙宫殿落成，里面供奉着格萨尔和他的两位王妃以及三十大将的塑像。时任全国政协副主席、中国佛教协会会长赵朴初先生为之题写"狮龙宫殿"匾额。

至新世纪后，果洛成为全国藏区唯一国家级格萨尔史诗文化生态保护实验区，达日县政府及其僧俗民众都感到应该建一座像样的狮龙宫殿。我想，后来他们之所以把再次重建的狮龙宫殿取名格萨尔传习所，应该属于权宜之计。重建主体工程快完工时，我专程去看过这座建筑。毫不夸张地说，这么多年来，那是我在整个藏区所看到的一座堪称经典的建筑——当然是就当代重建或新建完成的仿古建筑而言。这样的建筑，此前我只看到过一次，那是在玉树灾后重建的工地上，那是一座寺院的建筑，这个寺院叫让娘寺。2010年玉树地震，随后开始灾后重建。7年之后的2017年8月，我再次去让娘寺看那座建筑时，它还没有完工。

再次重建的狮龙宫殿完全采用石木结构，墙体严格按照羌藏碉楼建筑形态，用当地石材垒砌而成，不用钢筋混凝土，以保证原始风貌。而宫殿其余空间皆用实木卯榫结构搭建。整个宫殿分一大四小的布局，一大是居中央位置的宫殿主体，它由门廊、高台踏步和大殿组成，四小是分别立于东南西北的四座高高的碉楼组成。扎西在大殿门前设计了一道长长的门廊，门廊比大殿低出很多，采用平顶建筑。人要进入大殿，先得通过长长的门廊，走到门廊尽头，他会看见通往大殿的台阶。之后，他自然会抬起头望向大殿，目光越过高高的台阶，他才会看到大殿的门，而后是门厅，再往里，又是一个门廊，而后才是大殿——狮龙宫殿的中心。

我去的时候，大殿的主体快完工了。我注意到一个细节，大殿门前台阶的左侧石墙上，垂挂着一个粗壮的铁环。达日县文广局局长东强告诉我，格萨尔大王灭掉北方魔国之后，被俘的魔王曾吊在这铁环上囚禁。我还注意到，四角碉楼的

达日县格萨尔史诗传习所
（狮龙宫殿）

上世纪90年代建成的
格萨尔狮龙宫殿　肖巴/摄

建筑风格与羌藏地区传统的碉楼也不大一样，便求教于东强，于是，引出一个最初建造这座宫殿的传奇故事来。

　　故事是这样说的。建造这宫殿前，格萨尔就住在此地，这里是当时岭国格萨尔的领地。那时，他虽然只有8岁，因神力护佑，神通日广。一天，他外出游玩，途中见到一群拉达克商人，像是劫后余生，狼狈不堪。他便上前询问，那些拉达克人见是一个孩子，一开始根本没想搭理他。可格萨尔执意追问，并承诺，他可以帮助他们。拉达克商人拗不过，就把事情原委告诉了格萨尔：拉达克商队在这里遇到霍尔国的匪徒，他们的骆驼、马匹和所有财物均被洗劫一空。他们进退两难，已陷入绝境。听罢，格萨尔说，不出三日，他便可以将他们的所有被劫走的财物都给追回来，一样也不会少。但是，他有一个条件，说他正要建造一座房子，需要工匠，请他们在这里停留几日，帮他建造这座房子，管吃管住，房子一经建成，他们即可拿着自己的东西，赶着牲口走人。故事里说，拉达克商人其实并不相信这个孩子，他要是能把劫走的东西追回来，他们早就追回来了。可他们嘴里还是说，好。权当是笑话，说说而已——反正他们走不了。

　　可是，奇迹出现了。还没等到第三天，他们被劫走的货物以及牲口都被原封不动地追回来了。故事里是这样说的，格萨尔略施神通，一会儿工夫就追上了霍尔国劫匪，又略施神通从他们手中夺回了拉达克商人的东西。这时，他们才感到眼前的这个孩子绝非凡俗之辈，便心悦诚服地留了下来，不就是盖一座房子嘛，他们有的是技术和力气。就问格萨尔要盖一座什么样的房子，听格萨尔说完，他们才发现他要盖的并不是一座简单的房子，而是一座宫殿，还是一大片建筑群。可他们别无选择。就这样，在一群拉达克商人的吭哧声中，狮龙宫殿的建设拉开了帷幕。

　　为了尽快完工尽早回家，这群拉达克商人起早贪黑、披星戴月，那可真是没日没夜地拼命苦干啊。一个月过去了，一年过去了，好几年过去之后，他们才建好四角的那几座碉楼——这就是它为什么不同于羌藏建筑风格的缘由，而真正的宫殿还没有开工建造。又过去好几年之后，宫殿的主体才显出一个大致的轮廓，要全部完工，还得好几年的功夫。可是，好几年之后，他们真的能顺顺当当地回家吗？难说。这些年过去之后，当初的那个孩子已经长成了一个英武的汉子。而且，这些年里，几乎每天都在发生惊天动地的事情，当初的那个孩子心里真正想要的似乎不只是一座房子，甚至不只是一座宫殿，他想要的是整个世界。他们害怕了。一天夜里，他们一边干活，一边商量着怎么离开这里。一个计划已经酝酿成熟，他们等待一个机会。机会就在几个月之后悄然降临，用来建造宫殿的石材和木料用完了，他们谎称要赶着牲口连夜到河对面的狮子山上，去采伐木材、拉运石头。而其他货物早已被他们偷偷转移到外面藏起来了。请求得到准许，他们得以逃脱。

故事里说，其实，格萨尔早就知道他们要离开了，只是看到他们这些年来所付出的劳动，动了恻隐之心，就有意让他们离开了。因为，他已经想好由谁来完成剩下的工程了。既然快要完工了，就应该让剩下的这点活成为整个工程的点睛之笔。它要让狮子山上的那些小狮子搬运石料，垒砌围墙，让神龙、神虎修建屋顶，完成最后的工程，并用小狮子和飞龙的形象来装点宫殿的屋顶和飞檐，让它与从四面群山蜿蜒而下的一千条巨龙形象相映生辉。后世人称，这就是狮龙宫殿之名的由来。

不仅龙恩寺和隆什加寺，藏地果洛还有很多寺院和民间的马背格萨尔藏戏演出队伍。每年的某些日子，果洛各地的寺院和民众都会自发地在山地旷野上演表现有关格萨尔史诗内容的大型剧目——我说大型剧目是因为，它是一种只适合在旷野演出的大型剧种，具有宗教仪典的神性和庄严，不同于传统藏戏，应该归为一种全新的剧种——当装扮成格萨尔英勇将士的队伍，披戴着银光闪闪的盔甲，在旌旗飘展的猎猎声中，骑着马从山冈列队而下时，他们将要抵达的前方草地上，为此特意敬献的桑烟早已袅袅升腾，四方民众已经匍匐在地，热泪横流，叩头不止。我想象过，从狄奥尼索斯大剧院开始，从古希腊那些伟大的戏剧开始，人类历史的舞台上曾经上演过无数的悲喜剧，它们或许赢得过无数观众的掌声和眼泪，但是，你可曾见过有哪一出戏的演出现场，跪满了流着眼泪叩拜的观众？在果洛以外的地方——至少在青藏高原以外的地方，这样的事，以前没有发生过，以后也不会发生。

这就是果洛，这就是玛域草原，一个人神共舞的娑婆世界。

年保玉则的三个世界

part one

我一直有一个愿望,想找个时间,在年保玉则的某一条山谷里住上几日,白天坐看高天流云,并久久凝望那冰清玉洁的每一座山峰;夜晚俯仰满天星斗,并静静谛听那湖光山色曼妙的声音。

有很多次,甚至与一些朋友约好了去那里小住的行程,而且,也确实有好几次到过那个地方。可是,临了,在那山谷里小住的心愿一直未能实现——当然,我指的是深入年保玉则里面的某一条山谷。那里应该人迹罕至,因而没有喧嚣和污浊,那里应该远离红尘之外,因而只有宁静和圣洁。后来,我为自己解脱,心想这一定是年保玉则的意思。它一定不想让我等凡俗之辈进入它神圣的领地,更不想让我们久久停留,以免我们的满身污垢沾染它的肌肤,侵害它的肌体。每次到年保玉则,走近了,一眼望去,满目圣洁,顿觉自己污浊不堪。即便你洁身自好,守身如玉,面对那一派晶莹清澈时,你也会自惭形秽。

我最后一次去年保玉则时,西姆措景区管理人员正在清理湖水中的杂物。我留意过那些堆在湖岸上的杂物,它们大多是来这里祭拜圣湖的善男信女向湖中抛

年保玉则主峰　勒旺/摄

　　撒的祭祀物。这些祭祀物里面大多装有五谷米粮、五行器物以及珠宝碎屑粉末等，皆为人间宝物。以前一般都以专门的陶罐或瓷器来装宝物，故名：宝瓶。装好以后还须请高僧诵经加持，而后埋于特定的地点。有的镇宅辟邪，有的招财祈福，也有的为生灵万物的吉祥安宁祈愿……因为功用不同，所埋藏地点也不一样。而像祭湖用的宝瓶不便埋藏，只好抛于水中，让湖水自己来照看了。因为要抛于水中，想尽量往湖中央抛，所以大多也改用小包裹物了，一般用锦缎或哈达包裹，外面再罩以塑料物，以防进水——那天，我在湖边看到的祭祀物多为此类。

　　以前，像年保玉则这般偏远僻静的地方人烟稀少，来祭湖祭山的人也不多，千百年下来，从未清理，湖水依然清澈，也未见有什么污染物在水中。可是，近些年，随着旅游热潮的汹涌，天南地北的男男女女不断向这里涌来，抛入湖水中的祭祀物也越来越多，而且，五花八门，千奇百怪，甚至还有心怀恶念者将包裹着牛粪乃至垃圾的东西也纷纷抛入湖水，使一片片圣洁的湖水不堪其扰。

　　藏人相信，无论神山还是圣湖，都有三个世界。常人所看到的只是山水的外层，一个壳，是表象，是外世界，宗教、文化以及自然万物都属于外世界的范畴。

在常人所看不到的内层，至少还有两个世界，由里而外，一个是密世界，另一个是内世界。在多维时空的语境中，年保玉则的三个世界一定不是指山体本身的地质结构，而是另有存在。山体及其内部结构当还是物质的外世界，而内世界和密世界则存在于另一个时空当中，它们交叉并行。因为不在一个时空——那里即使有物质的存在，也可能是暗物质，所以，处在外世界的人类才无法看到。

密世界里住着神山圣湖的本尊和护法，有一座专门的坛城供他们居住。坛城，亦称"曼陀罗"，源于印度佛教密宗，为密宗本尊及其眷属居住的道场，修习密法时为防止魔众侵入而建。其外层的内世界里住着众山神，也分别建有坛城。据果洛藏族僧人、学者扎西桑俄和更嘎仓央考证，年保玉则共有九座这样的坛城，它们总体呈四方形分布于九大湖泊中，无论是从上到下还是从左至右，这九座坛城都分成三座排列，这样无论从哪个方向看，四周各有三座共八座坛城，那是众山神的居地，是宁玛派所修五世法行和世间三法行的道场。而中间一座是年保玉则本尊的修习地，在藏人心里，每一座山都有自己的本尊和护法。

扎西桑俄和更嘎仓央他们用了近十年的时间系统梳理了这三个世界的脉络，完成了一部堪称巨著的《年保玉则山水文化史册》，并计划用藏、汉、英三种文字同时出版。在我看来，它不仅是一部文化人类学领域的经典作品，更是一部有关自然万物的博物学宝典。我曾用好几个晚上，仔细翻阅这部奇书。因为目前，汉、英两种文字的翻译还没完成，而我也无法识读藏文字，但我还是被深深地震撼了。出于自己的无知和愚钝，对其中的密世界和内世界的秘密，我不敢妄加评论，但是，对它所呈现在眼前的外部世界，即使不借助文字，我也能感受到它的卓越品质。因为，除了文字，它还有大量的图片，那是更为直观的叙事。其中，有动物图谱500多种，植物1000多种（还不包括50余种地衣类生物），山峰500多座，湖泊132个，水源地700多处，源泉1200多处……所有这一切都是他们实地考察的部分成果，还有自己绘制的地图60多幅，各类表格和图示数十幅，专门绘制的彩绘唐卡60余幅。仅凭这些数据，你就能想见这是一部怎样厚重的作品。

他们用这样一部大书讲述了年保玉则的神奇故事，并想用这样的方式来告诫人们，保护生态环境或者大自然最理想的途径是用文化和信仰。在他们看来，并

年保云海　巴华/摄

　　不是所有的自然资源都是让人类来开发的，至少得留有余地，不能消耗殆尽，否则，我们的子孙后代将无法继续生存下去。一条江河是这样，一座山也是这样。他们希望人类守住这样一条底线。比如山峰，并不是天底下的每一座山峰都是用来攀登的，有一些山峰只能仰望，还有一些山峰则是需要祭拜的，至少在果洛是这样，在藏区是这样。年保玉则就是这样一座山峰，它不仅有生命，也有自己的灵魂和尊严。它是果洛藏人祖先的代名词，甚至可以说，它就是祖先。因而对它满怀感恩和敬畏，绝不可以随意践踏，将脚印留在上面。

　　也许正是有了这样的山水情怀，从而延续了人与自然的和谐。果洛以及青藏高原的众多山水才得以保全它原初的模样，因而也保全了自己心灵的纯净。即使这样，山河以及自然万物也越来越难以延续昔日的荣光了。一条条柏油或水泥路面正从四面八方向这些山野蜿蜒而来，它无疑为当地民众的生产生活带来了从未有过的便捷，可是它还带来了别的东西。譬如过度的生态压力和过量的生活垃圾，譬如自然资源的过度消耗和对自然环境的严重影响。雪线一点点向天空的方向退却，冰川一点点萎缩消融，草原渐渐失去光泽……这并不是时光的轮回。所有的灾难都不是无端或悄然发生的，仔细听，你会听到它临近的脚步。

当然，物竞天择，适者生存，弱肉强食，原本就是自然万物互为依存和平衡的准则。它既有残酷无情的一面，也有包容和温情的一面。万物之间一直遵循这样一个法则，为了生存，一个物种可以捕食另一个物种，另一个物种又去捕食别的物种。但是，它们绝不会越过一条界线，做无谓的杀戮和伤害。比如鼠兔，因啃噬草根，人类视之为祸害，可是，狼、狐狸、鹰等 30 余种动物却以捕食鼠兔为生。一旦鼠兔灭绝，如此众多的动物必将无以为生。人类无疑是最早越过这条界线的物种，加之人类擅于算计和阴谋，还会使用刀枪武器的缘故，无谓的杀戮愈演愈烈，给万物带来了无尽的灾难，无数的物种因之灭绝。一些像鼠兔一样的物种灭绝之后，所引发的连锁反应必将殃及更多的生灵。这才是真正令人忧心的事。如果这是人类心灵的一个伤口，那么，扎西桑俄他们，这些年保玉则的后裔所做的就是一件试图治愈这个伤口的事情。因为年保玉则，也因为万物众生，他们不甘同流合污，更不敢懈怠。文明最终应该以文明的方式找到一条可以自我救赎的路，而不是费尽心机将自己逼上绝路。

年保云海　巴华／摄

part two

在这样的大背景下，当地传统文化对山川万物的这种悲悯情怀显得尤为珍贵。我想，对此我们至少不能轻蔑视之，更不能简单地报以情感排斥和心理拒绝。因为，这样的情怀有助于改善人与大自然的亲缘关系。更何况，对任何神圣的事物，都不可以人为亵渎。"当你与大自然是和谐的，大自然将展现出它的慷慨……永恒穿越时间而闪耀的地方就是神圣的地方。"（约瑟夫·坎贝尔《神话Ⅲ：西方传统的形成》）年保玉则就是一个永恒穿越时间而闪耀的地方，因而神圣。坎贝尔曾在一次访谈中提到卡尔·荣格在瑞士古斯特纳的家，其大门上方的石头上刻着伊拉斯谟的一句拉丁文铭文："被召唤或不被召唤，神始终在那里。"而在很多时候，

年保玉则一景　图登华旦/摄

我仿佛真的听到过年保玉则的召唤。也许正是因为它的召唤，我才一次次向它走去。也总有那么些时候，我总会找到一个向它走去的理由。虽然，我记忆中纵横着一列列高峻巍峨的山脉，但是，从未有一座山像年保玉则那样令我魂牵梦绕。

虽然，我不曾有缘在年保玉则里面的某一条山谷里住过一个晚上，但在其周边的一些山谷里还是住过些日子的，东南西北都住过了，甚至可以说住的时间也不算短。如果把白玉寺作为一个起点，按顺时针方向数，久治、阿坝、甘孜、玛可河、班玛、达日、甘德、夏日乎，我都住过。如果用一条线把这些点画成一个圆，年保玉则就在它的中心位置。住在这些地方时，一抬头、一回眸，年保玉则总在不经意间会进入你的眼帘。有时候，其实你并没有真的看过，或望见过年保玉则，可是，看与不看，念与不念，它都在那里，从未挪动过，也从未消失过。有时候，甚至离它很远了，一回首，竟发现它还在那里。

最后一次去年保玉则时，我在久治县白玉寺前的一个小院里又住了四五天。那是扎西桑俄和更嘎仓央他们的修习地，在我看来，那也是一座坛城，一座为生灵万物而建的坛城。他们都是僧人，曾一直在寺院修行，造诣深厚。出于对自然万物的慈悲，他们发起成立了一家民间环保组织——年保玉则生态环境保护协会。佛家说，佛法有八万四千个法门。他们认为，保护好生灵万物也是一个重要的法门。所以，他们现在都不住在自己的寺院里，而是住在这个小院里，一心只为大自然的吉祥安宁。

再次住进这个小院时，我感觉自己像是回到了家。每天晚上，扎西桑俄、更嘎仓央、普哇杰和土巴都会轮流给我讲年保玉则三个世界的故事。而白天，我都会选不同的路线向年保玉则的方向走去，有时候，会走很远，有时候，很近。走远的时候，都由扎西桑俄开车相伴，而近处，我则由着性子自己溜达。但方向从未改变过，都朝向年保玉则，离开和抵达的地方都在年保玉则。当然，你也可以说，我一直在一座山的周围久久盘桓。不仅年保玉则，还有巴颜喀拉、唐古拉、喜马拉雅和整个青藏高原——总体上讲，青藏高原也是一座山，都是喜马拉雅的山麓。似乎已经很久了，感觉自己一直在这样一片山麓跋涉或者漂泊，视野尽头总有一座白雪皑皑的山峰。有时候，它就在眼前，有时候则在远方，但是，它一直存在，还时时地牵引着我，让我无法忽视它的存在。我之所以不断走向这些山麓，并非为了攀登，更不是为了在那山坡上留下足迹，而只是为了仰望和凝视，不止用眼睛和头颅，还用身躯和心灵。在我看来，久久地凝望一座高山也是一种修习，它仿佛能提升你灵魂的境界。有那么些时候，你会听到它的心跳，会感觉到它的气息，甚至会感受到一种安妥和抚慰。仿佛你只是大自然的一个载体，原本就承载着它心灵所有的密码。只要你拂去遮挡在眼前的迷雾和心灵上的尘土，你就能看清自己的内在和万物的慈悲，从而找到自在和安宁。我想，那是一种缘自心灵的沟通和交流。我曾在一篇文字中读到，古印度的那些智者先贤也曾久久地凝望过印度河与恒河源头的这些雪山，并由此受到心灵莫大的启示，从而滋养了古印度文明的灵魂。想来，一定也是出于这样的缘故。

从那个小院里望出去，眼前所看到的山坡就是年保玉则的山坡，从那山坡的一边找个山谷进去，一直往里走，就会走到年保玉则的最深处，那里一般都会有一片片湖水荡漾着浩渺蔚蓝，一般都会有一座座雪山冰峰闪耀着光芒。山坡河谷里，一般都会生长着茂密的灌丛，偶尔也会见到一片长了几百年上千年的古柏。天空草地上，一般也会有几只鹰和各类鸟儿自由飞翔和鸣唱。湖水中，一般也会有成群的鱼儿欢快地游来游去……如果你见到的是一只喜马拉雅旱獭，如果恰巧它也看到了你，一般来说，接下来你便会听到一串百灵鸟般的鸣叫，那是旱獭的鸣叫。旱獭只在发现雪豹、狼等大型食肉动物时才会发出这种叫声，意在提醒同类警觉，很显然，它可能把你也当成了猛兽。如果你运气特别好，赶上了一个好季节，说不定你还会看到几只年保玉则特有的鸟类和几种特有的植物，譬如藏鹀和久治绿绒蒿。

但是，请记住，即便你看到了这一切，你所看到的也只是年保玉则的外部世界。我也一样。我没看到密世界，也看不到内世界，我只看到了年保玉则的第三个世界，外世界，也就是现实世界。在我，只有现实（或现世）世界里的一切才是真实的，才是可见的，因为，我原本就在外世界。据说，处在外世界的人只能看得见最外层的这个世界。而处在内世界的神，不仅能清楚地看到外世界，同时也可以看到另一个世界——也许是这个世界的浅层内部，也许是与我们交错并行的另一个秘

年保玉则　格日保/摄

密时空——那么,他们究竟看到了什么呢?只有处在最上层密世界的人(或本尊),才能同时看清楚三个世界——那么,他们又看到了什么呢?

我曾想象过多个时空交错并存的景象,依照天体物理学家(尤其是量子物理学)的最新发现或猜想——比如虫洞和黑洞,这或许是最真实的存在。我所以说猜想,是因为人类对宇宙万物的认识虽然已经推进到了一个令人惊叹的地步,但是,也不得不承认,迄今为止,整个现代天体物理学的基础仍然是一个假设。天才霍金的理论就建立在这个假设之上,那就是假设当初有一个"果壳"那么大的物体蕴含无穷的能量,有一天它突然爆炸了,无穷尽的能量被突然释放,大约十几秒钟之后,最初的星球开始形成……如果这个"果壳"真的存在过,那么,我们现在所看到的这个宇宙就是可以理解和认识的。可问题是,假如最初还没有时间和空间,那么,那个"果壳"一样的物体它会在什么地方?难以参透的一个谜题。

这使我想到了佛经上说的四个字:大千世界。对这四个字,一般的解释是,我们眼前日月照耀的这个世界是一个小世界,三千这样的小世界组成一个中世界,三千中世界组成一个大世界,斯曰:大千世界。也许所有的谜底都藏在这四个字里面。我认为,对这四个字的解释过于笼统,或者说,它太拘泥于字面上的含义。我的猜想是，如果我们把"三千"这个数字不要限定在数字本身确切的指向，而是引向一个更加宽泛甚至无穷量极的变数，那么，它也许是无限多的意思。进而，我们再把一个大千世界想象成一个大千宇宙，那么，最终的真相也许就是，我们不是处在一个宇宙之中，而是有无数个宇宙同时存在，而且，很可能是相互交叉存在的。在另一个时空中，时间可以弯曲和倒流，空间可以流动和折叠，一个时空可以从另一个时空中穿行而过，甚至可以自由穿梭，却不留下任何蛛丝马迹。像一头鹿穿过一片丛林，或者像一只鸟飞越云层那样。如果有无数个宇宙同时存在，那它一定不会像一串青蛙卵一样挤在一起，而应该是相互交错和并行不悖。它们运行的样子也许就像延时拍摄的星轨图，即使轨迹相同，也不会产生碰撞，因为它们并不在同一个时空。

part three

一天早晨，我和扎西桑俄讨论年保玉则的三个世界与大千宇宙的关系问题，尽管我对年保玉则神秘的密世界和内世界一无所知，但是，我们关乎宇宙结构的猜想却惊人的一致。前些日，有朋友发来一条短信，也说，在绝对的自由里，时间可以自今而昔。如是，年保玉则可能真的有三个世界，只是我们看不见。而我们看不见的未必真的不存在。这不正是现代科学和人类心灵的困惑吗？

传说中的年保玉则山神有一个庞大的家族，七十二峰、三百六十湖是其主要的成员。但是，扎西桑俄说，年保玉则的主要山峰至少也有上千座，而且，它们都有名有姓。乍一听，似乎有些夸张，但是，如果你走进过那些山谷，仰望过那些山峰，你才会相信，他并未夸大其词。年保玉则是一个连成一片的巨大山架，纵横交错的一条条山谷又将它分割成了一座座相对独立的山体，每一座山巅之上也并不只高耸着一座山峰，而是几十乃至上百座冰雪皑皑的山峰在比肩争奇。这些山谷有的只有十几公里长，有的则长达上百公里，山谷之内皆流水潺潺，河溪之源皆水波淼淼。而山谷两侧排列成阵，浩浩荡荡，绵延逶迤者，皆山也。且绝壁千仞，多巉岩悬崖，进得谷口，顿觉森森然。

因为有着众多的冰川湖泊和雪山奇观，年保玉则已经闻名遐迩，越来越受到天下游客的追捧。年保玉则是三果洛的发祥地。也许正是这个缘故，它还有另一个名字，叫果洛山。

第一次去年保玉则是很多年以前的事了。那一次，我只到过西姆措湖边——它现在已成为年保玉则的核心景区。除了西姆措湖和湖水尽头的雪山，那天，我还记住了一群植物，一片高寒地带罕见的灌丛。我曾穿越过那片灌丛，沿途仔细观察过数十种高等植物，大多为近代开花植物，譬如鲜卑花、忍冬、小叶杜鹃、金露梅、银露梅、绣线菊以及很多的草本植物。在一面陡坡高处，我还找到了一种大叶杜鹃，那个地方的海拔当在4500米上下，在这样的高寒地带能看到这种植物实属罕见。有一条河从那坡顶流下，原本还想爬上那山顶去看看那河水的源头，因饥渴难耐，不得不半途而废，遗憾多年。

多年之后，我又几次去年保玉则，最近一次去时，我曾在那里盘桓多日，因而也才多走了几个地方。除了再次造访西姆措，我还去了鄂木措和日干措两个湖区。从白玉寺出来，沿玛可河溯源而上，尽头是一片湖水，那就是鄂木措。在鄂木措左岸，我看到了传说中的那座山。那是一座由层层花岗岩构架而成的山峰，我目测的山巅高度当在5300米以上，像一座小山一样的整块花岗岩是这座山的底部，它的样子像一头雄狮。那雄狮身前的山坡上建有拉什则，几十根木杆密密

西姆措湖边

地插在上面，几道经幡在那里飘荡，这是藏地祭拜山神的特殊标志。那雄狮头上是一只展翅欲飞的花岗岩金翅鸟，再往上左侧是一只花岗岩老虎。这是山的主体。再往上，还是层层叠叠的花岗岩，峰顶的花岗岩犬牙交错。那里也有一个拉什则，据说是一位高僧特意供奉的。那只金翅鸟的两只翅膀一高一低，似乎不太平衡，帕合太的母亲用一块宽厚的石板压在一面的翅膀上，像是为了让它找到平衡。她还留下教谕，说后世不得移动这块石板，如果哪天这块石头自己滚落下来，则意味着万物将面临一场空前浩劫。这是一个神圣的启示，也是自然万物持续平衡的一个隐喻和象征。

扎西桑俄指着湖边的一块巨石告诉我，这里就是那个猎人救下小白蛇的地方。也是三果洛先祖帕合太的父亲（那个猎人）、母亲（年保玉则山神的三女儿）第一次会面的地方。离此地不远的下鄂木措对岸就是帕合太的出生地——那里也是扎西桑俄的出生地。我没问过扎西桑俄，但我想，他一定为此感到过骄傲和自豪。于是，这里就成了果洛藏人的圣地，它在果洛藏人心中的地位无可替代。那座花岗岩山前是一片平坦的草地，也像宝塔一样高高耸立着四座拉什则，三座更高大一些，右边一座稍小。前三座分别是三果洛的祭拜地，后一座是三果洛中的一座寺院的祭拜地。

在青藏高原行走时，只要有一个当地牧人同行，他会不时地停下脚步，让你伫望视野中的一座雪山或一片湖景，并告诉你，它叫什么名字，是谁的父亲、母亲、或子女、或丈夫、妻子，甚至情人。然后，告诉你，它是谁的化身，有什么样的法力，肩负什么样的神圣职责。最后，会告诉你，它周围很多地方的一草一木、一花一物，甚至每一块石头和每一滴水，包括人和其他生命，都是为它所有。如果是为维持生存和生命，你尽可以享用一切，但绝不可以肆意妄为，嫁祸无辜，否则，就会招致灾祸。他们说起这一切时，那语气就像是在谈论儿时的伙伴和亲朋好友一样亲切温暖。即使在讲述一些日常生活时，也总会讲到一些佛菩萨和神灵的名字和故事，这些故事与他们自己的故事交织在一起，仿佛他们一直与佛菩萨和众神生活在一起，当然，与他们生活在一起并息息相关的还有芸芸众生，包括飞禽走兽和草木鱼虫。

日干措湖边的石头

　　这就是我想要说的果洛藏人与大自然共同经历的历史。在人与自然关系日趋紧张的今天，回望这样一段历史，对当下的人类世界是有益的，至少是具有启示意义的。在当今人与自然的关系探讨中，最核心的问题莫过于保护和利用的关系问题。为此，全世界范围内，我们已经制定了无数的法律条款，也采取了一系列国际多边合作的可持续发展战略举措，但是，客观地讲，人与自然关系趋紧、保护和利用矛盾日益尖锐的趋势依然没有得到有效缓解。我当然不是说，果洛的启示能解决世界的难题，但是，它至少会让我们懂得对大自然满怀敬畏并不是一件很糟糕的事情。因为，我们与大自然休戚与共，从一开始直到未来的尽头，我们都是大自然的一部分，永远也不可能游离于大自然之外而独善其身。这才是今天的人类最值得深思的问题。

　　日干措在西姆措的左面山谷，那是一条纵深开阔的山谷。我们一早从久治县城出发，约一个时辰之后，就到谷口了。在那里下了车，徒步穿越那条山谷，艰难地走了两个多小时才到日干措湖边。一路上，除了一大群牦牛，我还看到了很多千奇百怪的石头，我给很多石头拍了照。人们把日干措几个字用汉语译成"魔女湖"，乔治·夏勒也写到过日干措，他用的是"魔鬼湖"。对此，当地藏人很不以为然，可是，究竟该译成什么，他们也没有一个明确的说法，我自然也不知所以。我在湖边山坡上拍到了一块巨大的石头，当时只觉得它的形状有点怪异，也未多想。回来后仔细端详，却发现那块巨石竟然像一位披着长袍凌空飞过的长发女子，不知她是否就是日干措的化身？

不仅日干措，在年保玉则，无论走进哪一条山谷，最引人注目的除了冰雪奇峰和湖泊，就是石头，就是那些在山坡、在河谷、在湖畔草地和灌丛中静静安卧的石头。我把这些石头看作是从那山麓过往的所有灵魂的遗骸。它们大多体形巨大，形态各异，且数量众多，如颗颗宝石点缀整个山野，远远望过去，又像是散落的羊群。令人惊讶的是，那些石头很少堆积在一起，顶多也是三五块石头立在一个地方，更多的是一块块散落着，疏密有致，忽隐忽现，像是有人从天上撒落下来的——说不定，它们真的是从另一个星球和时空中不慎坠落的天体。假如在一个漆黑的夜晚，从太空俯瞰这片山野，说不定会看到又一片浩瀚的星空。

那天，在鄂木措湖边，扎西桑俄给我指认他小时候就已经认识的两条小鱼，其中一条已经很老了，眉毛和胡须都白了，但它依然很小。当它迟缓地游到扎西桑俄跟前时，扎西桑俄让我给他和那条小鱼拍张合影，我一连按下多次快门。随后又对着湖面拍了好些张，回来后发现，其中一幅照片上有一张脸庞的侧影，那是湖水和两岸山峰的倒影组合而成的一幅影像，奇巧的是，上面还有一双眼睛，顾盼生情，楚楚动人。无论怎么看，都感觉那水面上正有一双眼睛在看我。或许，在我按下快门的时候，正好有两条小鱼吐出了两个小水泡，正好像一双眼睛；或许，那里真有一双眼睛，那么，它会看到什么呢？我所看到的只是年保玉则的外部世界，那一双眼睛是否还看到了另外的世界呢？

鄂木措湖中仿佛有一双眼睛在看我

蹲在那湖边，顺着湖面抬眼望去，泛着白光的湖面像一条通道，那通道的尽头像是有一扇门，据说，这里就是年保玉则的大门。如是，谁能告诉我，那扇门里面又会是一个怎样的世界呢？

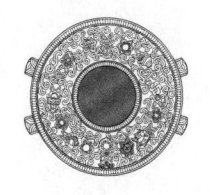

大河之上的果洛

part one

大河就是黄河。这个世界上没人不知道黄河。

黄河之水天上来,这个天其实就是巴颜喀拉。这个世界上也没人不知道巴颜喀拉。然而,大凡只知那是一座山脉,而不知那是一个天。

巴颜喀拉由西北向东南茫茫苍苍绵延 1500 余里,西北自亚洲脊柱昆仑山别出,东南则直抵川西高原岷山和邛崃山,山峰海拔多在 5000 米以上。其南坡为长江流域,整个山麓皆为玉树;北坡则属黄河源区,除了麻多乡,整个山麓全是果洛。

我曾为青藏高原自然博物馆写过这样一段主题词:每一条河的源头都耸立着一座山,山是河流的母亲。一座山和一条河加在一起就是山河。一条江和一座山加在一起就是江山。

巴颜喀拉就是黄河的母亲。据说,巴颜喀拉是蒙古语的译音,意思是"富饶的青黑色山脉","拉"在蒙古语中确有山的意思(蒙古语中山的读音是乌拉),但"巴颜喀拉"的整体含义究竟是什么,我并不确定。它在藏语中的名字叫"智权玛尼

鄂陵湖 肖巴/摄

"木占木松",藏语中的意思却是"山之祖"。先有众山之祖,而后有大河之母。它在众山之中的显赫地位注定了黄河绝世旷古的伟名。巴颜喀拉属地质褶皱山脉,在它绵延起伏的褶皱上就是一座座高峰,智西山、雅拉达泽和雅郭拉泽就是其中的几列,而黄河最初的源流就从这些山麓的冰峰和冻土中渗出,先是点点滴滴,而后是涓涓潺潺,而后是汹涌澎湃,而后是大浪滔天,万古奔流。

而巴颜喀拉就在它的身后高耸逶迤,注目它远去的背影,守望它奔腾呼啸的岁月。山顶上最初的朝阳与晚霞依然飘荡,山下最后的草原与畜群却已走远。曾经的牧歌已成往事,梦中的炊烟已经飘向天涯,落在苍茫大地上的影子就是袅袅河川与漫漫长路。大河之岸,长路之上,人的跋涉不绝如缕,千年不息。

我不曾考证,当初在界定行政区划时,为什么单单将玉树藏族自治州曲麻莱县的麻多这一个乡划在巴颜喀拉的这边。但是,我敢肯定那绝对不是出于自然地理单元上的考虑,而可能是因为麻多当时的土著居民在方言等人文地理上更接近于康巴的缘故,而果洛全境基本上都属于安多藏区——至少果洛以外的世界是这样认为的。这样一种界定当然不无道理,但是,它却在原本一体的玛多草原上划出了一条无形的界线,使它一分为二:一是麻多乡,二是玛多县。在我心里,它就成了一个遗憾。

这个遗憾与黄河有关。黄河有多个源头，其中最著名的有两个，先后都曾确定为黄河的正源，一个是卡日曲，另一个是约古宗列曲，均源出麻多乡境内。卡日曲自智西山麓轻盈流泻，约古宗列曲则从雅拉达泽峰东南蜿蜒而下，这两座大山都是巴颜喀拉的支脉。在一个更宽泛的地域范畴之内，它们均属于古老的玛多草原，也属于巴颜喀拉。

多年前的一个夏天，我曾先后两次分别从巴颜喀拉的东北和西南山麓走向黄河源头，那里原本是这座大山的一个小山洼，因为那些神圣的源泉而让人魂牵梦萦。虽然，我曾很多次来回地翻越过这座高大的山脉，甚至访问过山麓草原上的很多牧人，在他们总是飘着炊烟的牛毛帐篷里喝过醇香的奶茶，却一直难以抵达这座大山深处的那个小山洼。

第一次是从玛多县城出发，想绕过鄂陵湖、扎陵湖、卓陵湖一路向西，再穿越开阔的玛涌滩，直抵源头。因为淋雨，感冒咳嗽，一大早起来，准备前往黄河源头时，我对自己身体的担心几乎和黄河源区生态恶化的担心一样多。玛多县城的海拔已经超过4100米，而我们要去的却是一个更加高绝的地方。我很清楚，这对自己的身体意味着什么，那将是一种极大的风险和挑战。坐上车，等待出发的空当里，我把自己的担心写在笔记本上，看上去就像是遗言。但是，那天我们只走到了鄂陵湖边，而没能抵达源头。因为车辆故障，无奈，只好半途而废。

那天下午，我们登上鄂陵湖边的措哇尕则山顶，从那里西望，黄河源区旷野玛涌滩渺无边际，而巴颜喀拉却在一个更加广阔的世界里缤纷绚烂着，把大千世界的精妙与深邃尽显于山野，而又隐于目光之外，也许只有足够清澈深邃的心灵才能够感知和贴近。有很多次，我都到过鄂陵湖边，都登上措哇尕则山顶眺望过黄河源头，但足迹所至，仅止于斯，概莫能外。要知道，当年英雄格萨尔赛马称王所走的就是这条路，玛涌滩深处的一道山梁上有一个遗址，有考证说，那里正是格萨尔王的登基台。格萨尔纵横驰骋飞马而去，英雄消逝在岁月的尽头，那就是一骑绝尘。而我们身负沉疴重荷，虽历尽艰难跋涉仍不能抵达者，是我们的悲哀呢，还是人与自然的历史宿命？一滴水从源头一直流入大海，还是那一滴水，那就是一种抵达。有些时间，有些地方，即使近在咫尺，即使穷尽跋涉，也不一定能够抵达。此岸与彼岸既是咫尺也是天涯。

那天，我甚至没能走到扎陵湖，我只是从措哇尕则山顶望了望扎陵湖。而黄河源区不仅只有鄂陵湖和扎陵湖，还有卓陵湖。在格萨尔史诗中，这三大湖泊原本是三兄弟，分别是格萨尔王妃珠姆的父亲、伯父和叔父。有关珠姆故乡也有不止一种说法，藏族学者文扎一直坚信珠姆故里当在玉树的治多县，并致力于打造珠姆故里文化，在"格学"界已产生广泛影响。而在果洛，人们都认为黄河源区才是珠姆真正的故乡，格萨尔史诗中这三大湖是珠姆父亲三兄弟的寄魂湖便是最有力的佐证。

我曾多次到过鄂陵湖边，每一次也都会登上措哇尕则山顶去望一眼河源大野。现在车基本上可以开到山顶，但是，以前我都是从山下一步步爬上去的。坐车只需几十分钟就到山顶了，若步行，一般都要两三个小时才能下山。那个时候，我还年轻，要是现在，恐怕得要四五个时辰，甚至到了山下，自己究竟有没有勇气往上爬，也还不一定。但是，我只到过一次扎陵湖边，也只去过一次卓陵湖。扎陵湖是路过，卓陵湖却是专门去寻访的。

一直都记得在鄂陵湖、扎陵湖边上还有一个卓陵湖，但一直没能走近它的身旁。直到2016年10月，我才第一次见到它的模样。玛多县旅游局的周保为我们担任向导，从鄂陵湖边绕过措哇尕则山，经过扎陵湖的一角，拐向东北，翻过一道道小山梁，穿越一片片开阔的滩地，走向卓陵湖。周保是一位满怀激情并富有冒险精神的年轻人，他曾与一个朋友驾车从黄河源头出发向西向南穿越整个青藏高原，还以鄂陵湖为起点，独自驾车向东南西北四个方向，穿越过玛多境内几乎所有从未有人开车走过的秘境之路，那里却是多沼泽河谷。周保说，沿途景色迷人，尤其是从鄂陵湖向西行进，所穿越的那一片莽原令他终生难忘。从没到过鄂陵湖边的人，只要见到这片湖光山色就会为它着迷，为它沉醉，但是如果你能走到它的西岸，并从那里开始你的跋涉，你会突然生出一个念头，想一直那么走下去，再也不想回到身后的那个世界。因为，你眼前无边无际所展现的那个世界太干净了，干净到了让你无法想象的程度。

他向我发出邀请，如果哪天我想去看看那个世界，他会放下手头的一切，带我前往，要去多久都可以。我便开始神往，我便开始约定。可是，等自己冷静下来之后，却不免神伤。自己大半生在这高寒之地不断跋涉，从未想过自己会停住行进的脚步，可随着年龄的增长，近来突然意识到，你能到高原腹地继续行走的日子已经不多了。虽然我目前还没有停下脚步，还在继续一直以来的跋涉，但是，我很清楚，我不可能一直走下去。尤其在经历了2016年夏天那次难熬的经历之后，我对自己还能跋涉多久，心里真的没底。说不定，哪天一觉醒来，你会突然发现自己再也到不了高原腹地了。那么，你还有机会从鄂陵湖西岸出发，走向那一片圣洁的土地吗？

2016年5月，我从达日县德昂寺出来返回县城时，突然感觉胃里特别不舒服，强忍着，没敢给同行者说，免得他们担心。后来，我去了甘德县的班玛仁拓神山，在山下的夏日乎寺，嘉阳东云活佛给我拿了一些寺院自己配制的胃药，吃了，未见效果。几天后又去了久治县年保玉则，在山下，扎西桑俄又带我去他父亲那里取了些藏药。他父亲是一位当地有名的老藏医，心想，这下好了，吃了那些药自己一定会好起来的。刚吃完药，过一会儿，胃里的疼痛感的确减轻了，可过了一

吉祥草原 肖巴/摄

梦幻黄河谷地　索南达杰／摄

会儿，疼痛又开始了，而且更加剧烈。有几个晚上，疼痛难耐，我根本无法入睡。不得已，提前离开了扎西桑俄他们，去班玛县。那里是县城，看能否找到一些管用的药，而且海拔也低一些，会对身体有好处。县旅游局局长雅格给我送来了一些药，他肠胃不好，长期服药，对我的症状心中有数。我吃了一两次，感觉确实好一些了，但疼痛依旧。这还是其次，更要命的是，这时我的心脏也出现明显不适，且越来越严重。我自幼心脏就有问题，心律不齐，这些年遇到的几位中医界朋友也一再提醒我要时刻留意心脏，说我身体要是出问题，一定是心脏。我不敢大意，又提前离开班玛往久治，再去一趟年保玉则就赶紧回西宁。

从班玛到久治要翻越巴颜喀拉年保玉则段，那里是整个巴颜喀拉山麓海拔最高的地方，年保玉则主峰也是巴颜喀拉主峰，公路所经山口海拔已经超过了4400米。沿着盘山路，车在向山顶行进时，随着海拔的不断升高，我心脏的疼痛感也在不断加剧。我不停地用手揪着我左胸，像是要用手护住心脏，让它有些许安全感。可是无济于事，剧烈的疼痛使我无法自持，我在车上翻来覆去。车终于翻过了巴颜喀拉，往前几乎是一路下坡。海拔迅速下降，疼痛也在一点点减轻。我这才知道，心脏的反应与海拔有关系。

到久治县城时，已经中午了，心脏的疼痛虽然没有完全消失，但还能忍受。

吃过午饭，这天下午，我没有安排外出，我想休息一下，准备第二天一早去年保玉则。躺了一会儿，起来之后，还是难受，心脏依然在隐隐作痛，便从西姆措宾馆出来，去了县医院。县医院人很少，无须排队等候，只一会儿工夫，我就坐在内科一位主治医生的对面。那是一位女医生，叫什么名字我不知道，她给我开的处方下方只写着一个字：仁。想来她可能叫仁庆吉或仁青卓玛。她详细询问了我的症状，之后问我在那里还要待多久。我说，也就两三天吧，明天要去一下年保玉则。她一下变了脸色，很严肃地对我说："以你现在的情况，哪儿也不能去，最好避免不必要的走动。你必须赶紧回去，越快越好。"像是命令。末了，又说，如果不能现在就走，明天一早必须回去。否则会很危险。我还问，有多危险？她停顿了片刻，可能在斟酌该如何表述她的意思。之后她说出这样一句话："可能走着走着，你心脏就停了。"她劝我下午和晚上就待在医院里吸吸氧气，第二天一早就离开。我这才意识到情况的严重性，当然，我也想起了那些中医朋友的警告。从内科出来，我就直接去了一楼吸氧气的地方。第二天，天还没亮，我已出了久治县城。

3
part two

之前，我还想，自己至少还有好几年可以在青藏高原腹地行走，还制定了一个行走计划。有了这次经历之后，我对自己还能有多少日子可以在高原腹地行走，心里真的没底了。所以，每一天都像是最后行走的日子，显得无比珍贵。于是，在周保约请我有一天跟他一起去穿越探险时，虽然，我嘴上爽快地答应着，可在心里，我真的说不上自己是否还有这样的机会。

翻过最后一道小山梁之后，卓陵湖就出现在前方。先是看到了它深蓝色的一角，而后是一大片，而后是一片宽阔的水域，浩渺无际。我以为那就是卓陵湖的全部，后来我才发现，那只是它的一部分。停了车，登上湖畔那座小山丘之后，整个湖滨草原一览无遗。我们看到，卓陵湖分上下两个湖，上湖和下湖之间，虽

然并未完全分割开来，但是，一道像堤坝样的土梁隔开了大片水域，只在那道土梁的最低处，有一线清水从上一个湖泊流向下一个湖泊。刚刚看到的那一片深蓝色水域，当属于下一个湖泊，上一个湖泊明显大于下一个湖泊。

一道山梁像躬起的脊梁，将尖尖的脊峰嵌入两个湖泊之间，湖泊就向山的两侧耷拉下来，成了驮在那脊背上的褡裢。青藏高原有很多这样的湖泊，有的便直接取名褡裢湖。我就扛着一架相机在那一道山梁上走来走去，湖滨草原沙化严重。走在那山梁时，双脚常常陷进沙坑里难以自拔，鞋里灌满了沙子。好在山梁还有稀疏的植被，是坚硬如针的那种，有时候，它能刺穿胶鞋的鞋底。它长在一个个小土丘上，小土丘周围的泥土已经流失殆尽，只剩下沙粒。从地貌上看，这里曾经是湖滨沼泽草地，那小土丘就是沼泽地鼓出来的草甸。沼泽干涸之后，就成这样子了。沿着上一个湖的湖滨走不远，我远远看到了一群牦牛。想来，这里曾经应该是一派牧草丰美的景象，应该到处都能看到成群的牛羊，可而今却成了稀罕物，难得一见。

从行政区划上讲，这里属玛多县扎陵湖乡的地盘。为保护三江源生态环境，筑牢中国几大江河源区这道生态屏障，以确保全流域生态安全，这里是最早实行禁牧和生态移民的地区之一。几乎所有的牧人都离开曾经的家园，搬迁至果洛州

草原帐篷城　肖巴/摄

府大武和县城附近的花石峡移民村了。我曾走访过大武的移民新村，会在后文中写到他们现在的生活状况，暂且不表。

以鄂陵、扎陵、卓陵为中心的玛多三湖地区是最早划定的三江源自然保护区的核心区，现在又成了三江源国家公园"一园三区"格局中的"黄河源区"，游牧活动受到更严格的限制，只有极少数牧人留守在草原上，牧放少量的牛羊。以前从措哇尕则山顶四望，到处都能看到一群群牛羊如云朵般四处飘荡，现在已难得一见了。所以，见到这群牦牛时，我还是觉得眼前一亮，便朝着牛群的方向走去。这一群牦牛还真不少，粗略数了数，应该有200头左右。

我试图走进牛群里面，近距离给它们拍个照。可是，它们都是一副很厌烦的样子，一看到我走近，都会向远处躲开。我也只好待在远处的山坡上，由着它们了。在卓陵湖，我还看到了一大群鸬鹚，至少也有几千只，堪称洋洋大观。除了这群鸬鹚，还见到几小群野鸭。别的什么也没看到，我说的是活物，甚至在牛群附近也没看到过牧人的身影。后来我想，个别牧人还是在的，要么在一个你无法看到的地方，远远注视着牛群，要么可能在远处的家里。只要附近没有狼群，牛群不一定要时刻盯着，牧人到天黑前再来，把牛群赶回去，就成。即使一整天不见，到天黑时它们会在哪个地方，牧人一般都能做出精确的判断，即便偶尔走偏了一

黄河源区印象

次，也不会走偏第二次。毕竟是旷野，站在高处一望，就会发现牛群在什么地方。

这是我最后一次去玛多三湖地区，也是第一次去卓陵湖。从那个方向一直往西偏南，就是黄河的源头，约古宗列曲和卡日曲都在那个方向。可是，从这个方向，我从未走到过黄河源头。以前，从这个方向往黄河源头，几乎没有路，尤其是夏天，前方河流密布，到处是沼泽和湖泊，很难穿越。据周保介绍，现在，河上都修了桥，一条公路已直通源头，即使开一辆小轿车都能顺顺当当地开到黄河源头了。但那还是我记忆中的黄河源头吗？

我是从另一个方向抵达黄河源头的。

2003年9月下旬，我从曲麻莱县城出发，再次踏上追寻黄河源头的艰难旅程，那里的海拔和玛多县城一样高。早上6点多起床，准备出发，快到中午了，我们才走出不到100公里的路。

说来蹊跷，我们一路向北，穿过秋智乡的广袤山野，行至巍峨的智西山脚下时，车就出故障了。智西山，山顶海拔超过5000米。我们就在这座山下的一块草地上啃着干粮，聊着这片草原上的事。据曲麻莱的朋友们讲，50年前，这里还没有人居住。这里现在的这些牧人是后来从四川和省内的果洛一带草原上迁徙而来的，他们曾属于很多个部落，到这里后才开始在同一片草原上生活。他们刚来的时候，这里的草原美极了，牧草茂盛得能盖住羊群，当初，他们就是冲着那草原来的……

这里还是长江水系，离黄河水系已经不远，翻过这座山，就要进入黄河流域了。而今，这里的生态环境已经严重退化，山坡上早已看不到牧草了。

那天，我有严重的高山反应，早上一起床，就恶心，且头痛欲裂，上车时，感觉差极了，但还是硬撑着出来了。在车上，我一直在犯迷糊，眼睛都快睁不开了，但我还是强忍着在看车窗以外的世界。一路走来，昔日牧草丰美的草原已经变成一片片不毛之地，石头、沙子铺天盖地，很多地方已经是寸草不生了。

那个地方的海拔不会超过4500米，在海拔5000米以下的地方，我从未有过如此强烈的高山反应，这是第一次。就想，我可能又要与黄河的源头擦肩而过了。冥冥之中也许有什么业障在阻挠我们前行，我注定了无法了却这个心愿。在我，这俨然是个约定，而对黄河，就不一定了。

黄河源头已近在咫尺，而我们却无法继续前行。就坐在山前的草地上，啃着干粮休息。这个时候，车的马达声响起来了，就在身边。草地上的一群人长出一口气，意识到，我们可以继续上路了。一刹那间，我突然感觉自己的高山反应已经随风飘散。后来，有人告诉我，那天，车辆只是突然熄火，没有发生故障。

我们开始翻越光秃秃的智西山，这座看上去并不起眼的山梁却是长江和黄河的分水岭，属巴颜喀拉山脉中段。上得那山顶，向山下望去，就是一片开阔的谷地，那谷地里就是连绵起伏的水草地，有翠绿的牧草生长。有河从西北面的山坡上流下，在那开阔的滩地上蜿蜒逶迤，在阳光下泛着银色的光芒，像乳汁。我被告知，那就是著名的卡日曲。它之所以著名是因为，它曾一度被确认为是黄河的正源。黄河何其伟大，卡日曲不能不著名。后来黄河的正源又改为约古宗列曲了，但是，黄河全长5464公里的长度却还是以卡日曲的源头算起。

其实，卡日曲被当作黄河正源也有其理由。它的源区各姿各雅山麓与约古宗列曲隔山相望，除却流域面积等其他一些因素之外，它和现在的黄河正源约古宗列曲不相上下。而且，随着黄河源区生态环境的急剧恶化，约古宗列曲所面临的灾难比之卡日曲更加严重，因而流程正在缩短，流量正在减少。相比之下，卡日曲的遭遇至少目前要稍稍好些。我担心在好多年之后，约古宗列曲又可能被卡日曲取而代之，再次成为黄河的正源。我更担心的是，在这种交替变更中黄河的源头将不知去向，从那片莽原上永远消失。在望见卡日曲的那一刻里，我才确信，我真的已经走近黄河的源头了。于是，就在心里对神圣的卡日曲默念：我终于来看你了。眼泪就从脸颊上悄然滚落。

和长江一样，黄河在它的源头也有三条源流，约古宗列曲、卡日曲和多曲分别是它的西源、中源和南源。自上世纪60年代以来，科学界有关何为黄河正源的争论就一直没有停止过，争论的焦点就是约古宗列曲和卡日曲。而且，那时候的一些文献资料给人的感觉是，在我们的科学家抵达源头之前，那里好像从未留下过人类的足迹。因为，他们总是以谁第一个或第二个到达源头的口吻在讲述那里的一切。其实，那里一直就有人类的活动。

相传格萨尔赛马称王的终点就在离黄河源头不远的地方，在玛曲河畔的一面山坡上有一处历史遗迹，据说就是格萨尔王的登基台。由此可见，那里不但一直就有人类繁衍生息，而且还曾经是青藏高原人类活动的一个中心。而且，黄河自源头至甘肃境内，一直被当地藏族称之为玛曲，至今还有两个县是以黄河的名字来命名的，它们是青海的玛多县和甘肃的玛曲县，玛多在藏语中就是黄河源头的意思，而玛曲就是黄河。我要去的麻多乡的名字就是玛多县名的来源。现在的行政区划把它们划在了两个县，而在以前，它们就是一个地方，它们的名字就是玛多草原。我相信，历史上的玛多（或麻多）草原不止仅限于今天的玛多县，它至少包括了今天曲麻莱县的一部分。

既然玛曲就是黄河，那么，它的源头自古就有定论，又何苦另寻烦恼。不过，这是科学家们的事，我是一个普通的人，我所要做的就是去看看源头的样子。我没有罗盘，也没有地面卫星定位仪，但只要有一个当地牧人引领，我就能找到它的所在。我就是专程来看黄河源头的，只是看看而已，看完了，就回去。

当然，在我们之前，已经有很多人到过黄河的源头，我们是后来者。那天，在翻越智西山时，我看见沿途盛开着硕大的金黄色花朵，枝株孤单，叶片稀少，茎干上长着密密的绒毛，它的学名叫黄花绿绒蒿。这种草本植物在青藏高原分布广泛，花开两种，除了黄色，还有开红花的，就叫红花绿绒蒿，属罂粟科，可入药。它的藏语名字可能更加响亮，不管开的是黄花还是红花，都叫格桑花。它可能是

黄河源区河谷 勒旺/摄

整个青藏高原上知名度最高的一种植物，因为被视为天赐祥瑞，千百年来，它的芳名一直就在传唱，真可谓是流芳百世了。

因为有吉祥的花朵相伴相随，身心的愉悦无以言表。等到在智西山顶停车四望时，眼前的山川和心中的大千世界都已幻化成一朵吉祥无边的格桑花了。从山顶下望，黄河源区山野尽收眼底。山下的开阔谷地之上绿草悠悠，午后浓烈透彻的阳光在山谷里汹涌升腾，有河从那谷地中央款款流淌，袅袅蜿蜒，从容飘渺，想象中的黄河源区就该是这般模样。一种妥帖与安慰，就随山野尽情舒展开来。卡日曲，这就是著名的卡日曲。

屏声静气。从卡日曲身边轻轻走过时，我有一种担心，生怕自己的走动会惊扰那一派极致的宁静，便希望自己是一片薄薄的云彩，径自飘远，悄无声息。那一刻，我似乎有所明悟：为什么，几千年来，一代代人要历尽艰辛，不远万里来找寻黄河的源头，可能就是为了找到这种宁静吧。这种宁静会唤醒一个人心灵深处那些最圣洁的记忆，即使这记忆已经消失在非常遥远的岁月里。它会在你的耳边轻声细语：你一路走来时曾经丢失了什么？你生命之初的纯洁在哪里受到了玷污？你灵魂的历程因为什么迷失了方向？你需要归属。需要全身心彻底的归属。

那样你的生命才会完整，那样你的精魂血脉才会找到源头。如果黄河是一棵树，这里就是它的根，而你就是这树上的一片树叶。

历史上有关黄河源头的探寻最早可以追溯到春秋战国时代，尔后的两千年间，导河自积石、河出昆仑之说一直盛行，但都是一个大致的猜想，却没有一个精确的经纬指向。黄河正源的首次确定已是上世纪60年代以后的事了。经过两千年的长途跋涉，人们终于走近大河之上的巴颜喀拉，找到了巴颜喀拉怀抱中的那些山泉。先是卡日曲，而后是约古宗列曲，一直沿用至今。而近些年，约古宗列曲的来水量日益减少，源头水源日益枯竭，黄河正源很有可能又要改回卡日曲了。但是，无论怎么改，在短时间里都出不了麻多乡的地界——如果整个地球表面不发生剧烈的地理和气候变故，大河之源最终的退守也不会越过扎陵湖、鄂陵湖、卓陵湖，不会越过巴颜喀拉的视野。

如果这里依然会有漫长的寒冷季节，如果西面的雅拉达泽峰——这座神圣阿尼玛卿的雪山之子依然高高耸立，如果地表之下的永冻层依然不会融化，那么这两片浩渺的水域以及上游的星宿海就不会彻底干涸，那么黄河之源就不会从更大的玛多草原上消失了。但是，你能确定大地之上究竟会不会发生剧烈的变故呢？或者它什么时候发生，是很久远，还是早已迫近？

尽管，行政区划意义上的麻多和玛多是两个截然不同的概念，但如果抛开了汉字层面上的区别，在纯粹的自然地理范畴之内，这却是同一个地名的两种不同书写，如果用藏文字来书写这两个地名，那么，麻多和玛多就没有丝毫的区别，麻多就是玛多，翻译成汉语都是"黄河的源头"。我所谓的遗憾就在这里纠结，一直在心里，挥之不去。

世界上把大河源头的确定一直被视为重大的地理发现，发源于本国国土之上的大河长度及源头地理坐标是一个国家最基本的地理数据之一。尤其像黄河这等伟大的河流，其源头的地理坐标对整个流域民族都是一个非常重要的精神参照，是民族心理和精神图腾的一个原始起点。从这个意义上讲，一条伟大河流起始的地方是何等的神圣？它不容有丝毫的含糊，更不能留有遗憾。

part three

那天下午 5 点多，我们终于赶到麻多乡政府所在地，从县城到麻多乡的 210 公里路，我们整整走了 10 个小时。稍事休息之后，已经日近黄昏。原本设想，当日就赶往约古宗列曲的。但是，从那里到约古宗列曲还有 50 多公里路，而且极为难走，通常都是骑马才能进去，但骑马至少要用一整天的时间。于是，我们不得不打消当天就赶往约古宗列曲的念头，决定先在麻多乡住上一夜，次日再做打算。于是，就在彭措达哇乡长的小屋里一边喝着奶茶，一边商量着第二天的行程，我的高山反应也已经减轻了许多。当晚，我和摄影记者安青就睡在乡上为我们腾出来的两张床上。

年保玉则一侧草原

临睡时，天气突变，下起了大雨。躺在那里，听着那雨声时，我们对第二天的行程无比担心。如果雨一直不停地下，我们就只有待在乡上干着急了。第二天醒来时，雨还没停，而且风声大作，我们的心情也就阴沉了下来。这样的天气，去源头是不大可能了。一早就去黄河源头的念头不得不再次打消时，我就想，难道我又要和约古宗列曲擦肩而过吗？幸运的是，雨不久便停了。我们于是便在雨停之后的浓云迷雾中穿过玛涌滩，去看黄河的源流和格萨尔赛马称王的登基台遗址。

一个小时后，我们就已在黄河边上了。黄河流过玛涌滩上的样子就像一条小溪水，我们在那伟大的溪水边停了许久，看它涓涓流淌的样子。约上午 11 点到达加改贡玛处的格萨尔登基台。登基台在一道山梁上，山梁上有白塔耸立。塔边，牧人用一面面经幡搭建而成的宝塔错落有致。清风拂过，经幡飘摇，宝塔起伏，像停泊港湾的帆船。站在那山梁上东望，扎陵湖就在天地相接处闪耀着金色的光芒。凝神聆听时，那久远的马蹄声就在我的耳边敲响。格萨尔王赛马的起点在果洛草原的爱迪，终点就是星宿海边的那道山梁。那是何等漫长的赛程？那是何等遥远的跋涉？我曾在长江边的克右日则神山寻访过格萨尔坐骑的踪迹，那时，我就想过，它是一匹怎样的神骏？在那高寒奇崛的莽原上千百年一路飞奔而来，到处都留下过它纵横驰骋的身影。

那天，在黄河以北的玛涌滩上，我们看到了一两片小小的湖泊。据介绍，那就是名传千古的星宿海的一角。以前，站在北面的山梁上望去，这片辽阔草原的众多湖泊就像夜空的繁星。如今，那灿烂星河中的许多星星已经黯淡消失。那片曾缀满星星的草原已成为不毛之地，沙砾遍野，生机尽失。但我们仍然看到了两只黑颈鹤，我试图想靠近它，给它们拍照，但是，我的计谋早被它们识破了，它们虽然没有飞走，但却一点一点地离我远去。我跟着它们走了将近一公里，几乎每走一步，脚都要陷进老鼠洞里，难以自拔。这时，前方就出现了一片湖泊，那鹤就径直走向了湖对岸，我想，这里就是它们的家了。

7月29日下午两点半，天开始放晴，我们便乘麻多乡那辆越野车直奔约古宗列。彭措达哇乡长凭借自己丰富的驾驶经验和对约古宗列地形及路线的熟悉，亲自为我们驾车并做向导。如果那天没有他，我们肯定是无法顺利抵达黄河源头的。就连他自己，在把车开到约古宗列腹地之前，对能否真正抵达源头也并无充分把握。

下午4点，我们翻越雅郭拉泽山顶，约古宗列就在这座高山和另一座更有名的高山雅拉达泽之间，是一片高原盆地，藏语中的意思是"炒青稞的锅"，位于盆地西北角的雅拉达泽，传说是阿尼玛卿之子，山名大概的意思可译为像野牛角一样的山峰。它与盆地西南角的雅郭拉泽一左一右，护佑着黄河源泉约古宗列曲，也守护着整个约古宗列草原。从这两座高山之名和昔日的约古宗列俯拾即是的巨大的野牛头颅，我们便不难想象这片草原上曾经野牦牛成群的壮观景象。而今野牦牛已经四散而去，被岁月风干的那些野牦牛的头颅也被人们悉数捡拾而去，挂在城里人的墙上了。但愿人们能从那头骨的纹络里读出母亲河之源的故事，进而时时地牵挂着母亲河的源头。

　　下午5点多，我们穿过盆地东部草原，一路向西，拐上一道山梁，远远地就望见有几排小瓦房，围着那几排小瓦房的院门前已站着一群人。走近一看才发现他们是在列队欢迎我们。这便是黄河源头的第一所小学，几十名学生和他们的老师还举着一条横幅，上面写着"黄河源人民欢迎您"的几个大字。盛情难却，我们不能不走进这所学校。前一天晚上，我们在乡政府见过学校校长子美老人，这个仪式是他特意安排的。这个时间，大江南北的学校都在放暑假，但黄河源头因为太寒冷，冬天无法正常上课，于是就把暑假挪到冬天和寒假一起放，而在暑假继续上下学期的课。这所没有暑假的学校当时只有4年的历史，最高的年级也就是三年级了。三个年级两个教室的学生总共只有43名，有4名老师为他们上课。因为所有学生都需要寄宿，老师们还得照顾他们的饮食起居。这些孩子最远的家在200公里以外。43名学生中有8名是孤儿，还有七八名只有父亲或母亲，绝大多数家境困难。这给学校带来了无法想象的沉重负担。子美老人说，这个学校对他们很重要，因为这是黄河源头的一所学校，还有着特殊的意义，他们很想把它办好。

　　这时太阳已经西沉，天色已经不早，我们在学校就没敢停留太长的时间，就出门继续往前。下午6点多，我们很顺利地抵达黄河正源的那几眼山泉处。站在黄河源泉的近旁，俯身那几股潺潺涓涓的细流时，我们只想号啕大哭。那是一处

神湖霞光　杨成存/摄

班玛仁拓神山　肖巴/摄

朝北面敞开着胸怀的小山洼，三面的山坡上直到山顶的草原植被已经完全消失，沙砾地上只残留着几株开着碎花的草本植物和一些地衣类的生物。江泽民题写的"黄河源"标志碑就立在那里，稍下方是胡耀邦题写的"黄河源头"碑，周围还有许多来自天南海北的黄河儿女们自发立在那里的小石碑。从那里顺着那几条细流望下去，约古宗列就从山脚下一直绵延开去，远处的滩地上一泓泓、一汪汪在夕阳下闪着银光的就是诸源流汇集而成的约古宗列曲了。平生第一次站在黄河之源的尽头，想起向它一路跋涉而来的艰辛和黄河流过中华大地的万里壮阔，想起黄河千万年奔流不息的历史和它今天所面临的灾难和危机，心中便涌流出万般滋味。我不愿相信但却不能不面对脚下那一片荒山秃岭就是黄河的源头。听说，很多人到此之后便情难自禁，号啕不止，更有痛不欲生者，想必他们曾经想象和魂牵梦绕的黄河源头一定是一片水汪汪、绿莹莹的世界。黄河之于中国是何等的神圣，黄河的源头怎能如此不堪。

一步一回头。当我们叩别黄河源头之后一路往回时，又好几次停下来回望那一片山野。从那一刻起，黄河源头就成了心上的一个伤口。

晚上快8点时，我们再次回到那所小学与那些孩子们告别，但老师们已经为我们准备了晚饭。炒了三盘菜，煮了米饭。那三盘菜全是洋葱炒羊肉，分别盛在一个小碟子、一个小塑料盆和一个小瓷盆里，在一张破旧的课桌上一溜儿高低起伏着。我们一边吃饭，一边跟老师们聊着学校的事，心里还牵挂着黄河的源头，心情格外沉重。在告别那些孩子时，他们一声声地喊着"叔叔，再见"，但却久久地握住你的手不放，他们的小手像一只只鸟儿在我们的眼前此起彼伏。从学校出来，走了很远，孩子们的稚嫩的声音还在耳边回响。

走出约古宗列时，我们再次停下来，回望那片神奇的土地。此时，太阳已落在雅拉达泽神山的山顶上了，一片长云横贯西面的天际，遮住了半轮夕阳，使整个天空都被晚霞映衬出一道道金色的光芒，雅拉达泽尖尖的峰顶在那圣洁的霞光中熠熠生辉。于是，我们又再次停下，让自己的心灵沐浴在那一派光辉当中，流连不已。直到那光芒一点点退隐到雅拉达泽的身后时，我们还在痴痴地凝望着那金色的山峰。

晚上9点15分，我们最后一次跨过黄河源约古宗列曲。此时，夜幕已经全然降临，天空中已有星光闪烁，四周已是一片黑暗。我们在黑暗中摸索着寻找回去的路。夜里11点多，我们终于又回到麻多乡政府。

乡政府前面有一排小平房，住着一些五保户老人，其中就有80岁高龄的藏族老阿妈王洛。次日晨，她在那间只能供一个外人坐着的小土屋里接受我的采访，陪我的乡干部和随我们走进去的两个牧人就一直站着，听我们说话。她告诉我，她年轻的时候，玛涌滩、约古宗列一带的牧草高得能打到马肚子，而现在连地皮都盖不住了。野生动物们已经看不到了，很多的小河流也已经干涸了。而且，风越来越大，雨水越来越少。草山一片片从眼前消失了。而老鼠和毛毛虫却一天天向人们逼近，让人感到恐惧和不安。王洛老阿妈缩在她的炕头上给我讲述着一切时，那扇小窗户里漏进来的一缕亮光照在她的身上。她是这一带岁数最大的老人，头发已经全白了，额上和脸上是一道道纵横密布的皱纹，粗糙的双手上血管暴突。她凝神回忆着往昔的岁月，讲述有关黄河源头的事情时，就仿佛在讲自己的故事，伤感而专注。

也许是因为我出生的地方离黄河很近的缘故，对我而言，它不只是一条河流，流淌在大地上，更流淌在心里。在很小的时候，我从老家山坡上第一次望见黄河的那一刻，它就已经是我生命与灵魂的一个图腾。我所有的情愫与梦想都能在对黄河的依恋中找到最初的那一抹底色。我想，对一个人的生命历程而言，那肯定是一个事先无法料想其深刻程度的精神起点和指引。那种千折百回的跋涉就是一个启迪与暗示。所以，我对黄河一直满怀敬畏。当我有幸能走向黄河的源头时，我其实就在一条朝圣的路上。河有源，而朝圣之路却没有尽头。

如果我的期待是一粒种子，在抵达约古宗列曲之前，它早已经长成了一片广阔的草原。我是穿越了这片广阔的草原才走近约古宗列曲的。但是，当我真正站在约古宗列曲点点滴滴从地底下涌出的那个地方时，那片广阔的草原却一下子就变成了一个噩梦。要是我一个人在那里，面对雅拉达泽山麓那荒凉的沙地和那一眼山泉，即使有那些写着"黄河源头"字样的大小石碑为证，我也断不敢相信那里就是万里黄河的源头。那是一眼很普通的山泉，水流很小很细，一抬腿就会跨过，腿不用抬很高，平时走路的样子就行。不一会儿，我们几个人已经从那"黄河"的身上来来回回地过了十几次。黄河怎堪这等胯下之辱？从那山坡顶望向西南，可看到一道高高弓起的山脊，那就是雅郭拉泽，那是一座以野牦牛的名字来命名的大山。

但它是黄河。我在那黄河源泉附近的山坡上，只看到了孤零零仅存的几种植物，有一种我能叫出名字，是独一味，圆圆的、大大的叶子贴着地面，几片叶子围成了一个圆盘，一朵花就开在那圆盘中间。还有一种植物，我叫不出名字，也紧贴着地表生长，长得非常壮硕，它的叶子都像一个小喇叭，这些小喇叭密扎扎地挤在一起，不留丝毫空隙，站远一点看过去，它就像是从地面上鼓出来的，一层细碎的花朵就在那个翠绿的"疙瘩"上灿若星辰。多年之后，我才知道它叫雪灵芝，属石竹科开花植物。我相信，这都是些古老的植物，它们生长的岁月可能和黄河一样古老久远。在牧草茂盛的草原上，一般很难看到它们的身影，是草原的消退给它们带来了可以恣意生长的空间机会。它们用自己的繁茂记录了黄河日渐干枯的历史。

在约古宗列腹地，我捡到了一具硕大的野牦牛头骨，头骨表层已经开始风化，其形却依然完好无损,其状肃穆,两只犄角顶向苍茫,两只眼孔将看不见的目光射向四极八荒。我不知道,它是否就是雅郭拉泽的后裔,但是,我确定它们之间有着生命的联系。野牦牛头骨在藏区享有神灵一样的礼遇,就像是玛雅的水晶头骨,它们常常被摆放在寺庙、天葬台和鄂博前,供人顶礼和膜拜。那么,它们的存在是否也是一种大自然的预言呢?若是,它们又想告诉我们一些什么样的秘密呢?那些秘密与我们的过去、现在和未来又有怎样神秘的联系呢?毕竟,它们见证了一切。

山河的沉浮在人与自然的对决中尽情展现。最终,草原以牧草败退的方式宣告大自然的败落,花朵以盛开娇艳的方式演绎大自然的不幸,而人类却用苦苦寻找的方式来证明自己对大自然的背叛和远离。

雪山、湖泊和溪流、山泉装点的巴颜喀拉草原美丽圣洁——我一直希望能用这样干净的文字来描述黄河的源头,因为,曾经的黄河源头就是这个样子。但是,当我真正面对今天的黄河源头时,却无言以对,甚至欲哭无泪,失语,失声,失忆,悲痛欲绝。

黄河一路向东出玛多草原,迎面就遇上了巍峨雄壮的阿尼玛卿。冰雪皑皑的

彩霞黄河　尔科/摄

阿尼玛卿身披银色铠甲，像一位威武的将军站在那里，挡住了它的去路。也许它早就知道会有什么样的命运在等着黄河，所以就不愿让黄河离开这片草原。

但是，黄河已经踏上千万里浩浩东流的征程，它不愿意就此停住自己的脚步。无论阿尼玛卿怎么挽留，都没能改变它的初衷。它向南夺路而去，阿尼玛卿也一路向南形影相随，不忍不舍，不离不弃，一直出了果洛。

至河曲时，已走过整整千五百里路。阿尼玛卿终于停住脚步，黄河则绕过一侧，想奔流而去，却又给阿尼玛卿拽住，拖了回来。于是又从阿尼玛卿的另一侧一路向北，差不多又回到了阿尼玛卿当初挽留它的那个地方，才停住。从那里向东，纵深的长峡为它展现出前所未有的前景。黄河注定了要从这里横贯古老的东方大陆，世界注定了要从这里开始聆听北部中国的空谷绝响。东方文明的万家灯火就在大河谷地点燃，上下五千年，一路灿烂。

直到这里，黄河此前所流过的土地都叫果洛，或者玛域，如果从地理意义上给它们一个相对直白的诠释或者意译，那就是黄河源区，就是巴颜喀拉大草原，就是大河之上。

直到这里，直到上世纪后半叶，大河之上的所有河段、河道除了桥梁，几乎没有任何其他现代建筑物，黄河依然像千万年以来的样子在原有的河床上静静流淌。河岸上绵延着草原，碧草连天。长风吹过，牧帐飘摇，炊烟飘散，畜群浮现，庙宇之侧的白塔飘落梵音天籁。草原深处有雪山耸立，白云在山顶上飘荡，朝霞夕阳映照悠悠岁月，日月星辰灿烂苍茫山河。河谷山坡上有森林覆盖，云杉、柏树、杜鹃和无边的灌丛把收集的阳光雨露回赠给江河与大地。林间空地上，一群蝴蝶正在嬉戏一头睡着的野鹿，禁不住笑声的鸟儿们在林梢雀跃着，不小心抖落了几片阳光、一串露珠，落在一片花草上，激起一层细浪。

直到这里，直到这时，黄河还是那条曾经的大河，黄河依然还在流淌。记住，是流淌。流淌是河流最本真原始的秉性，如果失去流淌，河流就不再是河流，黄河也不再是黄河。可是今天，出了果洛，黄河已经不再流淌，它被拦堵于一座座水泥大坝之内，变成了一片片高峡平湖。如果把那水泥大坝想象成自然形成的一道道山梁，我想，那一定是大禹治水或更早以前黄河的样子了。

慈悲万物的尘世境遇

——生态语境下藏地果洛的人与自然

当慈悲遇到万物的痛苦时

——嘉阳东云的自然保护之旅和悲悯情怀

part one

　　史提芬·雷温说："当你的恐惧碰到别人的痛苦时，它就变成怜悯；当你的爱心碰到别人的痛苦时，它就变成慈悲。"我曾设想过，假如史提芬·雷温能看到今天的世界，并把所要面对的痛苦不要只限定在人类身上，而是逐渐放大，直到它能涵盖所有的生命，包括整个地球生物圈，乃至整个自然界和宇宙万物，那么，他就会发现，也许所有生命体包括整个自然界也一直面临痛苦，而且，这种痛苦正在日益加剧。

　　在见到夏日乎寺活佛嘉阳东云之后的这些日子里，我一直在想，也许他正是一个具有如此大慈悲的人。我曾在电话中听到他的柔声细语，语气中充满谦和与内敛，感觉他随时都在准备着倾听你的心声而不是诉说，每一句话、每一个字都透着关切。由此，我想象他的模样，应该是瘦小而安详，清癯而平和，圣洁而孤独。但是，当我抵达他身边的时候，我所看到的情景还是稍稍出乎我的意料。一袭绛红袈裟裹着他清瘦高大的身躯，硕大的头颅以及宽阔的额头和脸庞像岩石一样粗糙，还有那一双大手——在与之紧紧相握的一刹那，我感觉到了只有重体力

嘉阳东云在工地上给我介绍建设中的垃圾回收分拣站

劳动者手上才有的那种力量——只有从那一双眼睛里，你会看到一颗无比圣洁的心灵才能焕发出来的明亮，像露珠，像星光，柔和而清澈，深邃而安详，自在而宁静，我相信，那就是慈悲的光明。在与他相处和交谈时，那目光从来不会飘忽不定，即使他并不真的看你时，你也时刻会感受到那目光的注视。那目光好像不是看过来或是瞅过来的，而是洒落下来的，像雨，像灯盏，像阳光，像星辉，让人温暖和安静。

　　出甘德县城，沿西柯河一直往东，至黄河边上再继续前行，到岗龙乡境内的班玛仁拓山前，便是夏日乎寺了。夏日乎寺是甘德地区唯一的格鲁派寺院，位于甘德县岗龙乡黄河西岸的隆木切沟口，距甘德县城70公里，1804年由杰仓格西格勒桑保创建。寺院依山而建，右侧山坡下是一面峭立的悬崖，一条简易公路从寺院门前经过，公路就在黄河的河岸上。站在那公路上，便能切近地凝视在眼底下缓缓流淌的黄河。河谷两岸，山脉绵延，这边是甘德，那边就是久治。那天正午时分，我们抵达那个地方。亲自驾车并为我担任向导兼翻译的果洛州文联主席

夏日乎寺　肖巴/摄

沙日才先生，径直将车开到寺院大经堂边上才停下，那里没有人，却见七八只黄羊在寺院里随处走动，啃噬青草。稍远处的岩壁上，还有若干岩羊或静静站立，或静静安卧，有一只岩羊还歪过头来特意看了我们一眼，并伸了伸懒腰。我们不约而同地朝着那几只黄羊所在的方向走过去，直走到它们身边，它们只是稍稍挪动了一下细碎的脚步，但并没有一点惊慌的样子，好像我们之间并不存在太大的障碍和太远的距离。请别小看了这一小小的举动，它昭示的是一种大景致、大安详。我敢说，除却此地，在当下世界的任何一个地方，这种画面很难再出现了。

沙日才先生此前已经来过这里，他说，今天看到的黄羊和岩羊并不是很多，有时候会有上百只的一大群黄羊或岩羊在这寺院上，偶尔还会有其他野生动物也在这里自由地走来走去。虽然，之前我对夏日乎寺僧众与野生动物无比亲近的事也有所耳闻，但如不是亲眼所见，这等情景还是超乎我的想象。沙日才先生已经给嘉阳东云活佛打过电话，说他在工地上，一会儿就到。我们一边等他来，一边继续在大经堂边上踱步，也让自己的思绪在那山野之间随目光游走。

这时，一个僧人匆匆走来。但他并不是嘉阳东云，他特意来告诉我们，嘉阳东云正从一个工地上往这里赶过来，那里正在建一处垃圾分拣站，他去现场看施工进展情况。我在心里说，这样的小事，还需要一个寺院的主持活佛去亲自操心吗？但并未将这样的话说出口。不一会儿，嘉阳东云已经手捧哈达飘然而至，我们握手，而后是他依然柔声细语的问候。因为正好是午饭时候，找了个地方坐下来之后，他一边张罗吃饭的事，一边忙不迭地解释说，寺院上除了简单的素斋饭，没有其他食物，并一再地表示歉意——我们为他的歉意深感羞愧。在用餐时，我才得知，这座寺院自创建以来，全寺僧众一直秉承素食传统，无一例外，且每月有八天每天只用一餐，这一餐由寺院统一供养，二百余年从未间断过。不仅如此，寺院所有僧人都不穿皮袄。吃素是为了不杀生，不穿皮衣也是为了避免杀生。我无法想象，这是一种何等样的持守，不禁肃然。

饭毕，真正的交谈才算开始。能听得出来，嘉阳东云可用汉语交流，但他担心会说不好，坚持要用藏语，沙日才就把他的话翻译给我听。在谈到一些事情时，他不时地会打开平板电脑上的一些拍摄的图片让我看，那些图片上所看到的正是他正在讲到的事发现场。也许是为了强调他谈话内容的真实性，他想让我们尽可能地回到历史现场，回到曾经的当下，去感受他所经历的那些事。除了草原、雪山、河流、湖泊以及高原动植物等自然景观的图片之外，我们所看到的都是一次次环保行动。

一组图片上全是嘉阳东云带领僧众和当地群众捡拾垃圾的画面。嘉阳东云打开其中的一幅图片至少让我看了三次，前两次，我只是匆匆瞥了一眼，没仔细看。

为动物供奉的嘛呢石

夏日乎寺的僧人在为野生动物疗伤　嘉阳东云／摄

第三次，他指着图片上的一个地方让我看，这次，我看清楚了，那是一个五六岁小女孩。画面上，一位年轻母亲牵着小女孩的一只小手，旁边一位身穿白大褂的男子正俯下身来，将几块糖果塞到小女孩手里。小女孩穿着小藏袍，小藏袍的领口翻开了，几只沾满污垢的空塑料瓶紧贴着孩子的内衣，像宝贝样直接揣在怀里。嘉阳东云说，受他们的影响，一些孩子和老人也加入到他们捡拾垃圾的行列里来，让他很感动，他们特意准备了一些糖果给这样的孩子和老人，算是对他们这种善举的一种奖赏。我久久地盯着这个画面，情难自禁。当目光再次落在那几只塑料瓶上时，我的眼泪一下就流了出来。

捡拾垃圾只是嘉阳东云活佛一系列环保行动中的一个重要方面。他第一次带领夏日乎寺僧众捡拾垃圾还是十年前的事了。那时，寺院前面的黄河滩地已经堆满了从上游河谷冲下来的垃圾，大多是饮料瓶、包装袋等废旧塑料垃圾，当然，还有其他五花八门的垃圾，譬如破旧衣物、鞋袜等，而且，越堆越多，几乎盖住了整个河岸。经过一番仔细察看之后，嘉阳东云决定发动寺院僧众去清理那满河道的垃圾，在得到僧众的响应和支持以后，第一次捡拾垃圾的行动便在那段黄河谷地开始了。

捡拾垃圾的队伍从夏日乎寺上游20公里处摆开阵势，往下游河道逐步推进，一直到下藏科乡约80公里的河道，一段一段彻底清理，连每一块石头底下的垃圾都没有放过。他们整整用了半个月时间才把这段河道的垃圾彻底清理完毕。一开始捡拾垃圾的全是寺院的僧人，后来不断有附近藏族民众自觉参与进来，到最后，当地几乎所有男女老幼都加入到这次捡拾垃圾的队伍中了。这次行动在当地堪称一次史无前例的壮举。

但是，接下来遇到的一个问题使嘉阳东云颇为尴尬。他们前后共捡拾、清理黄河河道垃圾百余吨，那些垃圾堆放在一起像一座山一样高。他们无法自行处理这些垃圾，在当时别说是甘德县，整个果洛藏族自治州全境也没有能处理这么多垃圾的地方，而且，他们也没有远距离运送垃圾的设备和条件。怎么办？总不能将那堆积如山的垃圾放在那里吧。不得已，最后，嘉阳东云决定将它付之一炬。

之前，他想到过焚烧垃圾可能会污染空气，但是，当那滚滚浓烟笼罩着半个天空的时候，他才意识到，清理垃圾并不像自己想象的那么简单。他们清理掉了河道的垃圾，河道干净了，河水污染的问题得以解决，但是，焚烧垃圾却污染了天空，真是臭气熏天啊！而从得失来看，也许天空的污染比河道的污染更加严重。可是，事已至此，已经没有退路，只能慢慢等待那浓烟散尽。好像过了很多天，嘉阳东云感觉依然能闻到那刺鼻的臭味儿。甚至在多年以后，一想起那情景，他感觉那臭气依然在那河谷里弥漫。直到今天，想起这件事时，嘉阳东云依然心有余悸。

对嘉阳东云来说，这是一次特殊的经历。作为一个僧人、一个活佛，他毕生修行弘法的誓愿就是让众生脱离苦海，为此，他自己愿意成为一粒惠泽万物的种子、一个福报众生的因缘、一盏烛照黑暗的光明。他发愿清净自然，所以号令清除河道垃圾污垢，可是，却因为焚烧垃圾而污染了天空。一个缘起善的因，却导致一个恶的果。这是一个深刻的教训。但是，这次教训却开启了嘉阳东云活佛自然生态保护的一段光辉旅程。

他在夏日乎寺发起成立了一个民间环保组织——班玛仁拓野生动植物保护协会。从那之后，他们依然捡拾垃圾，近十年间，从未间断过，前后捡拾的垃圾可能已经超过千吨，都是他们用双手捡拾和分类的。他们还把捡拾垃圾的区域范围从黄河河道向黄河两岸的山野和草原不断扩展，除了寺院和协会自己捡拾以外，也积极倡导民众的自觉参与。到后来，他们捡拾垃圾的区域已经扩展到夏日乎寺周边方圆数百公里的广阔草原。在他们的影响和带动下，周边民众成为当地最主要的环保力量，现在很多原来遍地垃圾的定居点和牧业点上已经看不到塑料垃圾了。而且，所捡拾垃圾一律进行仔细分类，而后运送到县城或州府所在地进行无害化处理，大量可回收垃圾还带来了一定收益，可减轻一点负担。运送一车六吨重的塑料垃圾，需要支出600元左右的费用，卖掉之后可收回200元左右。这样算下来，每运出一车垃圾的实际费用就降到了400元左右。

当然，捡拾垃圾并不是嘉阳东云生态环境保护事业的全部，自然万物或者有情众生的永久安详才是他心中的理想。从这个意义上说，当下世界所推崇的生态环境保护思想并不是一个新鲜的概念，至少在他看来是这样。像捡拾垃圾、保护动植物、保护水源、呵护生存环境，如果把这些行为看作是人类文明自我省察和矫正的一种自觉行动，那么，这行动其实可以追溯到更加久远的年代，譬如夏日

班玛仁拓的夏天是一首宁静的诗　嘉阳东云/摄

乎寺创建的年代，譬如释迦牟尼诞生后的年代——因为自此以后，信奉众生平等的思想就从未消弭过，至少在青藏高原这样的地方有很多人从未放弃过这种信仰。

就整个地球而言，众生平等的理想虽然从未真正实现过——至少在人类社会中是这样，但是，即使在今天看来，你都不能简单地说这是一个错误的想法。而在未来，以目前地球生物圈所面临的诸多灾难性环境问题推想，最终，我们也许会说，如果能真正实现众生平等，对地球万物（包括人类）来说，未必是一件坏事。那样，至少人类不会继续肆意妄为，将自己推向灾难。我们必须相信，如果地球上最后只剩下一滴水，那一定是我们的眼泪。到了那个时候，我们还拿什么来拯救自己？救赎一定得在还来得及的时候尽早开始，因为，最后没有救赎。

parttwo

嘉阳东云是一个僧人、一个活佛，当然也是一个人、一个普通的公民，像任何一个普通公民一样，也持有户口本和居民身份证。但在世人眼里，他无疑又是一个有着特殊身份和地位的人，有着常人难以完全理解的地方。但嘉阳东云让人感动的是，他一直在用更大的热情主动地投身社会，用自己的方式竭尽全力造福于生灵万物，无怨无悔。他知道，一个人靠自己的力量改变不了世界，但却不能因此而什么都不做，而是要从自己身边的事，一点一滴地做，譬如保护一种动物、一种植物、一段河道。当所有人都这样做的时候，世界就会充满吉祥和安宁。一个家是这样，一个地方是这样，一个社会是这样，一个民族是这样，一个国家是这样，整个世界也是这样。

所以，他把自己所秉持的一种信念与现代社会所面临的诸多问题进行主动对接，并以现代人类文明理念将这种信念自觉付诸行动，试图以更加直接有效的方式去感化、教化、影响和改变现代人类的失当行为，从而缓解人与自然万物日益尖锐的矛盾，为这个世界提供有益的借鉴和示范经验。

那天下午，与嘉阳东云的交谈暂告一段落之后，我和沙日才先生还到班玛仁拓山的山坡上走了很长时间。走到半山腰的时候，日头已经西斜，阳光斜斜地洒落在山坡上，让每一株青草都透着光亮。从那山坡上伫望，不远处的一道山梁上，一群黄羊立于天地之间，像一幅剪影，如梦如幻。

岩羊是班玛仁拓神山安详的子民，一年四季，几百只乃至上千只一群的黄羊和岩羊随处可见。据说，山上还有雪豹、棕熊、猞猁等多种野生动物，鸟儿的种类就更多了。我见过的很多人都认为，数量众多的野生动物之所以喜欢栖息于班玛仁拓，主要的原因与山下的夏日乎寺有关。寺院上的僧人一直将它们看作是自己的朋友甚至同类，都以为它们提供庇护和关怀为己任。因为和人类一样，它们也是生命，生命与生命没有分别。

生灵万物之间没有分别心，它们互为赖以生存的基础和前提，因而理应充满友爱，这种情怀就是慈悲。以前，这里曾经也有过猎人，一听到远处有枪声，所有野生动物都会向寺院方向跑来，好像离寺院越近越安全。慢慢地，寺院似乎就成了它们最后的一道防线。这些年，随着枪支的收缴，猎杀野生动物的事也已经非常少了，但是，这些生灵还是愿意守在寺院附近。即使有时候走远了，隔几天也一定会回到寺院来。

很显然，嘉阳东云他们早已感觉到了来自这些野生生物的一种信赖，这是一种缘于心灵深处的信任。他们只有满怀敬畏和慈悲，更加友善地与它们朝夕相处，

班玛仁拓的岩羊群　嘉阳东云 / 摄

夏日乎寺　嘉阳东云/摄

乃至相濡以沫，施以无私的呵护和关爱，才能不辜负它们的信任。无论是岩羊和黄羊，还是别的什么野生或家养的动物，在世人眼里，统统都视之为畜生，是任人宰割的对象。也许我们从未设想过这样一个问题，那就是这些畜生也会信任我们。可是，嘉阳东云他们懂得它们的信任，而且，从未怀疑过。

于是，我还想到过另一个问题，当下世界，人与人之间尚且缺乏信任，况乎其他。他们会不会是这个世界上最值得信任和可靠的人呢？毫无疑问，应该是的。

因为有那么多野生动物经常光顾寺院，像回家一样，所有僧人都视之为吉祥，都格外珍惜这份眷顾和情缘。每年10月份之后的约半年时间，草原上牧草枯黄，食物减少，寺院僧人就会到山上给小岩羊、小黄羊们喂特意准备的饲草和饲料。嘉阳东云说，每年寺院会自筹资金购买大量饲草料，保证这些动物们熬过漫长的冬季。每年夏季的产羔季节，岩羊和黄羊还会到寺院后面的岩壁山洞里产羔，僧人们发现后，便会去赶走附近的野狗和老鹰，以保障小羊羔的安全。

班玛仁拓山麓牧草丰美，以前每到夏天，周边牧人都会到这里牧放牛羊，为了保证山上岩羊和黄羊们的生活不受侵扰，寺院给牧民做工作之后，家养牲畜再也没有出现在那山坡上。在青海省林业部门的支持下，夏日乎寺还在寺院内专门修建了5间活动板房，设立了野生动物救护中心，寺院藏医在这里义务救助所有受伤的野生动物。在冬天，每当大雪覆盖山野时，有的小羊羔容易患上雪盲，僧

它在倾听高山流水　嘉阳东云/摄　　　　　　　　　　藏鸲　嘉阳东云/摄

人们都会自觉到山上救治。

　　受嘉阳东云他们的感召和影响，近些年，夏日乎寺周边牧民保护野生动物和生态环境的意识也越来越增强，好几个牧委会都有牧民自发组织巡山，保护野生动物。他们估计，如今在班玛仁拓山上的岩羊数量可能已恢复到3万只以上，其他野生动物的数量也明显增加。

　　那天傍晚，在夏日乎寺前行走时，我突然发现，寺院跟前还有很多闲逛的野狗。当晚，我们住在寺院前面一家刚建好的小宾馆里，因为房间里的电灯不亮，就早早躺下睡了。可是，一躺下，我就感觉到这一夜将很难入睡。除了身体的原因之外，那些野狗也没打算让我们睡安稳。我先是听到，它们在我窗外楼下的空地上撒野地追逐嬉闹，尔后，它们开始不停地打架撕咬，一直到凌晨一二点，它们依然没有丝毫要停下来的意思。

　　次日早上见到嘉阳东云时，我们谈到了那些野狗，没想到，他也正为此犯愁。他说，这些野狗的数量越来越多，已经严重威胁到那些野生动物的安全，尤其是在产羔的季节。作为一名僧人，他对此没有丝毫办法。于他而言，那些野生动物是生命，这些无家可归的流浪野狗也是生命。他不能厚此薄彼，更不能采取其他方式，譬如把野狗赶到很远的地方，或者猎杀野狗。但是，一种冲突已经在眼前确实发生了，这使他陷入了一种困惑，一种缘自生命的困惑，难以两全。最后，他无奈地说，只好顺其自然，也许一切自有定数，就看它们自己的造化了。

过了些日子，再次见到嘉阳东云时，他说，已经想到一个万全之策，他要给每一条流浪狗找一户人家养起来。具体实施方案正在进一步酝酿，一些细节问题已经在微信群里展开讨论。寺院内已经有二十余名僧人积极响应，愿意在自己的老家领养一条流浪狗。听到消息，附近的牧户也表示愿意领养。也许过不了多久，夏日乎寺周围的那些流浪狗就会有一个家了。

这样一来，山上山下的那些野生动物们再也不用担惊受怕了。嘉阳东云说，这是生命与生命之间一种莫大的缘分，于那些野狗是一种福报，于那些人家也是一种福报，善莫大焉。为了彻底消除由此带来的隐患和野狗领养者的后顾之忧，他将设法定期筹措一定的财物，为每一户领养野狗的善良人家提供力所能及的补偿，以对他们的善举表达他的敬意和感恩。

离开夏日乎寺之前，我们特意去看了一下正在建设中的那个垃圾分类存放站。它由六间连成一排的房屋组成，每间房屋约 15 平方米，高 3 米。建成后，他们要把所有捡拾来的可回收垃圾分成六大类存放，等积到一定的量，再把它们运送出去，实现所有垃圾的回收利用。之前，三江源生态保护基金会为他们捐赠了一辆垃圾运输车，垃圾运送难的问题也已得到解决。嘉阳东云在那工地上不停地走动着，指指点点地介绍每一个房间的具体用处，说这里要堆放金属垃圾，那里要堆放塑料垃圾。这是我第一次听一个活佛说怎么处理垃圾的事，也是第一次看到一个活佛亲自操心处理垃圾的事。我想，这一定是因为现实世界的肮脏已经到了不可收拾的地步，以至于即使一个活佛也不能不费心尽力了。

part three

我先后去过两次夏日乎寺，一次是 2016 年 5 月，第二次是 2017 年 9 月。第一次因为身体原因，只住了两三天就离开了，第二次去时，多住了几日。第二次，我是9月16日到夏日乎寺的,此前,与嘉阳东云通过电话,他在西宁。他说,第二天尽量赶回来。我就去了,可他还没回来。17日早晨,我在寺前那家小旅社吃早餐时,他急急忙忙地赶来,说昨天夜里到大武时已经半夜,就住下了,天一亮就赶过来了。

等我吃完早饭,我们就去了他的班玛仁拓野生动植物保护协会,他准备在那里建一个图书室,已经有一些藏书。这次去西宁,别人又送了一些旧书刊,他要放到那里去。图书室在保护协会办公的那一排平房里面,大小比一间普通的教室还要小一些。两面墙上已经装了满墙到顶的书架,大部分书架上已经摆放着各类图书,有一些藏文书籍是新的,还有很多汉文图书,大多是旧的。还空着一些地方,我们就把他新找来的那些图书摆到书架上。图书室中间摆放着几张长条茶几样的桌案,周围摆放着一圈小椅子。嘉阳东云说,这是供人阅读的地方,准备在其余空地上铺上毯子,再放几张小桌子,这样一次至少可容纳一二十人在这里阅读。如果来看书的人多,坐不下,旁边还有一两间小一点的屋子,也可腾出来当阅览室。

帮他往书架上摆书时,我看到他这次找来的图书中有一本刚刚印出来的新书,是三联书店出的《第三极的馈赠》,作者是世界著名自然博物学家乔治·夏勒博士。我曾有幸与乔治·夏勒先生做过一次深入交谈,他曾谈到过这部书,他说,三联书店正在给他出一本书,随后我一直在找这本书,却没有找到,没想到会在这里看到。书是一个月前才印出来的,难怪我找不到。书还没有开封,我撕开了包在上面的塑料膜,翻开来浏览,里面有不少插图页,第377页前的一幅图片上有两顶帐篷,帐篷前站着四个僧人,僧人前是一群高山兀鹫,我粗略数了数,约有30只左右。图下方有一行图注:"夏日寺的喇嘛为全无戒心的高山兀鹫喂食——一幅自然与人类和谐相处的理想画卷"。

细看,四个僧人中右侧第一位像嘉阳东云。因为嘉阳东云也拍过一幅类似的图片,图片上一群僧人坐在山坡上,僧人身前是一群高山兀鹫,只是数量更多。便以为那就是嘉阳东云,就把这事告诉了他,他很高兴,说这本书是一位朋友送的,他还没来得及看。但是,我读过这部书之后,才发现夏勒所写所拍的夏日寺

雪豹　嘉阳东云/摄

并非嘉阳东云的夏日乎寺，而是位于玉树治多、曲玛莱交界处长江岸边的夏日寺。我这才想起，夏日寺活佛秋松卧色（已圆寂）也曾是一位致力于生态保护的高僧。不过，即使误读，把有关夏日寺僧人给高山兀鹫喂食的那幅图片当成夏日乎寺僧人的故事，也并无大碍。因为，这样的事在这里也发生过，甚至经常发生。

近30余年间，乔治·夏勒一直在青藏高原做野生生物调查和研究，因为共同的理想，他与藏地很多人成了朋友，其中有果洛的嘉阳东云和扎西桑俄等。从他为那幅图所写的图注，我们就能看出，这位世界伟大的野生生物学家对秋松卧色和嘉阳东云他们所付出努力的充分肯定和赞许。"佛教的精神信仰为青藏高原的保护工作构筑了理想的基础。虽然自然保护必须以科学为根本，但这也是一个涵盖了美、伦理及精神价值的道德议题。宗教所关爱的不仅仅是人类，也包括一切动物草木，将万物纳为一个共同体。如此一来，每一个人都对这片土地负有一分责任。如书中所述，我结识的一些藏区居民，包括普通民众和僧侣，已将这种伦理关系印刻在他们的心上。"（引自乔治·夏勒《第三极的馈赠》）

我们正在图书室忙活的时候，嘉阳东云接到一个电话，说是工地上有点事需要他去处理，我们便赶去工地。政府正在夏日乎寺实施一项寺院道路硬化工程，以后寺院里面的那些小巷里都是水泥路了。全寺僧众都为之欢欣鼓舞，以后在雨雪天出门就不会踩着两脚泥了。

但是，嘉阳东云却并不大乐意，他为路边的那些草地惋惜——从此以后寺院的巷道里再也见不着青草了。在他看来那每一株青草、每一片草叶、每一朵碎小的野花都是生命，如果让他选择，他宁肯要那些花草，也不要水泥路面。雨雪天踩着两脚泥也没什么大不了的，它会让自己的生命时刻与天地万物紧密地联系在一起。可是，所有的僧人都支持硬化项目，他一个人拗不过大家。

工地上，寺管会的几位负责人和施工人员正聚在一个地方，讨论水泥路在经过那个地方时，要不要拐个弯。如不拐弯，旁边的一个嘛呢石堆就要受到损坏，如要拐弯，路就不好看。双方各执一词，争执不下，他们请嘉阳东云定夺。听完大家的意见，嘉阳东云说还是稍稍拐个弯好。因为那个嘛呢石堆是寺院的一个标志，是寺院创建后不久就有了，已经有几百年的历史，不能动。而一条路有一些弯道，不会有什么影响，况且，这还是一条寺院里面的巷道，应最大限度地保护原有的整体景观。事情就这样定了。

嘉阳东云他们盘腿坐在草地上说话时，我就站在他们后面，一边听他们说话，一边望着寺院后面陡峭的山崖，一片云彩停在山崖之上，几只岩羊正站在那崖头上看那片云彩。

这次去夏日乎寺之前，我就有一个想法。在寺院住下之后，至少用一两天时间，从早到晚都待在嘉阳东云身边，看看一个活佛的一天是怎

格桑花开　嘉阳东云／摄

度过的。我想，这对了解一位活佛的生活和他所在的那个世界是至关重要的。虽然，他们每一天的主要经历大致上也可以想得出来，其中有一些肯定是固定不变的，比如早晚肯定有一段时间是用来诵经的，时间的早晚和长短也是相对固定的，还有一日三餐或两餐——因为夏日乎寺包括嘉阳东云在内的很多僧人不用晚餐。但是，我毕竟没有亲身经历过，对一位活佛日常的一些生活细节了解很有限——而只有了解了这些细节，我们也才能看到一个真实的世界和一个真实的人。

所以，再次见到嘉阳东云之后，我向他表达了我的这个愿望，并表示，他平时咋样就咋样，不用管我，只让我在身边就行。最好，至少有一个晚上，我想和他住在一个地方。他爽快地答应了，只是因为他居无定所，没有自己的住处，哪怕有一个晚上，我想跟他在一起的愿望没能实现。

按道理，他是一座有几百年历史的大寺院的寺主活佛，不但应该有自己的房子，而且还不应该是一座普通的房子，即便不是金碧辉煌，至少也得像个庙堂。我不敢说，历史上和今天的整个藏区最辉煌的建筑就是寺院，但寺院至少也是最辉煌的建筑之一——其实，在全世界也是这样。有人给索菲亚大教堂写过一句赞美的话，说"它是上帝在人间的寓所"，其富丽程度自然也非其他建筑所能比了。即使在历史上，在民众心里，一位活佛的住所也不是普通的建筑，即使不见奢华，那也是一座宫殿。它在我家乡的藏语里称之为"格尔哇"，可意译为"活佛的官邸"。尤其是进入20世纪后半叶的新时期以后，由于中国大地上所发生翻天覆地的巨大变化，反映到民生领域，一个显著的标志就是所有人群的住所条件得到了极大的改善。而且，随着城乡一体化建设的推进，所有的中国人所住的房子是越来越好了——这一点有目共睹，活佛的住所也应该一样。

令我感到惊讶的是，嘉阳东云不但没有豪华的住所，甚至没有一个简陋的栖身之所。几年前，他也盖过几间房子，那是他这一辈子为自己所修建的唯一的房子。但他一天也没住过，房子刚盖好，还没装修，寺院从四川那面请的一位老师来了，没地方住，他就把那几间房子给他住了。所以，他居无定所，吃饭和睡觉都在别人家里。他有一个哥哥也在夏日乎寺为僧，平日里住在哥哥家的时候多一些，但绝不固定。

一天，我跟他谈起眼下藏地乃至全国各地一些寺院大兴土木盛事，经堂越修越大，佛像和佛塔也越建越高，感觉谁都不甘落后，区域性第一，国内第一，东南亚第一，世界第一，似乎正在成为各大寺院的一个建设目标，而且也确实出现了一大批这类建筑，甚至以前并没有寺庙的地方也在跟风建设，大有要建设一批新的佛教圣地的趋势。那年去无锡，看到那个新落成的佛界梵宫，真让人叹为观止。我想，即使如来佛祖的宫殿也不会辉煌如斯。是的，现在中国有钱了，中国人有钱了，如果从弘扬传统文化的角度出发，建设若干此类工程本无可厚非，可如果我们把此类建筑的奢华程度当作是相互攀比的一次竞赛，就大可不必，也不足取。

我没想到的是，嘉阳东云也有同感。他说，如果你心中有佛，供一尊这么小的佛像——他双手合十比画了一下接着说，佛也在；如果你心中无佛，即使把佛像塑得再好、佛塔建得再高大也没用。对一个真正的出家人来说，诵经礼佛是修行，持守戒律是修行，行善施爱也是修行，救苦救难更是修行。他接着说，人生在世，一个人可能改变不了什么，但他可以试着改变自己。只要他有慈悲心，尽一切可能去帮助别人，救助一切需要救助的生灵万物，他就会获得无尽的快乐。如果所有的人都这样做了，就能改变整个世界，世界就会充满和谐。

嘉阳东云坦言，在今天的中国，如果你愿意，建造一座举世罕见的佛像或佛塔可能真不是难事，因为，有钱人太多了。他也遇到过类似的事情，其中有人曾多次向他表示，愿意出资在夏日乎寺建造一尊大佛或佛塔，要让这尊佛像或佛塔成为全藏区所有佛像或佛塔之最。嘉阳东云就说，那并不等于虔诚和信仰之最，更不是佛法之最，于是拒绝了。他希望有钱人能为众生做些事，因为，还有那么多人过得并不是很好，不管是寺院还是活佛都应该为此尽力；还有生态环境的保护更是大事，利益万物才符合佛教本义。

佛经上有一个故事，说一个大财主布施巨资在佛前点灯，其时，一个乞丐老婆婆也在点灯，可她身无分文，只有一根没有肉的羊骨头，她就用它熬了一点儿灯油，点了一盏很小的灯。是夜，狂风大作。佛问侍者，白天点的那些灯是否都亮着？侍者答，皆灭，只有那老婆婆点的那盏小灯还亮着。佛曰：那盏灯虽小，但任何风都是吹不灭的。

光明如是。

所以，他才把自己修行的重点放在尽可能为生灵万物做点善事的善行上。他们不遗余力保护野生动植物是这样；救助有困难家庭、没人照顾的孤儿和老人也是这样；他们多年不间断地捡拾满河道的垃圾，救助无家可归的流浪狗，大雪天到山上给吃不上草的岩羊和黄羊送去饲草是这样……所以，除了每年冬天的几个月时间，他一直都在忙着做这些事情。他相信，这对自己的修行也会有帮助——虽然不能肯定帮助会有多大，但一定会有帮助。他不否认修大佛和佛塔是一种功德，但如果一味地贪大图最，与佛法的本义相去甚远。因为那毕竟不是佛法本身，甚至只是虚幻的假象。而在冬天，有两个月时间他会闭关修行。

离开工地时，已经到午饭的时候了，嘉阳东云就带我到一个叫更噶桑吉的僧人家里吃了一碗糌粑，喝了点茶，当午饭。那几天，我和嘉阳东云他们的一日三餐几乎都是这样，要么是糌粑奶茶，要么是糌粑清茶，偶尔还会有油炸的干馍馍——很硬，可能是放久了的缘故，很少能吃到蔬菜。我住的小旅社有一家小饭馆，里面备有一些青菜，可那厨师把什么菜都能炒得黑乎乎的。有一两次，我实在看不下去，征得他同意后，亲自下厨，想给自己炒一盘青菜。看到厨房里，还有鸡蛋，又煎了两个鸡蛋。出锅后发现，青菜和鸡蛋也是黑乎乎的。我想，那一定是锅没洗干净的缘故。下锅前，我倒是看出来了，可我没好意思说。他能让我在厨房里操作已经是给足了面子，再嫌厨具不洁，就过分了。即便如此，也已很不错了，比起嘉阳东云他们的伙食，这算奢侈了。

他们一生吃素，两次去夏日乎寺我也得吃素。说实话，每天吃那点东西，我还真扛不住。每天晚上，为了不让自己在半夜里饿醒，我都会早早躺在床上睡觉，可结果适得其反，总会醒来好几次，几天之后才慢慢习惯。而嘉阳东云他们一辈子都是这么过的。前些年，有人倡导一种生活方式，叫简单生活，曾在西方社会流行一时，堪称风尚，有一本书的名字就是《简单生活》，作者是丽莎·茵·普兰特。书上说，简单是一种生活的艺术和哲学。而在东方，其实有一群人一直坚守着简单生活——至少这曾经是他们的生活准则，这群人就是僧侣，所以他们又被称之为出家人——苦行僧就更清苦了。试想，一个人连家都不要了，他还会有太多的

班玛仁拓山岩石上的佛像　嘉阳东云／摄　　　　班玛仁拓山岩石上的修行洞　嘉阳东云／摄

物质需求吗？我们不得不承认，一个人的物质欲望大凡都与家庭有关。

也许对物质生活的需求越简单其精神世界才会越丰富。嘉阳东云他们从不会用物质的单纯标准来衡量一个人生活的优劣。与物质的奢华相比，也许清贫更能滋养精神，至少对一个僧人来说是这样的。当然，它得有一个前提，简单的物质保障是必要的，哪怕是最低限度的保障，否则生存就成问题。在我看来，很多时候，嘉阳东云他们对物质生活的需求和欲望有一种自觉的抵制，甚至会强迫自己远离物质的诱惑。比如闭关修行，它会迫使你把物质的需求降到能维持生命的最低限度。

午饭后，嘉阳东云说，要去看一下母亲。他的母亲就住在附近，他每次出门回来，无论再忙，先是要去看一下母亲的。昨天回来时太晚了，没去，现在得去。在征得他的同意后，我也跟着去了。从寺院向右一拐，再向右拐上山坡，就到他母亲的住处了。我们见到了他78岁的母亲，一位慈祥的老妈妈。此前，我就知道，他母亲由于风湿性关节炎，腿脚不灵便。进门之前，我还问过，老母亲的腿现在好些了吗？他说，好些了。可是，他母亲依然行动不便，我们进门时，她正躺在床上，看到我们，她想坐起来，我们让她好好躺着，但她坚持要坐起来。嘉阳东云的一个侄女在身边伺候，就帮她坐起来，与我们说话。能看得出来，儿子的到来使她特别开心——自打我们进门，笑容就一直挂在她脸上，感觉她眼角和额头的皱纹也在笑。

由于来得匆忙，事先没有准备，我是空着手来的，这在藏家风俗里是个大忌，尤其是在去看望老人的时候。临走时，我在桌子上放了一点钱，说让老太太买糖吃。我说的是汉语，我不知道把这几个字怎么翻译成藏语。当嘉阳东云把我的话翻译给他母亲时，她高兴地笑出了声。然后，我走过去跟她道别。她向前倾了倾身子，用额头碰我的额头。我知道，这是她对我的肯定和鼓励，也是一个母亲对一个孩子的祝福。

part four

那天下午，我们去了旦多。

旦多距离夏日乎寺18公里，沿黄河有一条公路通往那个地方。可是因为路况很差，嘉阳东云找来的那辆小皮卡一路颠簸，速度极其缓慢。我原本以为，顶多一个小时该到了吧，可我们整整走了两个小时。旦多是一片平缓的草原，四面环山，黄河从前面流过。站在那片草原上，嘉阳东云指着四面的群山说，那每一道山梁都像一头大象，有的首尾相接，有的则头对着头，把长长的鼻子伸向黄河和这片草原。细细端详，还真像，不仅像，而且栩栩如生。有两条小河从后山流出，而后弯弯地流过草原两侧，呈一个宝瓶样的形状。所有到过这里的人看到这一幕，都说这是一片风水宝地。有一群大象守护着这片土地，当然应该算宝地了。但我们不是来看风水的，我们是来瞻仰嘉阳东云的师父、一代高僧阿旺·卓朋尖措的驻锡地。

从嘉阳东云的言谈中，我能感受到，他师父在他心里的位置是无可替代的，甚至是至高无上的。这个世界上，有两个人对他的人生产生过深远的影响，这两个人一个是他师父，另一个就是他母亲。如果一定要排位的话，师父肯定会排在第一位。母亲的慈悲和善良是他一生的资粮，而师父给他的不仅有慈悲和善良，还有修为和智慧。师父圆寂之后，每次想到与他朝夕与共的点点滴滴，他都会情难自禁，热泪横流。据说，阿旺·卓朋尖措有几十年时间是住在这里的，几乎一直在闭关修行。虽然，他已圆寂多年，但他住过的房子还在，而且完好如初。从

嘉阳东云的师父也曾站在这里抚摸过这些叶片

与嘉阳东云的交谈中，我早已知道，阿旺·卓朋尖措不仅是一位曾获得无上果位的大师，还是果洛藏地四大寺院的寺主活佛，在全藏区都享有崇高声誉。可他有几十年时间都住在这里，几乎足不出户。这个地方不能不去看。

那片宝瓶草原有一圈护栏围着，护栏有铁栅栏小门，门用铁丝扣着，解开铁丝，低头从那小门里进去之后，里面的草地干净得不忍迈步从上面走过。好在沿草地边缘有一条踩出来的小径，那是信众沿顺时针方向走出来的，是朝圣的路。草地中央有一个小院落，小院落西侧不远处，有佛塔、嘛呢堆和石经墙，嘛呢堆上有经幡飘摇。想必，那小院落就是阿旺·卓朋尖措大师的驻锡地。果然，嘉阳东云引领我径直走向那小院落。从一扇小土门进去之后，小院落里面的一切便一目了然。西面有两间低矮的小土屋，屋门紧闭。北边也有一两间小土屋，门也是关着的。南面有几间简易的棚屋，是敞开的，里面堆放着一些杂物。

嘉阳东云停在了西面靠北那间小土屋门口，这时一个年轻僧人跑过来打开了门。但嘉阳东云没有急着进到屋子里面，他低头盯着门前的小台阶，像是想起了什么。停了一会儿，他才抬脚进屋。我就跟在他身后。屋子非常狭小，全部面积也不会超过十平方米。正对着门是一张长条状的供案，上面供奉着酥油灯和净水。灯亮着，灯盏里的酥油是满的，金色小铜盏里的净水也是满的，灯光洒落在净水上，

这是嘉阳东云师父曾长期居住修行的小屋　　　这是嘉阳东云师父的灵塔

也一片光明。看得出来，这里时刻都有人在照看这些光明的灯盏和净水。

小屋北面靠墙的地方是一张小床，一个瘦小的人可勉强安卧。床上的被褥都还是原来的样子，虽过于简朴，却一尘不染，像是主人刚刚起身走出门去。床前有一个小铁炉，虽然很久没有生过火，但也没有丝毫锈迹，更没有落满尘土。剩下的空间里，可容纳三四个人站立，如果要坐下，顶多能容纳两个人。如果要跪拜，则只能让一个人进去——而对一位有声望和造诣的活佛来说，这样的事应该是他时刻都会面对的一件事。嘉阳东云说，除了去大小便，他师父几乎不离开那张小床，偶尔才会坐在门前的小台阶上晒晒太阳。

夏日乎寺所在地岗龙乡藏人大多属阿什羌部落后裔，但夏日乎藏人例外，他们说自己的祖先是蒙古人。最初，有7户蒙古人到这里住下来——我想，那应该是固始汗进军多康藏地的时候——逐渐发展成了一个小部落，旦多就是夏日乎部落的中心。至200多年前，部落中出了一个造诣很高的僧人，始建夏日乎寺，为甘德县境内最早的佛教寺院。

住在夏日乎寺的那几天里，每天清晨，我都会被一阵深沉悠长的法螺声唤醒。我留意了一下时间，是早晨5点，每天都是这个时间。嘉阳东云告诉我，那是每天早晨到小经堂诵经的时间。所以，有一天早晨听到法螺声之后，我也起来了。

嘉阳东云在自己曾经住过的小屋前　旦多 / 摄

从我住处的窗户里望出去，正前方就是寺院的小经堂。静静立于窗前，身后一片黑暗，天还没亮，但前方却有光明，我知道那是小经堂的灯光。我看到有僧人不断走向那里。等不见人影之后，我又躺到床上，想继续睡觉，可是睡意全无，便凝神倾听寺院里的动静，可是整个世界一片宁静，没一点声音，持续了大半夜的狗吠声也不知在什么时候停止了。约一个时辰之后，从小经堂传来一阵铜铃声，又一个时辰之后，又传来一阵鼓、铙、镲激越密集的声响，我知道，诵经已进入尾声。之后，又是一片宁静。

第二次去夏日乎寺，我还住在上次住过的那个地方，房间里的电灯也亮了。晚上也很少听到狗叫声，寺院附近的流浪狗也的确少了很多，但还有，大约有十几只吧。从它们漫无目的走来走去的样子来看，它们应该还是流浪者。但是，它们个个威武健壮，且毛色发亮，体态优美，想必是有意留下来的。也许这是藏地果洛最后的流浪狗了。果洛是世界包虫病的重灾区之一——包虫病被世界卫生组织确定为继癌症、艾滋病之后的第三大顽症，而流浪狗则是最主要的传染源，要彻底控制并消除这种疾病，首先得控制甚至消除流浪狗。

近几年有一项包虫病重大防治项目正在持续推进，青海属重点防治区，果洛是重点中的重点。可能正是这个缘故，在世界包虫病防治领域青海也一直走在前列，占据领先地位。可能也是这个缘故，以前藏地城乡随处可见的大批流浪狗，似乎突然消失了，也只有在一些寺院附近还少量存在着。我听过各种处理流浪狗的传言——也许不全是传言，或真有其事也是说不定的——听上去，就像是一场战争，一场因为疾病而引发的人狗之战。硝烟散去，狗类的流浪者已然远去，危及人类生命安全的极大隐患似乎也就这样给遏制住了。而最初，人类之所以把狼驯化成狗，却是为了守护人类的安全。

假如我们由此幸灾乐祸，对狗类们的不幸遭遇视之为理所当然，那么，至少我们得想好，当下一次灾难来临时，我们又会让谁来当"替罪羊"呢？我们必须得时刻警醒，如果一时半会儿找不到新的"替罪羊"该怎么办？到那时，我们会不会还像以前一样幸运？或者，即使最终总会找到新的"替罪羊"（就像我们把艾滋病的根源归罪于猴子一样），但在找到之前，我们会不会付出更惨重的代价？毕竟人类属智慧和理性的动物，侥幸绝不是人类独享的真理——如果它是真理的话。

前后加起来，我在夏日乎寺的时间也不算短，可我从没走进寺院的主体建筑大经堂和小经堂看看。其实，我是想进去看看的，可我一直以为，嘉阳东云会找时间带我去的，也就一直等待着。但是，他并没有这样的安排。已经有一年多时间了，他头部有疼痛感，那些日子，似有加剧，晚上难以入睡。一天下午，他说，第二天早上，他得赶到达日县城看看病，说前几天就约好了一名老藏医。这老藏医不好约，约好了如果不去，下次说不定就约不上了。

而那时，我也快离开夏日乎寺了。因为距达日县城不近，他必须前一天晚上赶到甘德县城住下，才能在约定的时间抵达。这样，我第二天醒来时，嘉阳东云可能正在路上，我便决定自己去大经堂和小经堂看看。我是先去小经堂的，门从里面锁着，进不去；又拐向旁边的大经堂，还没走到门口，看到门前的脚垫上，卧着一条狮子样的大黑狗。看见我走来，它抬起头睁开眼瞪了我一眼，却并未起身让开。我只好悻悻地在原地打转，可它并不理会，隔一会儿瞪我一眼。我就蹲在那里给它拍照，像是在讨好。它仍不为所动。这时，经堂里有人咳嗽了一声，它这才噌一下跳起来，走开了。

随着一声响，经堂的门也开了。我走了进去。说是大经堂，其实也不很大，至少在今天各大寺院的大经堂里算是小的了。顶多能容纳200名僧人坐在里面诵经，而夏日乎全寺有300多名僧人。按规矩，一些重要的日子，寺院所有僧人是要聚在大经堂诵经的。很显然，这在夏日乎寺难以做到。于是，每次这样的活动，总有一些僧人不得不在自己家或辩经院自行修习。小归小，却精美。无论布局还是供奉陈设，无论是巨幅壁画还是悬挂的唐卡，都透着精致和深邃，美轮美奂。因为，四面都没有自然光源，刚进去时，显得幽暗。等适应了里面的光线，你就会看到经堂正前的一溜儿灯光。虽然灯火如豆，但顿觉满屋皆光明。就像是在暗夜里仰望星空，虽然身处无边黑暗，但你望见的却是光明，因而心里也有一片光明洒落下来，照亮了内在的那个你。也许，这也是佛家之所以如此看重点灯的缘故。因为点亮它，就能照见自己。

从大经堂出来时，小经堂的门也开着，我又回头向那里走去。里面，几个僧人正在收拾早晨诵经时用过的东西，一是为清洁，二是为第二天早晨的功课做准备。到了第二天，这样的劳顿还会继续。如此循环往复，每一个早晨既是结束也是开始，既是过去，也是现在和未来。从小经堂出来，一抬头，望见灿烂的阳光，竟有眩晕感，只一会儿工夫，恍若隔世。

不知道，每天都从那经堂里进出的僧人，从里面出来时，是否也曾留意过照彻世界的无边光芒？如曾留意，是否也有过眩晕的感觉？也许没有。因为，在我看来，灯是光明，太阳也是光明。一盏灯可以照亮一间屋子，一轮太阳则可以照亮整个大地。而在他们看来，太阳照不到的地方，一盏灯也许就能照亮，比如一间没有窗户的屋子。而灯如果不仅点在屋里，还点在心里，那么，它照亮的也是

嘛呢石垒成的石塔，很多嘛呢石上都刻着动物

开在石头上的花朵

一个世界。这个世界，你想它有多大，它就有多大。从这个意义上说，一盏灯与一轮太阳没有分别。如果你心中有太阳，你还会在意天上有没有太阳吗？可能不会。

　　我在夏日乎寺以后的几天，每天下午都有一阵雨，雨后，都会有彩虹，一般都会出两道彩虹。从我的住处朝寺院对面望过去，彩虹就罩在黄河对岸的山上，两脚就落在河岸的草地上。下雨的时间和出彩虹的地方几乎都一样，我不知道，今天的雨是不是昨天的雨，今天的彩虹是不是昨天的彩虹，但有一点我清楚，它

雨后的夏日乎寺前景

们都出现在同一个时间和同一个地点,便视之为吉祥,便安详自在。

神秀说,身为菩提树,心如明镜台;时时勤拂拭,勿使惹尘埃。如此想来,如果我们把世间万物都看作是菩提,那么,嘉阳东云所做的一切,也便可以看作是一次漫长的修行之旅——那就是慈悲。

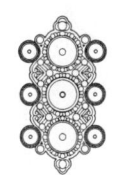

穿袈裟的自然博物学家
——花儿的孩子，鸟儿的孩子

part one

在见到扎西桑俄之前，我对他的故事早有耳闻。我知道，他是果洛藏族自治州久治县白玉寺的一名僧人，确切地说是一位年轻的高僧，因为，他不仅为活佛上过课、做过经师，还享有堪布的名号，这不是一个普通的僧人所能具备的地位。

第一次听到他的名字应该是好几年以前的事了。在与原青海省林业厅厅长李三旦先生的一次闲聊中，他无意中提到扎西桑俄的名字，并满怀敬意地讲述过扎西桑俄的故事。之后，我开始留意这个人的事情，并在互联网上搜索过有关他的介绍，结果令我大为惊讶，所显示的全部 64 个页面上，至少前 60 个页面几乎所有的条目都与他有关，这样的知名度非一般人所能比。后来，我还从一本杂志上读到这样一篇报道，记得是在《中国周刊》上——这是一本水准较高的刊物——标题是《扎西桑俄：一个致力环保的"鸟喇嘛"》，便细细读过，印象深刻。但是，我却一直未能有缘见到此人。此前，我还一直以为自己因大半生致力于青藏高原生态环境保护事业，所以，自己的视野中不曾遗漏过这一领域的任何动静。

可是，我漏掉了扎西桑俄。于是，汗颜。终于见到扎西桑俄之后，我曾为自

扎西桑俄出生的地方

己的迟钝向他表示歉意，而他也毫不谦让，呵呵地笑道："我接受你的歉意。作为本地一名资深的媒体人，你应该向我道歉。这些年，几乎全中国每个地方的记者都去过我那里，唯独没有青海本地的记者，你说，是不是该道歉？"我自然能听得出，他是在开玩笑，可他说的却是实情。有了这样一个开始，接下来的相处中，我们就像是相识已久的两个老朋友了。

2016年5月，我一到果洛就跟他取得了联系，并说明我的来意。他说，人在西宁，并让我在确定去他那里的具体行程之后，告知他，他会如期赶回果洛，与我相见。在电话里，我们初步约定了相见的大致时间。十几天之后，他打电话说，已经回到州上，中午一起吃饭，第二天一早，往白玉寺。

吃饭时，才发现他还约了一个人，一个叫安娜的捷克姑娘，她正在牛津攻读藏学博士，此行到果洛是为她的博士论文做田野调查，主题是阿尼玛卿雪山的神话传说。来之前，她已经做过大量的研究，说起阿尼玛卿和果洛的历史时，她至少比我要懂得多。因为有话题，这样的聚餐中，谈话成了主要的事情，吃饭反倒显得次要了。我和安娜总有很多的问题，而扎西桑俄一直在讲述有关果洛的故事，主要是在讲年保玉则——因为，在他的生命里，这座山占据着太过重要的位置，要是谈论点什么，如果不讲到年保玉则，他都不知道还能讲什么。当然，偶尔他也会讲到自己，只是，讲到他自己的时候，几乎所有的故事也都与年保玉则有关，即使他没提到年保玉则的时候,你也会发现,他所讲到的那些地方也都在它的周围,从任何一个方向他都能望到年保玉则冰清玉洁的身影。

由此,你可以说,他是年保玉则的孩子。从很小的时候开始,一家人都感觉到了,这孩子似乎只对年保玉则感兴趣,好像是前世的情缘未了,一种无法释怀的情感与生俱来。

这次去果洛,给我的最大感受是好像到处都在修路,出了大武镇,无论往哪个方向走,路都极为难行,往白玉寺的路也不例外,原本小半天时间能走到的路,我们整整走了一整天。也许是因为路难走的缘故吧,自打上了路,扎西桑俄也根本没打算要急着赶路。坐在车上,他一边讲述着记忆中的那些事情,一边一直盯着车窗外面看,每当看到路边山坡草地上开着一朵什么花、长着几株特别的植物,或者远远地看到了一只鸟儿什么的,他都要停下来仔细观察拍照,并告诉我们,这个叫什么,那个又叫什么,如果是一种植物,他还能说出它的药用价值和功效。一开始,我并没太在意,以为,他恰好熟悉那几种植物。我总是最后一个下车,下车之后,先会伸个懒腰什么的,尔后,才漫不经心地走过去,看趴在草地上的扎西桑俄又在忽悠什么呢?

后来,停下的次数越来越多了——我想,那天,一路上,我们至少停了有十五六次吧,也许还不止——而且,我发现,每次,他给我们指认的植物都会有好几种,并与之前所看到过的从不重复。于是,惊讶!到后来,但凡听到他叫停车,我也会急急地冲下车去,看他又发现了什么。一开始,我连相机都没拿,后来,相机便一直在手里端着,一副随时准备按下快门的样子。我也学着安娜的样子,跟随左右,虚心地请教起来。那天,他让我记住了好多种植物的名字,其中仅鸢尾花就有三种,分别开蓝色、黄色和红色的花朵。他还让我见识了一种只有在久治生长的绿绒蒿,开着幽蓝色花朵,真是大开眼界。以前,我也留意过绿绒蒿这种罂粟科植物,还以为这种植物只有开红花和黄花的两种,没想到还有一种开着蓝色的花朵。

从一开始,安娜的表现就比我积极,看她屁颠儿屁颠儿地跟在扎西桑俄身后,问这问那的样子,你会以为扎西桑俄才是她这个牛津博士的导师呢,至少也会感觉她和扎西桑俄才更像一位记者。安娜手里的本子和笔从未放下过，坐在车上的时候，感觉她一直在不停地记录着什么，有时候，扎西桑俄说的一句话或某一个藏语单词，她没有听明白，就会把本子和笔递给扎西桑俄，让他写在本子上，她看过之后，恍然大悟，呀呀呀地表示，她明白了。我想，牛津之所以是牛津，一定有它的过人之处。

扎西桑俄再一次停车观察植物的时候，我终于忍不住也问了一个问题："你究竟认识多少种动植物？"他淡淡地道："也不多。大约1200多种吧。"之后，又补充道："约400多种动物，800多种植物。绝大部分能说出藏汉两种名字。"

于是，更惊讶！问："你是怎么做到的？"他说，主要是得益于他的父亲，他父亲是当地一位有名的藏医，小时候，父亲上山采药时，他都会跟着去，一开始是玩儿，后来也开始跟着认和采，久而久之，便记住了很多动植物的名字、属性以及药用价值。"那个时候，我大概记住了上百种动植物的名字。"后来，我听人说，其中有一些稀有动植物，至少在久治，都是扎西桑俄第一个发现的，他为它们拍过照，也画过图。

坐在车上，他轻描淡写地说，有人正在编一部新的藏汉大辞典，他负责里面的动植物词条的编写工作。文字部分的编写和绘图已经完成，这次他让安娜去他那里，主要是帮他看看词条后面括号里的英文和拉丁文名字的翻译是否准确，尤其是拉丁文，他说，他拿不准。

他漫不经心地说着这些时，我禁不住侧身回过头去，我感觉，坐在后座上说话的这个人不像是一位僧人，而更像是一位自然博物学家。一个能叫出千余种动植物名字并熟知其习性的人，完全够得上一个自然博物学家的称号。我看到，扎西桑俄正歪歪地坐在那里，一脸谦和。发现我回过身去，他用清澈温和的目光迎向我，满眼流溢着圣洁。

话题终于转向鸟类。有一个与他有关的话题在互联网上盛传已久，说久治年保玉则山下的白玉寺，有一个僧人爱鸟、画鸟的故事已成远近闻名的美谈，他由此赢得"鸟喇嘛"的称号。我也看到过一些他画的鸟（不是原稿），似工笔，但没有工笔画的呆板，每只鸟活脱脱地跃然纸上，极富动感和灵气，一股鸣啭跳跃于山野林莽间的生命气息扑面而来。我想，那就叫自然天成。便问："你是什时候开始画鸟的？"他说："很小的时候就开始画了，还不到十岁吧。"

"你在什么地方学过画画吗？"

"没有。也不知道为什么，从很小的时候就喜欢这些——喜欢得不得了，因为喜欢，自己开始画，画出来还不错——别人看了也说画得很像，就受到了鼓励，坚持画，也看了很多别人画的鸟，包括像《鸟类圣经》那样的作品（这是约翰·詹姆斯·奥杜邦的经典作品，书中收录了325种美洲大陆的奇妙物种，是世界最伟大的鸟类图谱。它被誉为19世纪世界最伟大、最有影响力的著作之一，也是世界上最昂贵的书籍之一，书中的每一幅画，都被视为美国的国宝，由作者签名的原作，每幅价值都在百万美元以上——笔者注），画了很多。后来，自己也觉得画得不错，一个爱好便成了一种一生一世的奇缘。"

他不知道，是谁给了他这样的福报，但他感恩并珍惜这种缘分。因为，这种福报和缘分，他生下来就爱上了鸟儿——当然，也包括其他自然万物，鸟儿只是一个桥梁，一条路。众生平等，万物皆有佛性，这是他从小接受的教育。作为一名僧人，他理应把这样的缘分看作是可以当作一生修行的一个重要法门。

扎西桑俄向孩子们讲述鸟儿的故事　扎西桑俄／提供

3
part two

1970年,他出生于年保玉则山下的俄措尕湖畔的一个牧人家庭。8个姐弟中,他排行第二。按当地藏人的习俗,如果家里有两个以上的孩子,一般都会送一两个孩子去寺院为僧,至少也会送他们去寺院学习——寺院曾经一直担负着藏区教育机构的重要职能。13岁时,扎西桑俄也被送到30公里外的白玉寺。他说,是因为自己喜欢寺院才去寺院的,但毕竟还小,有时候也很想家。好在,从小一直伴随他成长的那些鸟儿还在身边,寺院附近的河滩草地和山坡上到处都能见到它们的身影,一天到晚都能听见它们的鸣叫声。一有空闲,他便会跟几个小师兄、小师弟去看鸟,去跟鸟儿们玩儿。

那个时候,他画过寺院跟前的赤麻鸭,虽然,此前他也画过不少鸟,但这应该是他的第一幅正式入门的鸟类画作品。那时,他17岁。从这个时候开始,观鸟和画鸟成为他生活学习的一个重要部分。他先是仔细地观察,常常会几个小时几个小时地看,他为之着迷,不能自拔。直到他感觉把每一个细小的动作、每一片羽毛的颜色和光泽都铭刻于心的时候,他才会用画笔去小心地描画。

"认识几种鸟,或者仅能叫出它们的名字还远远不够,爱是最重要的。如果爱鸟,你就会用心和爱去观察,你会留意到,即使很轻微的风吹过时,鸟儿的每一片羽毛都会有变化。还有,不同的季节,随着阳光强弱的变化,它们羽毛的光泽也是不一样的。记住了这些,等你画的时候,它们就活在你的心里。"那天,跟我说这些话时,扎西桑俄一直没有看着我,而是望着远处的山坡,仿佛有一群鸟儿正从那里飞过。

他说,他仔细观察过430余种鸟,而且,每一种鸟,他至少都画过4次,还不算草图,其中多为青藏高原特有种。比奥杜邦《鸟类的圣经》所收录鸟类数量还多出100多种,古尔德是继奥杜邦之后最伟大的鸟类学家之一,他的《喜马拉雅的珍稀鸟类图鉴》中所收录的鸟类草图也只有80种。为了观鸟,扎西桑俄走遍了整个青藏高原，在森林、草原、湖泊，追寻着这些大自然自由的精灵。他说："中国有1300多种鸟，我们这儿有500多种。有很多已经非常稀有，难得一见。"

藏鹀就是其中之一。藏鹀，雀形目，鹀科，鹀属，为小型鸣禽，喙为圆锥形，上下喙边缘不紧密切合而微向内弯曲，体形似麻雀，背部鲜红栗色，上胸羽毛有黑带，下胸为灰白色，栖息于高山草甸、草原和灌丛。世界上，这种鸟儿仅分布于青藏高原中东部，是濒危稀有物种，它的名字已写进《中国濒危动物红皮书》。很多知道藏鹀的人，也只是在邮票上，或画家的笔下欣赏过它的美，目睹其风采的人少之又少。1990年之前，全世界观测到藏鹀的记录不超过十次，每一次的观测记录都被视为极为珍贵的文献。

扎西桑俄看到并描绘过藏鹀，而且，画过很多次。2005年8月，他与来自深圳观鸟协会的朋友们一起观鸟时，在白玉寺后山发现了一只藏鹀。随后的持续实地调查中他还发现，白玉寺是藏鹀主要的栖息地之一。因为稀有，可以说，藏鹀是他画的次数最多的一种鸟。有时候，还在现场即兴画过。有报道说，2009年，他去北京参加第二十三届国际保护生物学大会，会上有人问起藏鹀的样子。他说："这种鸟体型不算大，体长大约16厘米。头顶、后颈、耳羽及颈侧呈黑色，白色眉纹自喙基向后颈延伸至颈背，喙黑，腿黄，褐爪，呐，就是这样。"说话间，一只速写的藏鹀已经呈现在大家眼前。

藏鹀的濒危与它的生存环境有关。扎西桑俄在观察中发现，藏鹀生存最艰难的时期是每年7月开始的

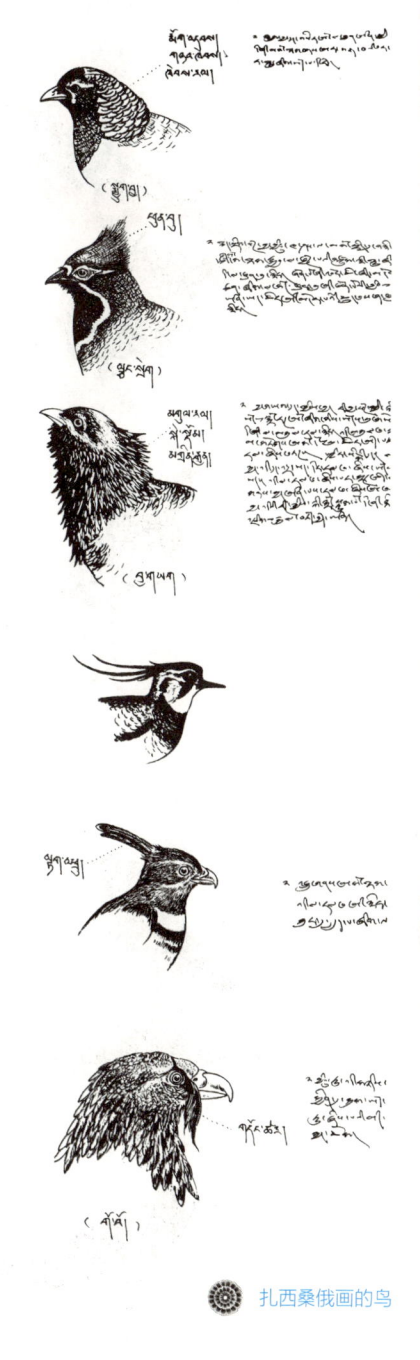

扎西桑俄画的鸟

266

扎西桑俄画的鸟

40多天时间，那是它的繁殖期。由于经常受到各种天敌的侵扰，所产鸟蛋的存活率很低。其中，狗獾是其最大的天敌，它经常偷吃藏鹀的鸟蛋。他和他的团队尝试过很多保护的办法，均未奏效。最后，扎西桑俄他们采用最原始的办法，蹲点守护。在一藏鹀的窝附近扎了一顶帐篷，15个人轮流值守，守了46天，使藏鹀一家成功地渡过难关，6只小藏鹀得以安全长大，并于9月份飞走……但是，扎西桑俄意识到，这并不是万全之策，也不是长久之计。

乔治·夏勒在《第三极的馈赠》一书中也写过扎西桑俄画鸟的事："扎西曾把自己的画拿给一群外国观鸟爱好者看，他们发现其中有一种模样似麻雀的鸟，肩背棕红色，胸部灰色，白眉白喉，头顶及两颊为黑色——这是一种藏鹀。扎西并不知道这是一种珍稀鸟类，而且是本地特有的物种。于是他和一些人跨行做起了科学研究，调查这种鸟的分布情况及筑巢习惯。以朱加为例，他是一位胖墩墩、脸颊红红的喇嘛，摄像机似乎从不离手，他曾用46天时间仔细观察一个鸟巢，从藏鹀筑巢、产卵，到雏鸟出壳，直到羽翼渐丰。2009年，国际保护生物学大会在北京召开，扎西在会上发表了他们的研究成果。"

早在对藏鹀施行救助保护之前，扎西桑俄已经组织成立了一个民间环保组织——年保玉则生态环境保护协会。那是1997年，27岁的扎西桑俄已经成为白玉寺的一位堪布，但一条新的修行之路好像已经展现在他的眼前。因为从小跟动植物结下的这份情缘，他突然做出一个这样的决定：往后的日子里，虽然，他会依然是白玉寺的一名僧人，但他修行的地方要放到大自然中去。经过多年观鸟积累的经验告诉他，许多的生命都需要保护。而且，在他看来，生态环境的保护也是一种很好的修行方式。协会最初的会员都是以前跟自己一起观鸟的伙伴——大部分都是一些寺院的僧人，后来，也不断有其他人加入进来。

白玉寺前面的河滩草地上有一个院子，里面的草地完好无损，还种着几棵云杉和杨树，院中还立着一个路标样的杆子，不高，上面钉着几块木板，写着藏、汉、英三种文字，还有图，每一块木板上都画着一种野生动物，譬如黑颈鹤、雪豹、藏鹀什么的，图形是刻出来的，之后上了色，抹了清漆，简朴、时尚。有几面院墙上还画着巨幅的画，有一幅很像是梦里的场景，据说是曾访问这里的朋友

扎西桑俄和他的伙伴们

们画的。院子里有三排看上去非常普通的房屋，因为门窗的边框是用废旧的牛毛帐篷做装饰，墙面都抹着泥巴，而显得很特别。其中两排是分成了若干小间的办公室兼宿舍——包括厨房兼餐厅，而一排却没有分成小间，是一个大间，宽敞通透。我在那里的几天里，除了睡觉的宿舍，这个大房间是我主要的活动场所。这个房间里，摆放着一圈茶几，但上面却摆满了书籍，也放着办公的电脑。墙上挂满了各种图片，大多是野生动物的图片……进到里面，看到这一切，会让你感觉自己仿佛置身某著名的科考营地，譬如南极长城站——这是我的想象，我没去过这样的地方。

这个地方就是扎西桑俄他们环保协会的所在地。

抵达这里的第二天上午，扎西桑俄特意为我安排了一个能体现当今科技水平的介绍活动，有画面和文字，也有声音；画面和文字是用投影仪播放的，而声音却来自扎西桑俄和他的同伴更嘎仓央，他们轮流站在荧光幕前，指点着那些图示和文字，讲述人与自然的故事。据扎西桑俄说，他和更嘎仓央分别制作了这样一份电子文本，这是更嘎仓央做的，他是另一座寺院的一位活佛。

他们讲到了文化的多样性（包括宗教的多样性）、生物的多样性和生态类型的多样性，用以回答保护什么的问题。接着讲到的是气候变化给生态环境带来的深远影响，为了直观地说明问题的严重性，他们分别以黑颈鹤、苏门羚（四不像）、猕猴、山噪鹛和黄鸭为例，来反映气候变化对物种繁衍生息的影响。进而指出，湖泊的不健康带来了鱼类和鸟类的不健康，森林的不健康导致苏门羚和猕猴的不健康。

扎西桑俄还讲到了三种植物和一种动物，它们分别是麝、臭芍药、羌活和蓝花侧金盏。他说，这些珍贵的动植物担负着为自然万物提供免疫保障的重任，如果它们急剧减少或消失了之后，各种疾病、瘟疫就会蔓延起来。当地藏人有一种说法，如果你家的马生病了，赶紧带上黄金去买蓝花侧金盏这种植物（它在藏语中读音是加色斗勒），用多少黄金都不算贵……

我感觉，扎西桑俄心目中的大自然是一个由无数生命组成的一个共同体，它们环环相扣，相互依存，互为支撑，缺一不可。任何一环出点纰漏，都会危及整体的安全。

绕了一大圈，扎西桑俄终于抛出了他由此得出的一个总结性观点：面对大自然，人有两条路径可供选择，一条是皈依，另一条是索取。他建议选择皈依之路。虽然，"皈依"两个字看上去带有宗教色彩，但是，以我的理解，它跟我们通常所说的回归大自然是一个意思。如果抛开了形而上狭隘的束缚，你会发现，他其实是在告诫你，这是一种从根本上解决人与自然冲突的最佳方式。如果做此选择，人类就得彻底转变自己的生活方式和生存策略，以求得与大自然永久性的和谐，继而保障万物（包括人类）的永久安宁。

虽然，只是一个概要，但是，你不难看出这是一个探讨人与自然关系的理论框架，它既带有系统性的理性架构，也具有细节性的知性感悟，你甚至可以说，它已经自成体系。这是一个基础。有了这样一个基础，扎西桑俄就为他的年保玉则生态环保协会制定了这样一个行动方略：认知→爱→保护。这是一个不断递进、成长和上升的过程。

他以为，如果没有深刻的认知做基础，爱无从谈起。你能想象，你会爱上一个你一无所知的东西吗？不会的。一本书、一部电影、一种食物、一种植物和动物，无不如是。所有的爱都必须以认知为前提。有了广泛深刻的认知，我们很容易就能进入到爱的层面，这是一个更高的形式，也是一个使认知得以提升的过程。而只要有了爱，保护则成为理所当然的事情了。因为，爱一个人，我们会不加条件地去保护他。换成任何一种事物，只要你爱它，在它受到伤害的时候，你也会不假思索地去保护。因为，你觉得，这是你应尽的职责和义务。这样，保护就成了积极主动的行为，而不是被动的响应。

不仅有理论，他们也有行动的案例。"花儿的孩子，鸟儿的孩子"，就是一例，已经在年保玉则山下的草原上产生了广泛的影响。这是一项以孩子为行动主体的环保行动。他们每年都会组织很多孩子，到一片事先选定的草原或山坡上，那里早已摆好了一张桌案一样的金属大转盘，这是他们特意为此加工制作的。因为每次参加活动的孩子都在上百人，所以需要分成很多组来依次进行，每组由 10 名孩子组成。转盘上一圈摆放着 10 种花朵或鸟儿的图片，分别对应 10 名孩子。这

花儿的孩子，鸟儿的孩子　扎西桑俄 / 摄

些孩子在被带到这大转盘前，会要求他们先闭上眼睛，然后有人引导他们在每一朵相对应的花儿或鸟儿前依次站定。这时，一个人开始引领他们说："现在，我面前是属于我的花儿（或鸟儿），我是它的孩子。今生今世，我都会了解他，爱他，保护它"——这是"认知→爱→保护"路径的体现样本。然后，让他们睁开眼睛，他们看到了自己的花儿或鸟儿。

这只是一个开头，真正的活动才要开始。等他们看到了自己的花儿或鸟儿，记住了它的名字之后，他们会散开去，到草原上，到山坡上，到灌丛中，去寻找自己的花儿，或用一架望远镜寻找自己的鸟儿。他们必须费点心思和力气才能找到自己的花儿和鸟儿。仅仅找到还不算，还得仔细观察它的样子、生长的环境等，观察越细越好。如果他们找的是鸟儿，还需要观察，它们飞翔的样子和生活习性。之后，给所有找到自己花儿或鸟儿的孩子一个光荣的称号：花儿或鸟儿的王子、公主。一时没能找到自己花儿和鸟儿的孩子，还要继续寻找，直到找到为止。之后，他们才能成为花儿或鸟儿的王子、公主。

有的孩子运气好，很快就能找到自己的花儿或鸟儿，有的孩子可能要用一两天的时间才能找到。而个别孩子也可能好几天之后还没有找到。曾有一个女孩儿四五天之后还没有找到属于自己的花儿，为此还很不开心。后来，家长陪着孩子来找扎西桑俄他们，询问怎样才能找到这种花儿。于是，他们又耐心地讲解这种植物在什么样的地方容易找到。那是一种菊科的高山植物，在海拔4300米以上的山坡才能看到。一个星期后，那孩子终于找到自己的花儿了，那天她脸上灿烂的笑容也像一朵花儿。

扎西桑俄说，这样一次活动下来，所有的孩子一下子会记住几十种甚至上百种植物和鸟儿，而且，他们肯定会爱这些植物和鸟儿，会爱一辈子。这就像在孩子心里种下了一颗种子，它会生根、开花，也会结出丰硕的果实。到2016年夏天，这项活动已经举办了十多届了，已经有超过2000名的孩子参加了这项活动。活动本身不仅已经成为孩子们的一个节日，也成为花儿和鸟儿们的一个节日。

更值得一提的是，这些孩子不仅来自久治草原，还来自祖国各地，重点是长江、黄河沿线中下游地区的一些中心城市。每年，他们都会从这些城市邀请20名左

孩子们在辨认自己的
花朵　扎西桑俄/摄

孩子与自己的鸟儿
扎西桑俄/摄

右的孩子参加年保玉则"花儿的孩子，鸟儿的孩子"活动。来的时候，这些孩子，都由父母亲陪着，但是，抵达之后，他们一般都会要求，让这些城里的孩子与草原上的孩子一起自己去独立完成活动项目，因为草原上的孩子都是自己来的。

每次活动一开始，城里孩子的父母亲还是不大放心，上山下山，总想跟在孩子身后，有大人在身边，孩子们也放不开。扎西桑俄他们就耐心劝导，说不妨给孩子一点独立的空间，试着让他们去完成原本自己可以完成的事。因为，说到底，除却了活动的教育意义，整个活动也是一个游戏的过程。既然是游戏，它就得有规则，只有所有的孩子都遵守这样的规则，它才好玩，孩子们才会喜欢。一些父母就试着放下，这时，你马上就会看到一个让人惊喜的变化——只一会儿工夫，城里的孩子和草原上牧人的孩子就玩儿到一起了，陌生感立刻消失，原本还有点拘谨的孩子也开始放松了，笑声也响亮了。个别城里的孩子，上下山时，偶尔可能会摔倒，蹭破点儿皮什么的，没关系，只要他们开心就行。

活动结束时，几乎已经看不出城里的孩子与草原上的孩子有什么不一样的了。那个时候，你所看到的就是一群开心的孩子，不分彼此。孩子没有分别，开心更没有分别，他们都是花儿的孩子、鸟儿的孩子，也是大自然的孩子。扎西桑俄他们还有一个更大的理想，当这些孩子都长大了之后，希望他们还能记得彼此。无论他们离得有多远，身居何地，是藏族还是汉族，或者别的哪个民族，彼此之间的联系一直不要中断，心灵与心灵之间的牵挂和惦记一直延续下去，让它流淌成一条河，让它传唱成一首歌。扎西桑俄说，要是那样，它一定是世上最美的歌谣。

我要说的是，这只是年保玉则生态环保协会所开展的诸多活动中的一项。协会成立已经20年了，他们开展过很多这样有意义的活动。譬如，雪豹观测计划、藏鹀保护区项目、白马鸡保护项目、年保玉则圣湖保护项目、年保玉则冰川雪线观测项目、年保玉则国际生态论坛，等等，可谓名目繁多，成果累累。他们还拍摄过大量影像作品，印行过不少出版物，以纪录生态环境的变化，不少作品还在一些大型公益展演和映像节上获奖，譬如，《牛粪》《我的高山兀鹫》曾获壹基金公益映像奖。作为一个民间环保组织，他们还曾获得第四届SEE、TNC绿色推动者生态奖等。而且，有关他们的环保故事，这也不是全部，只是一个大概，详细的故事，暂且留着，我会慢慢讲述。因为，他们的故事还在继续，并没有结束。

由于身体原因，不得不提前离开扎西桑俄和他们的那个院子时，我竟有点要离开自己家的感觉。临别，我对扎西桑俄说，我还没看到你画的那些鸟儿，希望在离开之前看它们一眼。他画的鸟儿，我只见过一些局部的速写，画稿上有用藏文对鸟儿进行的描述。单看那些局部，都有约翰·詹姆斯·奥杜邦的风范和神韵——他画的很多鸟也是鸟的局部，而不是一只完整的鸟。这使我想起，扎西桑俄的一句话，说他喜欢收藏残损的物件——当然，这与鸟儿无关。他曾告诉我，为举办年保玉则生态国际论坛，他在北京拍卖了两只鸟的画，拍出了34万元的高价。这样的画值得一看。可是，扎西桑俄说，它们不在，都被拿到广州去扫描了，广东出版集团和新世纪出版社要为他的那些鸟儿出一本画册，说以后再给我看。

这家出版社已经给他出了一本书，是一本儿童绘本图书，叫《黑颈鹤的故事》，放在"十二五"国家重点图书出版规划项目"中国原创绘画书系列"中出的。我仔细读过、看过，也推荐给小女儿读过、看过。里面的故事催人泪下，那是扎西桑俄讲的一个故事，他也给我讲过，据说是一个真实的故事。绘画作品也很精彩、生动，那都是扎西桑俄的手绘作品。书中有这样一句话："人的痛苦最长是一年，鸟儿的痛苦是一辈子。"我想，这是扎西桑俄要让读者铭记的一句话。

part three

花儿的孩子，鸟儿的孩子。这句话像一句诗。

我感觉，扎西桑俄也是花儿和鸟儿的孩子。当然，不仅扎西桑俄，还有更嘎仓央、普哇杰、巴桑拉姆、勒旺、土巴、班玛洛桑……总体上讲，他们都是花儿和鸟儿的孩子，或者是大自然的孩子。

如果按他们这些年的一个关注焦点来加以区分的话，当然还可以划分得更细一些。如果那样，我会把更嘎仓央归为久治绿绒蒿的孩子，把普哇杰视为高山兀鹫和欧亚水獭的孩子，而土巴无疑是昆虫们的孩子，勒旺是雪山的孩子，那些吉琼就是黑颈鹤的孩子……这还仅仅是我见到过的一些人，还有很多人，我却一直没能见到，比如雪豹的孩子，等等。

为了见到这些人，除了2016年那一次，2017年5月，我再次到久治白玉乡，在年保玉则环保协会的那个小院里住了好几天，可是，一些人我仍然没有见到。即便这样，我也无法逐一讲述他们的故事，只能选其一二。而取舍是一件困难的事情，因为他们的故事都值得书写。只好留下遗憾，留待日后再加以弥补了——或许我会专门为他们写一部书。

少女和她的牦牛　更嘎仓央/摄

　　除了扎西桑俄，这些人中，我与更嘎仓央的接触和交流最多，就先从他开始讲起。我说他是久治绿绒蒿的孩子，不仅因为绿绒蒿是一种开花植物，也不仅因为绿绒蒿是久治特有的一种植物，更因为，绿绒蒿是他最喜欢的一种植物。他在久治县曾创办过一家文化公司，名字就叫绿绒蒿文化公司。

　　更嘎仓央1973年出生于久治县索呼日麻乡扎拉村。索呼日麻是蒙古语，与果洛其他一些蒙古语地名的来源一样，固始汗时期，这里也曾驻扎过蒙古军队，之后不少蒙古人就留了下来，住在这里繁衍。今天这一带藏人的血管里也流淌着蒙古人的血。或许更嘎仓央的祖先也是蒙古人。

　　我在前面已经写到过，青海蒙古人最后的一次大迁徙起始于青海湖东北，止于黄河以南的河曲地区，并以此为中心建立过蒙古地方政权，统辖黄河上游诸地数百年，王位承袭，直到新中国成立前夕，这个时代才告结束。久治就处在河曲地区，临近河南蒙古王室政治核心地带，长期受其管制，受其影响也最为深远。

　　索呼日麻就在年保玉则山前，山下就是更嘎仓央一家世代牧放的草原。据更嘎仓央后来的讲述，我在日干措湖边看到的那一户牧人正是他妹妹、妹夫一家，那群牦牛也是他们家的。

他18岁在年保玉则山前的隆格寺出家，19岁到拉卜楞寺学习，整整用了18年时间，主修显宗和般若智慧，获得一个学位，类似于硕士，在藏语里叫然尖巴。期间，他与其他几个人合作，在这里创办了一所僧人学校，目的是让僧人接受现代教育，除了佛学，学校还开设汉语、英语、计算机等课程，他觉得寺院需要这样的人才。办一所学校，是他的一个梦想。可后来，因为当地一些人极力反对，学校停办了，成了遗憾。后来，他开始关注生态环境保护，并于一同在拉卜楞寺学习的扎西桑俄讨论成立年保玉则生态保护协会的事。他认为，教育和生态保护是当今中国尤其是藏地最重要的事情。所以，从拉卜楞寺一回来，他们就开始着手操办这件事。

更嘎仓央戴着金边眼镜，这使他那张俊秀的脸庞平添了几分书生气。他是协会最忙的人之一，只要不外出，他几乎白天黑夜都在电脑前忙着设计各种图表和文案版式，所以他那宽阔的额头上仿佛一直挂着一个问号。走路时，也能看出来，他依然待在另一个空间里，不愿意受到干扰。但是，在说话时，他像是换了一个人，他言谈风趣幽默，言辞中透着睿智。他兴趣广泛，博览强记，无论谈起什么，他似乎都有自己独特的见解和思考。

不过，当他说他以前还写过诗，而且还出版过诗集时，我还是稍稍有些惊讶。话题是从寂天大师的《入菩提行论》引起的。第二次去年保玉则时，我住在他对面的一排屋子里，距离应该在30米开外，可那天早晨，我还是听到他诵读经文的声音。从7点到8点，那低沉的嗡嗡声不绝于耳。吃早饭时，他还拿着华锐·罗桑嘉措的汉译经文，翻到其中的一页，指着一个地方，谈他的理解，并问我怎么理解。我赶紧说，我怎敢造次，在你面前谈论这些。但我还是接过书，看了看那几行文字。上面写道："依此人身舟，渡越大苦海；此舟难复得，愚人勿贪睡。"无语。感觉这话就像是写给我的。

我问他，最喜欢哪位诗人的作品？我以为，他会说是六世达赖仓央嘉措，可他告诉我，在整个藏族历史上，他最喜欢的诗人是宗喀巴，尤其喜欢他对释迦牟尼的那些赞美诗。宗喀巴是一代宗师，被誉为"第二佛陀"，大凡谈及宗喀巴，都会说他在佛教史上的巨大贡献。说宗喀巴是一位诗人，我还是第一次听到，而且

找到自己花朵的孩子
更嘎仓央 / 摄

草原、河流与畜群
更嘎仓央 / 摄

在藏地。

　　因为，更嘎仓央的主要精力都用在环保协会的日常事务上，所以，绿绒蒿文化公司创立之后不久，他就把它交给哥哥、弟弟和妹妹、妹夫全权打理，他只作为一个艺术总监偶尔过问一下。这是一家以"非遗"传承为使命的文化公司，主要培养唐卡绘画艺人。现在有 20 个学员在这里学习绘画，年龄从十几岁到二十几岁不等，分别来自当地以及四川甘孜、阿坝和甘南等地。他们对学员有两个要求，一个是没有坏毛病，再一个就是喜欢画画，只要符合这两个条件就可以到这里学习。不过，也有例外。有一个孩子，小时候出家为僧，后来又还俗，经常赌博。他来报名的时候，大家都不同意。但是，更嘎的弟弟坚持要收下，理由是，他小时候也很调皮，就留下了。后来，这孩子成为成绩最优秀的学员。

　　更嘎仓央说，"绿绒蒿"是他为弟弟妹妹修的一条路。他弟弟和妹夫都有绘

● 久治绿绒蒿老师的作品　　　　　　　　● 久治绿绒蒿学员的作品

画天赋，都很出色。弟弟次成尼玛在公司教授现代美术，他曾在吉美坚赞艺术学校学过美术，后来又到中央民族大学学过油画。他的作品曾在第四届国际"非遗"产品博览会和四川省"非遗"名家作品展获得过一等奖。我见过次成尼玛的作品，他在传统唐卡绘画中大胆吸收油画的元素，使其唐卡作品别具一格。不仅如此，他们画的大部分唐卡作品还有一个传统唐卡作品中少见的主题，那就是绿色和生态。这些作品都是为年保玉则生态环境保护协会专门创作的，其中包括描绘年保玉则内、密两个世界的系列唐卡。这些作品成为《年保玉则山水文化史册》最精美的手绘图画。

　　我看到了几幅学员的习作，都以生态环境为主题。一幅上画着一匹蓝色的狼，想必是月光下的狼。它伸长了脖子，像是在嚎叫。还有一幅上画着一个蓝绿相间的地球，地球被画成了一棵树，悬在半空里，树根部分是主体，树上长着几片叶子，可它的根部正在漏水——应该是地球底部已经出现严重破损，污浊的水滴正在泄漏，它们会滴到哪里，并未交代……看得出来，那都是他们心中的生态环境。尽管技法稚嫩，但我喜欢。我把它们都拍了下来，就不过多描述，我把这几幅作品插在这里，你自己看，相信你也会喜欢。

part four

　　在见到土巴之前，我一直以为，对一位野生生物摄影师而言，拍摄昆虫相对于其他物种要容易一些。不仅因为，它们小，跑不快，也飞不远，还因为人类与昆虫之间的矛盾冲突也远不及人类与其他物种那么尖锐。除了像大理蝴蝶泉那样的个别地方和蝴蝶那样的个别昆虫类——我敢说，如果不尽快加以禁止，那个地方的蝴蝶迟早有一天都会变成标本——人类对一只虫子的兴趣也远不及其他物种，比如虎、豹、狮子、狼、大象、羚羊、野牛、野马，甚至狐狸、兔子、野鸡和各种鸟类，等等。迄今为止，人类猎杀的对象几乎已经囊括了世上所有的动物，包括海洋生物，但至少目前我们还没有发现哪里发生过大肆猎杀昆虫的行为——针对农作物保护而采取的灭虫行为除外。所以，即便是蝴蝶那样已经惨遭人类毒手的昆虫，总体上还没有对人类的行为引起高度警觉。

　　也就是说，当你面对任何一只虫子时，除非是出于本能的担惊受怕，它并不会表现出对人类这个物种格外的情感排斥和仇视。而且，虫子群体庞大，随处可见。目前已知的昆虫种类约占动物种类的四分之三，已定义的昆虫种类超过百万种，还有 500 到 1000 万种新的昆虫正在热带雨林中等待发现。奇热尔曼说："每时每刻，地球上都有 100 亿个昆虫在游荡，每人平均有 2 亿只虫子。"所以，我以为虫子好拍。

土巴拍摄的昆虫

可是，土巴说，恰恰相反，拍一只虫子的难度丝毫不亚于去拍摄一只雪豹什么的大型猫科动物。无数次，他分明看到一只虫子，就在眼前，可是，当他端起相机将镜头对准虫子的时候，却怎么也找不到那只虫子。再看，它还在那里，并没离开，就再次将镜头对准虫子，可还是找不到。而这次，它是真的跑开了，虽然没跑远，但是一片草叶或一粒小石子儿都有可能将它完全挡住。有时候，运气好，它一下就出现在镜头里，可它不老实待着，前后左右乱动一气，拍是拍到了，可画面是虚的……如此反复折腾，要拍到一幅成功的昆虫图片，难上加难。多少次，他就守在一只虫子跟前忙乎，一会儿蹲着，一会儿爬着，一会儿躺着，一会儿跪着，几乎一直在方寸之间挪动，直到自己腰酸腿疼、筋疲力尽了，还没把那只虫子拍清楚。而几乎每一幅图片背后都有一个这样的故事——让一只虫子把你折腾得直不起腰的故事。

而土巴并不是一位职业摄影师，他是白玉寺的一位僧人，在寺院任秘书长一职，寺院大小事务都得操心，千头万绪，不得有半点马虎。他只能忙中偷闲，抽出一点时间去拍摄昆虫。有时候，看天气情况，应该是拍摄的最佳时机，可他就是走不开。等他有点空闲，能走开了，却错过了最佳的拍摄机会。

对土巴来说，还有一个无法逾越的障碍。因为自己是一名持戒的僧人，绝对不可以杀生，这也就意味着他不能制作任何昆虫的标本。而对一位昆虫学家来说，制作标本是最基本的要求。无法获得标本，分类就成了一大难题。他只能靠田野观察来进行大致的分类，无法进行精确地比对分析和判断，这样一来，某一类昆虫的名字就难以确定，具体到某一种或属的问题上就会出差错。一般来说,在"目"和"科"这两个环节上基本上不会有大问题，他有足够丰富的观察积累和经验加

土巴拍摄的昆虫

以分别,但是到了"属"和"种"这一层就很难保证。

从岩层化石和琥珀中保存下来的昆虫遗骸推断,至迟在白垩纪时,蚂蚁、蜜蜂等昆虫已经进入繁盛时代。无论哪一种昆虫,它们在地球上的生活经验远比人类丰富。而在地球表面,昆虫数量和种类分布最密集的地方是热带,并随纬度的增高而逐渐变少。至北极圈以内,大多数昆虫就无法生存了。从这个意义上说,青藏高原并不是昆虫理想的家园,但即便这样,也有数量惊人的昆虫在这里生存了下来。这为土巴所进行的昆虫观察和研究提供了条件。

昆虫是一种社会化程度极高的生物。爱德华·O. 威尔逊在其巨著《昆虫的社会》前言中写道:"在种类数以万计的胡峰、蚂蚁、蜜蜂、白蚁中,我们会看到,它们是运用社群组织的力量来解决各种生态问题的,而其他生物却通常是靠自己单枪匹马去对付。"他还写道:"在全世界大多数地区,社会性昆虫(特别是蚂蚁)是其他无脊椎动物的捕食者。它们的群体,像多年生木本植物一样,常年扎根在一个地方,它们派出的搜索队昼夜不停在各自的地盘内搜寻食物。在大多数陆地生境,它们消耗的食物和能量超过了脊椎动物。"

土巴从 2009 年开始观察拍摄昆虫,据他的观察记录,青藏高原的昆虫多为有翅目,是会飞的昆虫,比如蜻蜓、蛾子和蜜蜂,另外蜘蛛的种类也很多。经过长达 8 年的持续拍摄,他拍到过 40 余种蜻蜓、上百种蛾子。他对当地所观察到的昆虫进行了大致的分类,从约 30% 已分类的昆虫看,当地昆虫约有 20 余目。到 2017 年夏天,他累计已拍到 300 多种昆虫,其中的 240 种在《年保玉则山水文化史册》中得以反映。2017 年,土巴 39 岁。

在年保玉则生态保护协会,像土巴一样观察拍摄野生动植物的人共有 8 人,每个人都有大致的分工，土巴的主攻方向是昆虫。白玉寺所在地也是他出生的地方，9岁时，他在白玉寺出家为僧。寺院有一所学校，他在那里当过三年老师，有150多名学生。受其影响，这些学生后来也开始观察、拍摄昆虫。如果他们中有谁拍到了一种稀奇的虫子，都会把图片发给他看，他就把这种昆虫的名字和简单的生物属性讲给学生们听。当然，他们什么都拍，然后在微信空间里互相交流。有些学生拍得已经很好了，像更桑多杰和曲考这两个学生，曾拍摄过不少精彩的图片。受其影响的不仅是他学生，他母亲和弟弟、妹妹以及不少亲戚朋友，也开始观察和拍摄昆虫。他们中如果有谁看到一只以前很少见或没见过的虫子，也会拍下来发给他看。

我仔细翻看过土巴所拍摄的那些昆虫图片，每一幅都很精美。我向他提出一个请求，希望能将这些图片放在我这部书里，当插图。他爽快地答应了，并把所有的图片都拷在我的电脑上了。所以，你才有机会看到这些图片。我希望你能记住，也许就在此刻，年保玉则山下有一个人正将镜头对准了一只爬行或飞翔的虫子，调整好焦距，准备把它拍下来。也许在未来的某一天，你说不定会听到一个消息，说年保玉则山下生活着一位昆虫学家。因为他的存在，这个世界认识了一个别样的昆虫世界。

part five

如果土巴关注的是一个微观世界的话，那么，从观察和拍摄对象而言，普哇杰所关注的则是一个宏观的世界，从水下到高山和山巅之上的天空都是他守望的领地。他是欧亚水獭和高山兀鹫的守护者，前者生活在水世界，偶尔才会露面；后者则生活在高山之上，也时常会展翅飞翔。

相对而言，水獭更难得一见。首先，你得知道，在什么地方有可能找到水獭的踪迹。虽然，它生活在水中，但并不是有水的地方就有水獭。年保玉则水獭虽生活在湖水中，但也不是所有的湖中都有水獭。此前，人们只在两三个湖中见到

欧亚水獭 普哇杰/摄

过水獭。这些湖水都在远离人群的地方，你要想见到水獭，先得孤身一人深入年保玉则山水之间，找一个可能会看到水獭的地方，在湖畔岩石和灌丛中找一个藏身之地，然后，隐蔽起来。之后就是紧紧盯着前方，一整天一整天地守望。有时候，等上十天半月，连个水獭的影子也见不到。

普哇杰苦苦守候三年，只有两次见到过水獭，而且，时间极其短暂。一次，它几乎只是晃了一下就不见了踪影，虽然也拍到过，但不清晰。那是一只成年的水獭，它在一个洞里，洞里光线很暗。第二次拍得就清楚多了。记不清，他已在那个地方守候了多长时间，突然他听到有水声和水獭的叫声。接着，他看到一只水獭跃出水面，爬到了湖边的一块岩石上，可能是想晒晒太阳。它歪着脑袋左右看了看，匍匐在石头上，有几分钟的停留——也许没那么长时间，也许只有几十秒钟。他赶紧按下连拍快门儿。当他想再次按下快门儿时，扑通一声，它又回到了湖水中，再也没有出现。但他毕竟拍到了年保玉则水獭，有一幅图片甚至可以说非常理想。这幅作品后来参加年保玉则摄影大赛，获得银奖。之后，他再也没拍到过水獭。水獭喜欢在夜间活动，连红外线都很难观测到。

欧亚水獭 普哇杰/摄

　　欧亚水獭是一种珍稀野生动物，在欧亚大陆和非洲曾广为分布，20世纪下半叶数量开始下降，原因是有机氯杀虫剂及多氯联苯，其他威胁包括失去栖息地及被猎杀。有害杀虫剂禁用后，其种群在欧洲有所恢复。2015年，世界自然联盟将欧亚水獭列入濒危物种红色名录。青藏高原很多地方也有欧亚水獭分布，曾经也是能见到的，可后来却难得一见了。在青藏高原野外拍到欧亚水獭的人更是少之又少，普哇杰便是其中之一。

　　以前藏人用水獭皮装饰藏袍的袖口、领口和袍边，视之为奢侈品，水獭因之在藏地享有盛誉，猎杀水獭的事也时有发生，因而其种群日渐稀少。后来受藏传佛教和现代环保思想的影响，藏族社会开始普遍禁用水獭皮，猎杀水獭之事才告彻底禁绝，一些地方的水獭种群也才得以少量恢复。据说，年保玉则也一样，说很久以前，很多湖水中都有水獭，也不难看到。可后来，突然就看不到了，它们好像永远消失了。这些年随着保护力度的加大，个别地方又能见到水獭了，但其种群数量依然十分有限，处于极濒危状态。普哇杰所拍摄到的水獭就是年保玉则水獭家族中仅存的后代了。

　　普哇杰是久治哇玉乡人，4岁没了父亲，6岁又没了母亲，是外婆养大的。7岁时，外婆带他来白玉寺拜佛，之后就与外婆留在这里了。他们在寺院旁边扎了一顶牛毛帐篷住了下来，后来又盖了两间小土屋，从此再也没离开过。8岁时跟舅舅学藏文，并与扎西桑俄相遇并认识，12岁在白玉寺出家。那个时候，他们家还有100头牦牛，出家时放在一个舅舅家里了，他没卖过，也没宰杀过。2013年外婆去世后，他开始吃素。那些牦牛是否还在？有几头？他不清楚，也没问过。想象中，他感觉自己有一群牦牛，就像一幅画，又感觉它们并不真的存在。

年保玉则生态保护协会成立的第二年，他离开寺院到协会里来了。那个时候，外婆还在，她支持他到协会工作，说保护鸟儿和虫子太好了。在藏人心里，所有动物都是平等的，没有一级保护或二级保护的概念，也没有珍稀或不珍稀的分别，一头大象和一只蚂蚁同等重要，都需要保护，都很珍贵。外婆去世后，他就一个人了，协会就成了他真正的家，假如没有协会的话，他可能会很孤单。

从2011年开始，他主要负责欧亚水獭观测项目。普哇杰说，他拍到那只幼年水獭是在2013年的10月，它可能只有5个月大。他猜测，那只小水獭跟母亲走散后迷路了。它一直在叫，叫声像小狗。此后不久，有人给他说，哇塞一户人家里养着一只小水獭，也是跟母亲走散后，他们带回家里养着。普哇杰赶紧跑去看，它还在。那户人家有一个孩子，特别喜欢这只水獭，一直操心喂它，养了一个多月，长大了很多。原打算等它再长大些了，送回到它生长的地方的。可有一天，水獭吃了些干馍馍，死了。孩子一直哭。听到消息，普哇杰又专门跑去看望这个孩子，对他为保护一只小水獭所做的努力表示感谢。普哇杰说，这对一个孩子来说很重要。你得对他的善举表示肯定。那样，它或许会变成一粒善的种子，发芽、开花、结果。

普哇杰一般在凌晨4点左右出发去找寻水獭的踪迹，天亮前，必须赶到现场。他尤其喜欢在下雪的日子去观测水獭，因为雪天它会留下脚印。但这会很冷，气温都在零下二十几度，最冷的时候会超过零下30摄氏度。有很多次，他都看到过水獭的脚印，有很多脚印还是新的，好像它就在附近不远的地方，可你就是看不到它。水獭很顽皮，会在雪地里打闹，像孩子们打雪仗一样。除了脚印和打闹的痕迹，它们还会留下粪便，水獭的粪便里有鱼骨头。它们还会迷惑你，故意在地上留下刨土或雪的痕迹，让你以为它是朝这个方向走了，实际上它会朝着相反的方向走。说着，普哇杰把自己当成一只水獭，趴在地上，给我学水獭的动作，惟妙惟肖。

除了观测欧亚水獭，普哇杰还观测高山兀鹫，并对其实施必要的救助。高山

高山兀鹫 普哇杰/摄

高山兀鹫幼鸟 普哇杰/摄

兀鹫是一种食腐类猛禽，它一般不会自己去捕获猎物，而只吃已经死亡的动物——包括施行天葬的亡人尸骨也会被它们完全带走，不留下任何痕迹。按普哇杰的说法，它们只清理死者，净化土地，自己却并不杀生。草原上因病或因伤致死的牛羊尸骸是其主要的食物，它们用这种方式让草原保持清洁，被誉为草原的清洁工。草原牧人都熟悉高山兀鹫的这一生活习性，所以，谁家的牛羊死了，都会放在原地，让它们去享用。可是，后来情况有所变化，受利益的驱使，一些人会用低价收购这些死牛羊肉，在市场上销售。如此一来，高山兀鹫的食物链就断了。它们找不到足够的食物，很多高山兀鹫面临被饿死的危险。

普哇杰说，有一两年，二三月份兀鹫孵小鸟时，有很多小兀鹫无缘无故地死了。持续观察后，他发现，它们都是饿死的，因为没有食物。他就去找一些有影响的人给牧人们讲讲利害关系，让他们不要卖死牛羊肉，但效果不大。最后，他发动自己的亲戚朋友，让他们把自己家的死牛羊送给他，他再把这些死牛羊送到高山兀鹫筑巢的地方。之后，小兀鹫饿死的事就很少发生。但是，普哇杰也很清楚，仅凭一己之力，他无法去救助更多的兀鹫。

2016年，我去年保玉则时，保护协会的院子里种着一些树，靠院门的墙根里有几棵白杨，院子中间有五六棵云杉，都有五六米高了，说是一个地方修路时挖出来要扔掉的，他们拉回来栽在这里了。在这样的地方，一棵云杉要长到这样的高度，至少需要三四十年的光景。可是，等2017年我再去时，那几棵云杉都已经枯死了，云杉的针叶都掉光了，只剩下树干和树枝，看着可惜。问其原因，扎西桑俄、更嘎仓央和普哇杰几个人都不知道是怎么回事。他们说，为了能栽活这几棵树，他们可是费了不少工夫。栽树时，树坑都挖到了一两米深。我一听，这就是这几棵云杉都会枯死的原因。云杉这种树种，虽然耐得住高寒，生命力顽强，却也娇气，栽种时，树坑不宜过深，填土埋过树根部分踩实即可。一两米的树坑，再填上土，意味着一米多高的树干要埋在土里，云杉的呼吸孔都在树皮上，这样它就透不过气来，会窒息。

因为出生于低海拔地区也喜欢植树的缘故，在植树这件事上，我可能比扎西桑俄他们这些纯粹牧人的后代更有经验。虽然，很久以前，我的祖先也是牧人或牧人的后代，但他们离开真正的大草原已经太久了，他们从牧人完全变成农夫至少也有一百多年的历史了。尽管，我现在也生活在城里，但每年春天我都会回到出生的地方去植树，已经坚持了几十年。我所植下的树全部加起来应该成一片林子了，少说也有上千棵树，树种也杂，至少有十几种吧，其中包括几百棵云杉。我植的那些云杉，偶尔也有枯死的，但并不是因为栽种方法，而是因为苗木本身有问题。它们中的大部分还是成活了，要说成活率的话，最低也在95%以上。我就开始在那小院里传授植树经验，扎西桑俄他们几个就很认真地听着。

一天下午，我正在屋子里整理田野笔记，忽听得轰隆隆的机器轰鸣声越来越近，跑出去看时，一台挖掘机已经开进院子里，在挖那几颗枯死的云杉。随后一辆卡车也进了院子，卡车上是几棵高大的簇状柳类植物。我知道，他们要开始植树了。因为枝叶繁茂，我们把那几棵柳类种在院子南边的墙根里。虽然有挖掘机的帮助，但是，我们几个人还是忙乎了一个下午，才把那几棵柳树植在那里，并给它浇上了水。之后，挖掘机只几下就把那几棵已经枯死的云杉挖了出来。他们说，那个地方，还是想种上一些云杉，但不知道到哪里去找云杉苗木。我说，这个事情就交给我来办。几天前，我刚去过玛可河林区，虽然已是初夏季节，但玛可河林区的造林还在进行。我就给玛可河林业局副局长薛长福打了个电话，说我想要几棵云杉树苗，准备植在玛可河上游河谷。他说，没问题，要多少，找个车去拉就行。

第二天一早，普哇杰就开着协会的一辆小面包车去拉了，天快黑的时候，他回来了，面包车里装着一车云杉树苗。把苗木卸下车，普哇杰也不休息，就开始挖树坑。他壮实得像一头牦牛，浑身有使不完的劲儿，但是很显然，他并不擅长使用铁锹等农具。又因为小院建在河滩上的缘故，往下挖，基本上全是石头，铁锹使不上劲儿。不一会儿工夫，普哇杰就折断了好几把铁锹把。我就帮他一起挖树坑，一边自己挖，一边还教他怎样使用铁锹才不易折断。扎西桑俄和更嘎仓央有时候也会来挖上一会儿，但大多数时间里，普哇杰、香巴拉姆和我三个人充当了挖树坑的主力。我们用了整整两天时间，才挖好三十几个树坑，把云杉苗都植好，浇上了水。

劳动间隙，我和普哇杰就坐在院子里闲聊。我问他，如果在植树和观测水獭之间选择，他更愿意选哪个？他毫不犹豫地告诉我，他会选观测水獭。看上去，观测水獭好像更苦更累，但是，在那个时候，他清楚地知道自己在做什么，可是栽树不一样。比如挖树坑，尽管他也清楚只要往下挖，挖到一定深度，就可以把树苗栽在里面，可是，他使不上劲儿，地下全是石头。不过，等我们把那些树苗都栽上之后，看着满院子的绿树，普哇杰说，他也很喜欢这些树。扎西桑俄告诉我，他们几个都喜欢。有了这些树，就会有更多的鸟儿飞来，落在树上鸣叫。这样，一天到晚，他们都会听到鸟叫了。一想到从此之后，每时每刻都会听到一群鸟儿的鸣叫，他们就感到无比快乐。

因为，他们都是花儿的孩子和鸟儿的孩子。

一只兔子一对鹤

part one

所以，接下来，我要写到一只鸟儿了。确切地说，是一只鹤或一对鹤。

已经很久了，总有那么些时候，总在不经意间，一对鹤会突然出现在我的眼前。不是一只，也不是三只，而是一对。我从未见过一只鹤孤零零地在一个地方，也从未见过一大群鹤在一起的情景。

天地之间，一对鹤在悠然踱步。

一大群鹤在一起的样子，我只在摄影和绘画作品中见过，譬如宋徽宗赵佶的《瑞鹤图》。赵佶的画上有20只丹顶鹤在晴空里上下飞舞，众鹤呼应生动，堪称神品。画作下方尚有徽宗瘦金体题文："政和壬辰，上元之次夕，忽有祥云拂欎，低映端门，众皆仰而视之，倏有群鹤，飞鸣于空中，仍有二鹤对止于鸱尾之端，颇甚闲适，余皆翱翔，如应奏节，往来都民无不稽首瞻望，叹异久之。经时不散，迤俪归飞西北隅散，感兹祥瑞，故作诗以纪其实：'清晓觚稜拂彩霓，仙禽告瑞忽来仪。飘飘元是三山侣，两两还呈千岁姿。似拟碧鸾栖宝阁，岂同赤雁集天池。徘徊嘹唳当丹阙，故使憧憧庶俗知。'"

在中国，无论在帝王眼里，还是在民间，鹤皆为祥瑞仙禽，自古如是，可谓千古一鹤。上下五千年文明史上，如果让国人选出一只吉祥的鸟儿，我想，绝大多数人可能会首选凤凰，其次，一定是鹤。可凤凰只是一只传说中的鸟儿，它也许真的存在过，但谁都不曾亲见，鹤却不同，它不仅真实地存在，而且为世人所喜闻乐见。

每次想到它们，我也会感到无比快乐。

不仅在中国，而且在全世界，鹤也算得上一种珍稀鸟类。鹤，为鸟纲，鹤形目，鹤科。虽然，它在世界各地均有分布，但是，目前仅存15种，其中中国有9种，如白鹤、蓑羽鹤、丹顶鹤、黑颈鹤等。而且，几乎所有的鹤种，其种群数量都非常有限，尤以灰鹤、黑颈鹤、丹顶鹤为最。历史上可能还出现过别的鹤种，而今却已无从寻觅，譬如黄鹤。黄鹤是否真的存在过，世人大多持怀疑态度，以为崔颢误将白鹤当黄鹤，对此，我并不以为然。况乎，崔颢写《登黄鹤楼》那已经是一千多年以前的事了，而且从他的诗句中，我们也不难看出崔颢也未必见到过真正的黄鹤，因为他分明写的是昔日的黄鹤。"昔人已乘黄鹤去，此地空余黄鹤楼。黄鹤一去不复返，白云千载空悠悠。"今日无黄鹤，未必昔日亦无黄鹤。

迄今发现的化石鹤类已经有17种，它们分别出现在始新世、渐新世、上新世和更新世。其中，游荡鹤属5种，鹳鹤属2种，鹤属10种，前两属鹤类均早已灭绝。科学研究得出的初步结论是，鹤科鸟类大约发生在7000万年前，至第四纪冰川期，受喜马拉雅造山运动等影响，部分鹤类开始灭绝。而且，灭绝从未停止过，曾经在地球上繁衍生息过的绝大多数生物都已经灭绝了。近150年间，大约有近百种鸟类又刚刚灭绝。当然，还有少量的生物继续存活了下来，包括人类和鹤类。

其中有黑颈鹤，它因为适应了青藏高原的隆起而开始繁衍，并成为最年轻的鹤属种类。我于天地间不期而遇的那一对鹤，正是黑颈鹤。不是一次两次，而是很多次，也不是个别地方，而是很多地方——但都在青藏高原，大多在青海境内。我所记得的是，每次远远看到它们的时候，我都在路上。因为视野中出现了它们的身影，每一次，我都会停住脚步，而后慢慢靠近它们。当然，我不会走得太近，

冬格措纳

那样它们会受到侵扰和惊吓，并离你远去。当走到一个能看清它们的地方，我一定停下来，不会再往前靠近。即使这样，很多时候，它们也会觉得你已经越过了一条界线，于是，款款迈步，缓缓移动，渐行渐远。每次看见它们，都是在一片草原上，都在一片湖水边，它们在湖岸上走走停停。偶尔，一只鹤会发出一声长唳，像呼唤，像低语，像沉吟，另一只听见了，也伸长脖子鸣叫一声，像呼应，像回答。因为，我所见到的黑颈鹤都是一对一对的，心想，它们应该是长相厮守的情侣，是恋人。

　　我第一次看见一对黑颈鹤是在黄河源头。那是一片辽阔的草原，几千个湖泊点缀其上，站在高处俯瞰，宛若繁星点点，故得名"星宿海"。我看到的那一对黑颈鹤住在其中一颗"星星"的岸边。那天，我向那片湖水走去时，打老远就看见了那一对鹤，它们忽而一前一后、忽而一左一右地在岸边草地上漫步。我向它们走去时，它们也开始慢慢迈动脚步，沿着湖岸走动。因为湖面不是很大，不一会儿，它们已经在湖对岸了。

我最后一次看见一对黑颈鹤的地方离此地也不远，也在黄河源区，也有一片湖泊，但它不属于星宿海，而是一片独立的湖泊，那是我所见过的最美的湖泊。站在那湖边，我曾对玛多县旅游局的朋友说，希望能在这湖边立一块牌子，上面写上这样一句话："请你务必不要离湖水太近，更不要试图用你身体的任何部位去接触水体。我们并不是说你不干净——你非常干净，但是，对这片湖水而言，我们所有的人都还算不上干净。"你能想象这是一片怎样的湖水吗？每到秋天，湖滨草地上一派缤纷绚烂，金黄色、紫红色的水草像一个巨大的花环环绕着湖水，与皑皑雪山、碧蓝湖水交相辉映，将一幅绝世的湖光山色挥洒在荒野之上。

　　此湖名曰冬格措那，意思是有一千座山峰簇拥着的黑色湖泊。其西北是开阔的托素河源区河谷，河谷一侧有一座金字塔状小山，山下立有石碑，上刻"吐蕃古墓葬遗址"字样，下方还有几行小字，据说也有学者称这里是古白兰国遗址。湖东南有山谷，两面山峰怪石嶙峋，疑是火山岩，千奇百怪，形态各异，如十万罗汉坐卧山野。进得山谷不远，豁然开朗，突兀一奇峰，曰珠姆煨桑台。珠姆是

冬格措纳初雪

雄狮大王格萨尔的王妃，想来，格萨尔征战四方降妖伏魔时，也曾在此久久盘踞。

据说，六世达赖喇嘛仓央嘉措最后一次远行时，也曾路经此地。当地藏人确信，他是特意绕道经过这个地方的。想必，他早就知道这是个神奇美丽的地方，因而一路往东向青海湖方向跋涉时，刻意走进那条山谷，来看看这片湖光山色。也许正是受到这片蓝色湖水的启示，才促使他从一片蔚蓝走向另一片蔚蓝。虽然，在他流传于后世的那些情歌中，我并未找到有一首情歌是属于这个地方的，但是，我也确信，他一定为冬格措纳写过一首情歌，在心里。

那天，我们走到那湖边时，清澈的阳光令人目眩，好像那阳光不是从一个地方洒落下来的，而是从很多地方洒落的。它们相互交织，变幻着光芒的色彩。也许是因为海拔的缘故，在海拔超过4000米的地方，我常有这样的感觉。即使太阳在你的这一侧，那阳光好像也能从另一侧照彻过来。正恍惚间，我看见了那一对鹤，像两个仙女——其实是一位公主和一位王子，它们正在那湖边悠然踱步。在这样一个地方见到一对鹤，在我看来，有着非同寻常的意义。也许，当年仓央嘉措走到这里时，也曾与一对鹤不期而遇，说不定，他就是为一对鹤而来。如是，我所遇见的这一对鹤是否就是他所遇见的那一对鹤呢？如是，这鹤应该还记得他的那首情歌。

不仅如此，这一路上，仓央嘉措可能与一对又一对黑颈鹤不期而遇，在羌塘，在唐古拉，在巴颜喀拉，在冬格措纳和青海湖。他曾在情歌中写到过白鹤，我以为，他诗中的白鹤即是黑颈鹤，黑颈鹤除颈部有环状黑色羽毛，全身几近洁白。那时，黑颈鹤还没有被命名，世人只知有白鹤，而不知有黑颈鹤。他在诗中写道："洁白的仙鹤啊，请将你的翅膀借我；我不会飞到很远的地方，只到理塘转转就回来。"——这是记忆中的仓央嘉措情歌，谁的译文？我已记不清了。不过，这一次他不是去理塘，而是去未知的远方。"远方，还在那里吗？那个心已经去过，脚步还不曾抵达的地方。"——这是我一首情歌的开头。远方，其实是一个并不确定的地方，但是，我们依然会想念，甚至会因为想念在暗夜里落下泪来。对鹤、对我、对仓央嘉措来说都是这样。所以，人们总是梦想着有一天能放下一切独自去远行。

藏人传说，格萨尔有一个忠诚的牧马人，一生都在为格萨尔放马。他去世后，他曾经放马的地方出现了一只黑颈鹤，鸣叫着，久久不愿离去。藏人便说它是"格萨尔可达日孜"——意思就是格萨尔的牧马人。

这个传说得以广泛流传是近些年才有的事，我想，这与互联网的高度普及有关。而在以前，至少很多藏人并不知道有这么一个传说，至少在果洛是这样。一次次在果洛藏区行走时，我跟很多藏人谈起过这个传说，他们都表示此前从未听说过有这样一个传说。扎西桑俄就是其中之一，他是一位杰出的藏族博物学家，对鸟类的观察和研究在整个藏区也许再没有第二个人有他那样的成就。可他并未听说过这个传说，也许真是因为这个缘故，我对此传说的真伪也心存疑虑。不过，这并不妨碍传说本身的意义，听到过这个传说的藏人都愿意相信它真的发生过——哪怕他们昨天刚刚听到这个故事。而且，扎西桑俄也说，黑颈鹤确实喜欢马。草原上有马的地方，也总能看到黑颈鹤。它们喜欢与马相伴，喜欢在马群中走来走去。他猜测，这会使它们感到安全。

但凡传说都有一个基本的思维模式，只要符合这个模式，他们都愿意接受，在果洛藏区尤其如此。很多果洛藏人坚信，果洛就是格萨尔的故乡，他们就是格萨尔的后裔。黑颈鹤是格萨尔的牧马人——在果洛藏区，这样一个传说能很容易找到广为流传的土壤。果洛到底流传着多少格萨尔的故事，没有人能说得清楚，即使而今名满天下的那些果洛格萨尔艺人也难以给出一个令人信服的答案。但是，我相信，他们肯定都会同意这样一个结论：格萨尔史诗中的一切，最初即便不是全都发生在果洛，但绝大多数故事的流传也一定开始于果洛。在果洛，一直到今天，只要有人群的地方就有格萨尔史诗的流传。它就像是草原上无边的牧草和夜空浩瀚的星河，以至于果洛藏人举手投足间都会洒落格萨尔的故事，绵延不绝，滚滚流淌。

这当然可以看作是一种自信——你可以说它就是文化自信，至少在果洛人看来是这样。至于别人怎么看这样一种自信那是另一回事了，譬如果洛以外藏区的其他藏人，我敢断定，他们肯定不会轻易接受果洛藏人的这份执着。如果他们接受，那无异于承认果洛就是格萨尔的故乡。而事实上，包括西藏、青海、四川在内的其他藏区也都在说他们那里才是格萨尔的故乡。

part two

　　我第一次近距离看见黑颈鹤的地方正是格萨尔赛马的终点，历经各种磨难大获全胜的格萨尔在那个地方登基称王。立于那方经幡飘展、嘛呢石簇拥的高台闭目遐想，似有马蹄声自天边响起，仿佛又有万马奔腾的场景浮现眼前。天地之间，那一对鹤寻寻觅觅，像是在寻找曾经的牧场，又像是在追寻失落的马群。也许那一对黑颈鹤还在继续牧放，牧放一群隐于无形的骏马，只等格萨尔重返人间。那时，它们便会立刻显形于山野天地间，长啸嘶鸣，开始新的征程，纵横天下。

　　某种意义上说，像黑颈鹤一样，仓央嘉措也是一个牧人，不仅因为血缘、祖先和草原牧场，还因为他牧放的心灵和深情吟唱的情歌。无论遭受过多大的人生磨难，其心灵一直在辽阔的精神疆域中自由驰骋，绽放自在。我总感觉，在踏上最后的这段旅程时，他就像一只孤独远行的鹤。可是鹤不会独自远行，一只鹤总有另一只鹤相伴。也许，对他而言，所有的陪伴都已结束，或者说都已留在了身后，最后的这段旅程注定了他要独自面对。所以，他径自往前，却无法回头，因为他知道，所有的羁绊都已解脱，所有的缘分都已放回原处，所有的轮回都已开成花朵，长成慈悲，剩下的只是一次远行。

　　当我回想遇见过黑颈鹤的那些地方，再把一对又一对黑颈鹤与一个地方、一些人、一些往事联系在一起时，它便具有了某种令人怀念的意蕴，会在心头久久萦绕，于是沉浸其间，流连不已。即便是想象，岁月深处，一个地方能有如此众多的人和事与一只鸟儿联系在一起，这不能不说是一种辽阔久远的记忆，它远远超越了一个人所能拥有的人生经历和生命体验。而且，这还不是一只普通的鸟儿，它是黑颈鹤，是仙鹤。而况，这还不是想象，而是经历，是记忆。一只鹤就这样纵贯我的人生，时时地让我萌生出一种自由飞翔的冲动来，或许这也是一次远行吧。

　　有道是：海为龙世界，天为鹤家乡。而我看到的鹤都在地上，大多与我栖息在同一片土地上，因而似乎感觉自己的身上也多了些高洁的品性。这自然是妄言。

你不是鸟儿，更不是鹤，你就是你。不过，这并不妨碍你能遇见一对鹤，更不妨碍你去喜欢所遇到的那些鹤，让它永远留在你的记忆里。

在青藏高原所有的珍稀鸟类中，黑颈鹤给我留下的印象最为深刻。在所有的鹤类中，我只对黑颈鹤做过近距离的观察，而且是在野外。黑颈鹤是唯一生长繁殖于高原的鹤类，栖息在海拔2500—5000米的高原。北起阿尔金山—祁连山，南至喜马拉雅山麓—横断山，西起喀喇昆仑，东至青藏高原东北边缘，都是它的栖息领地。有如此辽阔的家园，正好可以满足它们喜欢分散居住的喜好。黑颈鹤通常不喜欢聚在一起过拥挤的生活，它们喜欢小家庭的生活，并以小家庭为单位分散居住，而且，一个小家庭与另一个小家庭之间会保持一定的距离，以避免相互侵扰。而一个小家庭就是一个繁殖对，一个繁殖对至少都拥有1平方公里以上的领地。人烟稀少的青藏高原正好给它们提供了足够宽松的生存空间，所以，一年的大部分时间它们都生活在这里，不愿离开。直到11月中下旬严寒来临，小鹤的羽翼也已经丰满，可以展翅飞翔了，它们才暂时离开家乡，飞到云贵高原和雅鲁藏布江过冬，像是去度假。它们是鸟类中真正的贵族。

如果在青藏高原只选一种代表性的鸟类，我一定会选黑颈鹤。尽管还有一些鸟类更加稀有珍贵，譬如藏鹀——迄今为止目睹藏鹀的人都是屈指可数的，然而，我仍偏向于黑颈鹤。如果把视野限定在我所栖居的青海这片土地上，那么，我更会坚定地选黑颈鹤。科学界认定的第一只黑颈鹤也发现于青海。1876年，俄罗斯探险家普尔热瓦尔斯基在青海湖发现了它，并取得标本。有消息称，科学家经过多年追踪观察发现，全世界至少有一半的黑颈鹤是出生在青海的。据科学家测算，全球黑颈鹤数量大约在9000只左右，有繁殖对3000—4000对，其中至少有1500—2000对在青海繁殖。单凭了这一条，青海作为黑颈鹤的家乡，也当之无愧。

不过，我也发现，喜欢远离同类分散而居的黑颈鹤也有特别喜欢的地方，这样的地方总会有很多它们的小家庭，譬如玉树隆宝就是这样一个地方。早在上世纪后期，那里已经设立了国家级黑颈鹤自然保护区。那是一个开阔的草原湿地，在那里你经常会看到几十对黑颈鹤其乐融融的场景。虽然也是一对对分散开来的，但这一对与另一对不是离得很远，而是毗邻而居，从这个小家庭里能听到另一个

珠姆煨桑台

小家庭的动静。我想,像隆宝这样的地方大概就像是人类社会的城市,人口相对稠密。但是总体上讲,这种地方毕竟是特例,黑颈鹤不像人类这样热衷于城市化。它们偏安一隅,不求繁华,却拥有辽阔旷远的疆域,以期驰骋和飞翔。

也许,正是相互之间总是保持适当距离的这种栖居方式,才使它们过着悠闲自在的生活。自由和自在都需要足够的空间距离。但凡拥挤,节奏就会加快,竞争就会激烈,压力就会加大,情绪就会紧张,因而免不了冲突和剑拔弩张。我从未见过匆匆忙忙的黑颈鹤,它们总是一派静谧恬淡、从容优雅的样子。

因为,它们从不拥挤。

part three

没想到,就在遇见那对黑颈鹤不远的地方,我还会碰见一只灰色的野兔。

那个地方在巴颜喀拉北麓，是一条山谷。我去那个地方是去看一个叫冬格措纳的湖。正是在那湖边，我遇见了那对黑颈鹤。告别了那一对鹤，向左拐进一个怪石嶙峋的山谷，山谷里面孤零零地耸立着一座山峰，孤绝险峻，但山顶却极为平缓，远远看过去，很像一个高台。传说，这是格萨尔王妃珠姆煨桑的地方。到底是格萨尔王妃，一个煨桑台就是一整座山，心中的震撼因而铺天盖地。便在那山壁久久盘桓，无意登顶，只是流连。

就在这时，我看见的那只兔子，一只硕大无比的灰色野兔。一开始，我离它还有一点距离，用一支400的镜头刚刚够到，但还不是很清晰。一连按下十几次快门之后，我试着走近了一些，发现它要逃离，便跟它说，你不必惊慌，我只是想给你拍张照片，不会伤害你的。一边说，一边往它跟前凑。说来也奇怪，它像是听懂了我的话，不再惊慌，也不再逃离。它一动不动地停在那个地方，摆好了姿势让我尽情地拍照，不时地还将两只长耳朵变换着样子，偶尔也会侧一下脸，闪一下眼睛。最后，我离它的距离最远也不会超过五米，即使用一支小变焦镜头也能拍得非常清晰。也许我还可以离得更近些，但是我没有那样做，拍完照片，我给它说了声谢谢，又看了一会儿，就离开了。我离开时，它还停在那里，像是还要让我拍下去的样子。

已经不记得，这是我第几次在这么近的地方看到一只野兔，但这是最后的一次。之前，我曾在老家山野看到过很多野兔，我把它们称之为老家的野兔。而这一只是属于远方的野兔，我在远方也看到过很多野兔。在老家看到过的野兔，都在我小时候的记忆里。虽然，它们依然清晰地留在记忆中，但回望那一片山野时，你才发现，自己已经有太久的时间没有在那山野间看到过任何一只兔子了，好像那是个非常遥远的岁月，好像也在一个遥远的地方。如此想来，所有我见到过的野兔都留在远方了。唯有记忆还在身边，离得很近，感觉一伸手就能摸到一只活蹦乱跳的兔子。

离开那个地方之后，我一直在想一个问题，难道它真听懂我说的话了吗？要不，它怎么会有那种举动？也许它所在的那个地方有它的窝，兔子窝大凡都在山坡草丛里，是一个洞穴。其洞穴一般会有两个甚至多个进出口，你看着它从这个洞口进去，如果在那里守株待兔，都会落空，因为它还有别的出口。所谓狡兔三窟，所说的应该是这个意思。一只兔子并不是真有三个家，而是一个家有好几个门可以进出，这样看上去，它好像有好几个家一样。

我小时候在山上放过羊，记得山上有很多兔子，也有很多兔子窝。夏天日子漫长，羊散开了在山上吃草，一群孩子在山上闲着无事，便追兔子玩儿。有时候，我们会在几个洞穴口上点一把火，用烟熏兔子，只留一个洞口让兔子出来，并用一顶草帽什么的盖住那个洞口。大部分时间可能里面原本没有兔子，因为我们没有看到有兔子从里面出来过。偶尔一两次，兔子真从里面窜了出来，把一群孩子吓了一跳，于是，我们便倒在那山坡上哄堂大笑，直笑得肚子抽筋、眼泪飞溅才罢休。有一次，一只兔子提前窜了出来，我们还没有完

巴颜喀拉的野兔

全做好准备，结果，它顶着一顶破草帽滚下山坡。滚了好几下，草帽掉了，它才停住，爬起来，蹲在那里愣了一下——我猜它有点晕头转向——才调转头，向山顶跑去。因为后腿太长的缘故，遇到危险时往山顶方向跑是兔子遵循的求生准则，一只逃生的兔子永远不会往山下跑去。看着它向山顶而去，一群孩子没人去追兔子，而是又一次倒在山坡上哄笑，直笑得自己也从那山坡上滚了起来……我们从未逮住过一只兔子，但兔子却给我们带来了无穷的欢乐。从那以后，我再也没有那样快乐过，也没那样开怀大笑过。我们玩兔子，兔子也玩我们。

小时候，我还养过一窝兔子。一开始养的是一公一母一对兔子，我特意为它们修建了一个小窝，小窝由一个很小的窑洞和一面同样很小的篱笆墙组成，篱笆墙上开了一道门，方便兔子进出，也方便我给它们喂食。后来两只兔子成了一窝，有时候窜出来，满院子都是兔子。它们还会糟蹋院子里种的菜，这个时候父亲就不高兴，我得小心善后，以保全兔子。它们至少在我家生活了好几年，我知道有好几只兔子是从家里逃走了的，院墙根里有一个排水洞，它们经常从那里逃出去溜达。但是最后还剩好几只，我却记不清后来它们都去了哪里，结局如何。我只记得，每隔几天，它们都会在那口小窑洞里挖出一大堆土来，每次，我都得费不少工夫才能清理干净。

每次看到兔子的时候，它们都在不停地咀嚼什么东西，我还以为兔子跟牛是一类，也需要反刍。后来才知道那不是反刍，而是在磨牙，这是啮齿类动物每时每刻都必须要做的一件事——原来它们跟老鼠是一伙的。因为它们的门牙没有齿根，会终身生长，不如此磨牙，门齿会越长越长，最后会把自己的脑袋劈成两半。我想，啮齿类动物应该没有多少睡眠的时间，因为它们得不停地磨牙，一旦睡着了，一觉醒来，说不定两颗门牙已经长长了，把那小兔唇给顶开了，合不拢，就吃不了东西了。

家兔和野兔虽是同类，但习性却大不相同，家兔喜欢集群活动，而野兔却喜欢独处，它们独来独往，像一个剑客，或一个诗人，守着孤独，逍遥漂泊。我从未在野外看到有两只兔子在一起，每次看见，都是一只兔子孤零零地蹲在那里，或蹦蹦跳跳，就像我在巴颜喀拉那条山谷中看到的那样。

那是我最后见到的一只野兔，那里是格萨尔和珠姆走过的地方，也是白兰古国的遗址。曾生活在那里的白兰国古羌人和藏族先民一定也是见过很多兔子的，因而那个时候的孩子们也一定是快乐的，因为他们可以在山坡上追兔子玩儿，也会听到很多有关兔子的故事。现在城里的孩子们都会唱一首童谣："小兔子乖乖，把门开开。不开，不开，我不开，妈妈没回来……"可是，大部分孩子是从没见过兔子的，更没见过野兔，他们的记忆里定会因此而少了些什么的。那会是什么？我说不大清楚，也许就是快乐。

我也听过国内外很多有关兔子的故事。国外最著名的当属《龟兔赛跑》的故事，汉语世界里，最广为人知的故事应该是《守株待兔》，还有月亮上那只玉兔的故事。而在藏语世界里，有关兔子的故事也很多，有小兔子的故事，还有兔子和熊的故事、兔子和狮子的故事、兔子和狼的故事、兔子和狐狸的故事、兔子和老虎的故事，等等，大凡都是小兔子如何以自己的机智和勇敢，戏弄并最终战胜那些猛兽的故事。这还是我听到过的，我不曾听到的一定还有不少，可谓浩浩荡荡，自成一个系列。但在这里，我要讲的是另一个故事，这个故事流传不是很广，却更加耐人寻味。

有一个人上山去砍柴，身上系着一条捆柴用的麻绳，但他没带斧头，他拿的是一把镰刀。他觉得镰刀拿在手里碍事，就用一只手握住镰刀把，将弯弯的镰刀片挂在自己脖颈上。因为天气好，心情也好，他一路走，一路哼着小曲。走到半山腰，突然见到一只兔子挡在了路上，正抬头看他。他一激动，大喊一声："兔子啊！"随之，手起刀落。兔子看到，那人割下了自己的头颅。兔子浩叹一声，转身离去。

在所有我听到过的故事中，这是最精悍力道的一个故事。所有听到这个故事的人都说，那个去砍柴的人在前世可能欠了这兔子一条命，那兔子到那个地方，是专门来找他索命的。于是，肃然，敬畏。之后每次见到一只兔子，我都会静静地立在那里，看会不会有什么事发生。等好一阵子，我才会迈动脚步，悄然离去。有时，走很远了，还感觉那只兔子一直蹲在那里，望着我的背影。这种感觉一直伴随着我的童年时光，可一直没有什么事发生。久而久之，也相信不会有什么事发生了，因为自己离兔子的世界越来越远。直到在巴颜喀拉的那条山谷遇见那只兔子后，我才意识到，你可能还会遇到兔子的，在某个意想不到的地方。它会意味着什么？也许只有兔子知道，但它不会告诉我。那是属于兔子的秘密。那么，下一次，我遇见的兔子会在什么地方呢？

如果可能，我真想重温一下童年的往事。

part four

我曾在一件出土的西夏黑陶上看到过一只白兔，进而想到了巴颜喀拉的那只野兔。

我并不确定，我在巴颜喀拉山麓看到的那只兔子是否真与西夏黑陶上的那只兔子有关。虽然，果洛也有黑陶，而且从器型上看，它与西夏黑陶还颇相像，但是，我也不能确定，果洛黑陶与西夏黑陶有什么直接的联系。西夏黑陶，我只见过图片，没见过实物，但果洛黑陶我却是见过的。直到今天，果洛制陶工艺还在继续传承，西夏黑陶技艺在宁夏也在延续，而且从外观上看，它们还的确有很多近似的地方，说不定它们之间真有文化渊源的关系。

不过，今天果洛黑陶的器物上很少见到有彩绘的图画，更别说是一只兔子了，即使有些器物上有一些装饰图案，那也是用陶土附着在上面的，或者直接用刻刀在陶坯上刻画上去的。也许以前果洛的制陶工匠也会制作彩陶，只是这一工艺后来在当地失传了。如是，早年东迁的白兰人中，是否就有熟知彩陶工艺的匠人呢？这个问题只有未来的考古发现才能回答了。

谢格太是一位黑陶艺人，是黑陶国家级"非遗"传承人，39岁，班玛县灯塔乡要什道村民，据他自己说，他是那合太的后人。要什道和邻近的克培村都是果洛黑陶的原产地。

谢格太是他们家族第四代黑陶传承人，他从7岁学做黑陶，因父亲去世早，学业在14岁时被迫中断，中间停了三四年。直到2006年才又开始做，再没间断过。除了民用器物，他还以相同的工艺技术制作格萨尔藏戏的面具，偶尔也做泥塑的佛像，给不少寺院都做过。

黑陶制陶工

　　在班玛县文化产业园的一栋楼上，谢格太有一间黑陶制品展示室，里面摆放着几百件他的黑陶作品。我所以说它们是黑陶作品，是因为那里摆放的每一件器物都是他心血之作，都是非卖品，只用来展示。大多是碗盏、茶杯、酒具之类的小型器物，也有一些大的，比如陶锅、陶罐、陶盆和陶壶。

　　他现在有17名制陶工人，其中10个人的技术比较成熟，但一年顶多也仅能制作500件黑陶，基本上都是事先订制的，市场上很难见到他做的黑陶，每件黑陶的售价从300元到1500元不等。他曾带自己的黑陶参加过上海"非遗"博览会，带去了40件作品。头一两天很多人都来看过，却没一个人愿意买。到第三天，前两天来过的那些人又来了，都抢着要。争抢时，还吵了起来。40件器物一抢而光，没抢到的那些人还一脸的遗憾。

　　谢格太给我讲过黑陶的工艺。先要做陶坯，从陶土到陶泥再到

班玛黑陶

陶坯需要几十道工序。晾干后，再将陶坯放进窑里烧，除了柴火还要用少量佐正（音，一种毒药），烧五到六个小时。熄火之后，还要用柏树枝等烟熏，大约需要几分钟。然后，拿出来放到水里泡一下，冷却。但器物本身的温度还在300摄氏度以上，这时需要倒进牛奶或糌粑糊糊，再冷却。这样一件黑陶就做成了。最好不要马上洗，至少要放两三天再洗，就不漏。据说，用这样的黑陶烧奶茶，茶壶也不用洗，下次烧奶茶时可继续使用，茶壶也不会有异味儿，奶茶也更香。这是任何别的茶壶都无法做到的。当地民间还有一种说法，长期用黑陶做茶具和炊具，还有排毒抗癌和延年益寿的作用。

据谢格太的讲述，藏地制陶技术最初诞生于古象雄时代，之后，从象雄传入西藏山南地区，再从那里传播到其他藏地。也有个别地方的制陶技术是从中原传入藏地的，譬如玉树囊谦的制陶技术（有黑陶和红陶）是文成公主进藏时带进来的。他说，果洛制陶技术是从德格那边传过来的。先是从山南传入昌都，再从昌都传入德格，最后从德格传入果洛。果洛大约有700多年制陶的历史。他说，这都有历史记载。即便这样，我对其历史沿革还是稍稍有些疑问，如果其传播路径是确凿的，那么，我以为，它发生的时间应该在1000年以前的唐蕃时代，甚至有可能更早一些。如果是这样，那么，果洛黑陶与西夏黑陶同属一种文化的创造便是可能的。

有人说白兰古国在今青海都兰县一带，但据李文实先生《白兰国址再考》一文的精确考证，白兰古国就在巴颜喀拉北麓今达日、玛沁、玛多三县之间，至今玛沁县境内还有一个地方叫党项。与白兰同期还有一个古国克兰，这两个古国连在一起，就是后起之名巴颜喀拉的来源，"其语源或出自羌，或出自吐谷浑，尚无从推求"。"至此，我们不妨为白兰国的地望画出个粗略的轮廓来。当年吐谷浑在受到西秦和北魏的军事进攻时几次退保的白兰，其地约当今青海省果洛藏族自治州境内，大致包括玛多、玛沁、甘德、达日、班玛及久治县的一部或大部，而与早期党项及吐谷浑、当米、米桑等错居。

古白兰国的腹地

东北与吐谷浑在今海南州兴海、同德相接；西南依巴颜喀拉山与今之玉树州北部相邻；西北与鄂陵扎陵相通。"（引自李文实《西陲古地与羌藏文化》）如是，白兰古国的领地几乎就是今天的果洛全境。

如是，我见到那只兔子的地方正好是白兰古国的腹地。藏族先民有没有养过兔子，我不曾考证过，但藏祖先民一定是熟悉兔子生活习性的，一种模仿兔子蹦跳动作的锅庄舞在藏区广为流传即是例证。而曾栖居于此的古白兰人一定是养过兔子的，因为兔纹是西夏国出土陶器的一个明显标记。

据史书记载，白兰古羌人是西夏国的创立者，史称党项人，为西羌一支。他们自巴颜喀拉北麓一路向东迁徙，至贺兰山麓盘踞，最终建国西夏，一度雄踞北中国大野。依照草原游牧部族的生活习性，我想，白兰人迁徙时应该也是赶着羊群的，说不定还带上了几只巴颜喀拉的兔子。我在巴颜喀拉北麓一山谷看到的那只兔子很像一件西夏陶

托素河源区是古白兰国的腹地

器上一只白兔的形象，说不定它们原本就是一个家族的后裔，像西夏人是白兰羌人的后裔一样，西夏白兔是巴颜喀拉兔子的后裔。

白兰当是一个小国。它夹在两个强大的草原政权吐蕃与吐谷浑之间，能够左右逢源而得以延续，靠的是一种政治智慧。因"其地险远，又土俗懦弱易控"，曾长期作为吐谷浑可靠的后方基地，受到西秦、北魏进攻时几度退保。吐谷浑本鲜卑慕容氏王室的一支，自永嘉之乱时度陇，以枹罕（今甘肃临夏）为根据地，"后其子孙据有西零以西，甘松之界，极乎白兰数千里。"（《晋书·吐谷浑传》）可见，吐谷浑早期曾占领白兰，并受到羌人反抗。吐谷浑死后，他儿子吐延为羌族酋长姜聪所刺，剑犹在身，他急嘱部将纥拔泥说："竖子刺吾，吾之过也。上负先公，下愧士女，所以控制诸羌者，以吾故也。吾死之后，善相叶延，速保白兰。言讫而卒。"（《晋书·吐谷浑传》）

"还有一点，就是白兰从唐初开始，在吐蕃势力的侵逼下，除了一部分人被吐蕃作为军锋外，其部落则逐步向蜀迁移，武德时安置其一部在维、恭二州，这就到了现在四川省红原、理县、马尔康一带了。到唐高宗永徽时，白兰部族又有一部内附，唐安置于剑州。龙朔以后，与春桑、白狗等为吐蕃所臣，籍其兵为前驱，便更与东会州相接了。"（引自李文实《西陲古地与羌藏文化》）后吐谷浑被吐蕃灭之，白兰亦不复存在。其部族除散落青甘川诸地者，余众继续向东迁徙至贺兰山一带，与此前已迁往此地的族人汇合，开创西夏国基业。至宋与辽、金对峙时，又生存于宋与辽、金夹缝中，再次左右逢源，续写历史辉煌。

由一只巴颜喀拉的野兔想到一段历史，便觉得历史也像一只有生命的活物，随人的遐思而蹦蹦跳跳，并在无边的时空中来回穿梭。从自然万物而非仅从人类的角度看，这也许就是历史更具普遍生命意义的启示——也许是终极的启示。

兔子与鼠类都属啮齿类，据《不列颠百科全书》（卷14）记载，哺乳类四分之一的科，35%的属和50%的种均属此类，而个体数量则更多。啮齿类现存350属、2400余种，还发现400余化石属。在白垩纪至古新世早期，它就已经出现了，距今已有7000万年的历史。

也就是说，它在地球上至少生活了6500万年之后，人类最初的祖先才开始学着用两条后腿站起来。大约又过了近300万年之后,它才见到一种叫人的生物。但是,一只远古的兔子绝对想不到,正是由于人这种生物的出现,地球以及自然万物的历史才巨大地改变了。尽管7000万年之后的一只兔子,与它远古祖先的模样并没有太大的分别,但是很显然,从它们的生存环境来看,今天的地球已不是当初的那个地球了。而所有这一切,很大程度上正是拜人类所赐。

　　我无法确定,那只巴颜喀拉的野兔与西夏黑陶上的那只兔子是否有直接的关系,但可以肯定,无论是巴颜喀拉的野兔,还是西夏黑陶上的白兔,它们都是白垩纪那些兔子的后裔。

游牧时代的挽歌
——铁丝网两侧的对峙与凝望

part one

这是一台实景演出的剧目。

虽是舞台剧，但考虑到主角均系未曾驯化的野畜之缘故，是即兴表演，因而这也是一台只能在旷野上演的大型剧目——它应该是一种全新的剧种，叫田野剧。舞台就是一片一望无际的草原，背景是地平线之上的巴颜喀拉和天空，唯一的舞台道具是两道望不到尽头的铁丝网——铁丝网架设在一根根一人高的水泥柱上。为本剧担纲主角的野畜分别是两头藏野驴、两只藏原羚（也叫黄羊）、一匹狼和三只狐狸。参与本场演出的其他演员包括一群人和十数群动物。依剧情发展的需要，他们会依次登场。

演出时间是 2016 年 10 月 13 日早晨。演出地点定在黄河源区玛多草原，这个地方现在的另一个名字是中国国家公园，准确地说，是正在体制试点中的中国国家公园的重要组成部分。另外，需要说明的一点是，因为这是一个真实的故事，整台演出与故事进展同步进行，没有预设的情节，也没有事先准备的剧本，所以，除了嘈杂的人声之外，整台演出没有任何对白——当然，这也是考虑到了对白翻译的难度——除非造物主自己也愿意加入演出，否则，那几乎是不可能做到的事情。故事开始的时候也是演出拉开序幕的时候，故事结束的时候也是剧终。还需要提醒并请你谅解的是，因为所有演员只有一次上场的机会，一经下场，毋须候场，便会径自离去，故而也没有谢幕。等最后一位演员走出舞台之后，假如你也在场，也请自行离去——说实话，我们并不确定你是否会在场，所以我们的整台演出并没有设观众席，或者说，我们只有一位观众，那就是上帝，或者说造物主，它有自己的席位。

如果感兴趣，你可以留意我们的宣传海报，除了剧照，上面还印着这样一句话：我们拒绝一切的虚构和虚构的一切。剧照的主体部分是一头惊恐万状的狼，背景虚化后凸显出两头野驴和两只藏原羚的剪影。

考虑到动物肖像隐私权益，所有野畜之名都已隐去，或只提它们的动物学名称，比如狼，我们就只提狼，而不说明它是一匹来自北方的狼还是别的什么狼，也不用化名，除不知名者外，所有上场人类演员，都是真名，并已通过实名制认证。因为我的名字已经在前面出现过，所以，以下均以第一人称代词"我"代之。当然，对我，你也完全可以忽略不计，我的存在与否与整台演出没有任何必要的关系，说白了，我就像个可有可无的道具，即使我不存在，这场演出也会如期举行，顶多，正像你将要看到的那样，某些细节会略有改动，但无伤大雅。

现在，请安静。尔后，等待。故事（或者演出）即将开始——

这天，我和沙日才先生在黄河源区玛多草原的田野调查仍将继续。今天我们要去的地方是莫格德洼、冬格措纳。之后，拐到花石峡，再从那里去果洛州府大武镇。莫格德洼在托素河源区，有人说那里是唐代古墓葬遗址，也有人说是古白兰国遗址。而冬格措纳是一片湖泊，在藏语中的意思是一千座山峰簇拥着的黑色湖泊。所以，还没踏上旅途，我对这段旅程已经满怀期待。在我，心早就去过，而脚步还不曾抵达的地方就是远方，莫格德洼和冬格措纳就是这样的地方。无论是唐代吐蕃古墓群还是古白兰国遗址都令人神往，而随后我所看到的冬格措纳应该是我所见过的世上最美的湖泊。这是这台田野剧目得以如期上演的由头。

和前一天一样，这一天，我们在玛多行走的向导依然是周保——县文化旅游局的一名干部，一个熟悉玛多并怀有幻想和探险精神的藏族小伙子，有他随行的旅途总有惊喜在不远处等你。前一天，他曾带我们找到过卓陵湖，那是黄河源区除扎陵湖、鄂陵湖之外的第三大湖泊，传说中它们是格萨尔王妃珠姆的父亲和他的兄弟。这不，这天早晨，我们刚一出玛多县城，他就把车开下了柏油公路，拐上了一条沙土路，把我们带进了莫格滩。这是一片苍茫无际的大草原，而那条沙土路就从那草原穿越而过。沙土路两边还留有一片足够宽阔的空地，至少比那沙土路还要宽阔，应该是特意空出来给路做缓冲和陪衬的，它使这条粗糙简易的路面顿时显出些奢华来。而在那空地的一侧沿着沙土路面一路浩浩荡荡的就是两道铁丝网，铁丝网架设在一人高的水泥柱上，大约每隔十米左右立着一根水泥柱。一开始，并没注意，走进去之后才发现这条路不仅很长，而且笔直，这使那两道铁丝网显得无比壮观。

连偶尔开车从这里经过的周保也颇感意外，我听见，他自言自语道，这铁丝网是什么时候拉上的呢？去年还没有。末了，还歪过头来冲着我说，这铁丝网不好，玛多草原上经常发生有野生动物撞死在铁丝网上的事情，也有野驴撞死在水泥柱上。正说着，他低下头从挡风玻璃望了望，说："前面有两头野驴。"我和沙日才也赶紧伸长了脖子看。我们看到野驴的时候，野驴也看见了我们。那时，车速还很快，野驴开始奔跑起来。我让周保减速，缓慢行驶，让野驴在铁丝网中间找到一个门进去。这时，两只藏原羚也出现在前方不远处，它们不安地跳来跳去，这使它们屁股上那一大片白毛在晨光中不停地抖动着。它们也撒腿奔向前方，可

赛马　肖巴/摄　　　迁徙　肖巴/摄

野牦牛
班玛三智 / 摄

雪地里的狼
班玛三智 / 摄

是对面也来了一辆车,野驴又掉转头朝我们奔来,两只藏原羚也同样转头朝我们奔来。我们停下车,熄了火,静静等待它们能找到一个门进去——我们看到,在两车之间也确实有一个铁大门可以进去。可是,它们看不到,气氛越发紧张起来。它们不停地在两道铁丝网和两辆车形成的狭长地带来回飞奔,不时撞在铁丝网上,那两只藏原羚还不断摔倒又爬起。这情景大约持续了十分钟左右。这时对面的车也停了下来,两辆车之间大约有 300 米的距离。对面车上还下来一个身着藏袍的女人,弯下腰,用两只手小心地驱赶那两只藏原羚。果洛藏族自治州文联主席沙日才先生也下车去做同样的事情。我们以为的善举善行,效果却不佳,甚至更糟。

也许人类自以为是的一些善举,在野驴和藏原羚们的眼里可能完全不是这样,因为看它们的样子好像是越发惊慌了。或者，我们曾经太过残暴，即使从今而后我们不再残暴，我们在它们心里的形象也很难回到当初的模样。

它们先是沿着沙土路两侧的空地来回奔突，后又在两道铁丝网之间穿梭跳跃。有好几次，我看到一只藏原羚狠狠地撞在铁丝网上了。一头野驴有几次在铁丝网跟前突然收住脚步，向着铁丝网里面惊慌地望了一眼。我想，它试图想从那铁丝网上腾跃而过，可是，发现那铁丝网太高了，于是又回过头来，前后左右不停地飞奔。如果那两道铁丝网之间的空间足够开阔，给野驴以足够的助跑余地，从这样一道铁丝网腾空而过对一头野驴来说并不是什么难事。可是，相对于它们的奔跑需要，这两道铁丝网离得太近了，根本跑不起来，它们正要奋蹄，腿脚还没有伸展开来，身子就已经贴到铁丝网上了……

它们终于发现这是一次无望的突围，根本没有去路。有那么几秒钟的时间，我甚至感觉那两头野驴已经垂头丧气了。但是很快，它们重又振作起来。而那两只藏原羚一直在飞奔，有几次它们跑到我们眼前时，我看到它们喘气的样子像是垂死挣扎，鼻孔都已经红了。再这样持续下去，非倒地毙命不可。这过程大约持续了一刻钟，它太过漫长了。仿佛我们不是在忍受时间的煎熬，而是在感受生命先被碾压成时间的碎屑粉末，而后变成灾难的狰狞。而生命的挣扎还在持续，无望，无助，无奈，直至绝望。这时，一头野驴终于在那道漆着血红色油漆的铁门前停住了。接下来是片刻的停顿。它正在犹豫。是否要从这道铁门里进去，它拿不定主意。时间凝固了。最终，它一仰头，从那里进去了。感觉它不像是在逃命，而像是英勇就义，那是赴死的决绝。随后，另一头野驴可能接到了它同伴的呼唤，很快也穿过那道铁门向草原深处飞奔而去。

望着它们远去的背影，我很想对它们说，离开这道铁丝网之后，最好就待在某个地方，只要那里还有水草可以活命，就待在那里，再也不要靠近这道铁丝网。更不要继续往前奔跑，因为前方不远处一定还有一道铁丝网拦在那里——人类惯常的思维就是这样，他们架设一道道铁丝网就是要围住一片片草原。你要是不进入铁丝网里面很危险，但要是进去之后，四面都会是铁丝网。可是，这不是野驴们的思维方式，从一次灾难中逃生之后，它们一定会沿着逃生的方向一路向前飞

奔而去，以为前方再也没有了铁丝网，也没有了灾难。

我们继续停在那里。因为那两只藏原羚还在挣扎着来回拼命奔跑。所有的挣扎和拼命，都是一种重复。一而再地重复，像所有的死亡，没有新意。在这样拼命挣扎的间隙，它们可能进行过短暂的交流，因为，它们像是商量好了似的，突然从那狭长地带的中间分开来，各自向着相反的方向奔跑。这次它们没有回头，一直向前飞奔。一只藏原羚从我们车旁飞越而过。它与我们擦肩而过之后，依然没有放慢速度，不一会儿，就已在视野中消失了。可是，我们的视野之外还是视野，还有路，还有铁丝网，你又能去哪儿呢？

车又启动了，缓慢行驶。会车时，两辆车上的人都在相互注视。我们相互注视的目光里一定写满了理解之类的空洞之物。车速依然缓慢，因为两辆车的前方还有生灵。很快，顺着我们行进的方向奔跑的那只藏原羚又在前面出现了，我们只能慢慢跟在它的身后，直到它安全脱离危险。可是，前方再也看不到铁门。一道铁丝网上不可能有很多的门，要不，铁丝网就没必要存在了。可是，这道铁丝网太长了，总也走不到头。而那只藏原羚一直在我们的前方，我们必须非常缓慢才不至于让它太过害怕。

这时，左前方沿着铁丝网跑来一匹狼，它一不小心也走进了这条沙土路，尽管它已经看到前面有一辆车正向它开来，可是它身后也来了一辆车，而且还是一辆卡车，声音更大，样子也更吓人。狼无疑是一头猛兽，可是看它的样子好像更

牧人印象　肖巴/摄

加可怜。想必它也知道，人这种动物可能对一头野驴、一只黄羊什么的会心存怜惜之情，但是对它不会。所以，即使前面有万丈深渊，它也得硬着头皮勇往直前，因为，它别无选择。从踏上这段人类沙土路的那一刻开始，它就已经意识到无路可逃。一般而言，人对于狼的仇视与凶残远过于狼对于人的危害。在面对这匹狼的时候，我感觉到，我们的车速明显地加快了。好在手无寸铁，我们绝没有胆量赤手空拳地去挡住一匹狼的去路。尽管车在疾驰，但是狼依然从一旁向我们身后飞快跑远。在与之擦身错过的刹那，我留意到，这是一匹雄壮俊美的狼，具有王者风范，体魄健壮，毛色发亮发红，它从一旁一闪而过时就像一道闪电。那只藏原羚却在路的另一侧向着与狼相反的方向奔跑，因为有人和车的缘故，狼与藏原羚都无暇顾及对方，它们的注意力都在人的身上。

也许狼也看到了那只正在逃命的羚羊，可是一只羚羊的诱惑远远抵不上对死亡的恐惧。也许羚羊也看到了从斜对面飞奔而来的狼，但是它还在坚定地向前奔跑，因为对面只是一匹也在逃命的狼，而身后却是人，比狼更加可怕。也许在它心里，此刻，它们同病相怜，或者同仇敌忾。那时，我想过，如果没有人，而只有它们，在这铁丝网围堵着的有限空间狭路相逢，那么，后果又会怎样呢？左前方终于远远看到了一道山梁，心想，至少在那个地方会有个缺口。果然，铁丝网在山脚下断开，藏原羚爬向山坡。狼也已经跑远，朝着相反的方向，即使它还记得刚才的那只羚羊，它也是不敢回头的。

藏狐　肖巴/摄

狼　肖巴/摄

藏野驴　肖巴/摄

可是，那铁丝网的一头还在不断伸向远方，不知何处才是尽头。那天早晨，我们几乎一直在两道铁丝网的夹击中不断向前挺进，不断深入草原腹地，好像我们不是行进在一条道路上，而是由两道铁丝网不断驱赶着我们。因为，一旦走进去，我们也没有别的去路，只能受制于那两道铁丝网，前途渺茫。突然我感觉，我们仿佛也是几头野兽，被那铁丝网所围困。那野驴、那藏原羚、那狼与我们都在同一条路上，像是殊途同归，更像是同归于尽的样子。

下午约2点，我们抵达高原小镇花石峡，停车歇息。就着羊肉在车上啃了点干粮，这是午饭。随后，周保离去。我们继续旷野跋涉，由西向东绕过阿尼玛卿雪山北坡，沙日才先生亲自驾车前往大武镇。约四个时辰之后，我们看到有一只狐狸横穿公路，走到路边时，它回过头来优雅地看了我们一眼，尔后，消失在河谷山坡上。这是当天我们看到的第三只狐狸，都是普通的狐狸，个头比猫大一点，比藏狐小，也没藏狐漂亮。从那个地方抬眼望去，大武已在眼前。

这一天，我们一直在路上。傍晚时分，经过一座雪山，夕阳刚刚坠落，坠落之后开始燃烧，光芒照亮了雪山，烧红了天空，却也烧毁了天上的云彩，朵朵白云化为灰烬。于是，天空暗淡。我在渐渐暗下来的天空下回望来时的路，回望那两头野驴、那两只藏原羚、那一匹孤独的狼和那三只狐狸。如果回望继续，你将会看到很多的老鼠，它们在草原上到处飞蹿。因为它们可以在铁丝网中间穿行自如，所以它们既在铁丝网这边，又在铁丝网那边，既是后台服务，也是群众演员。这一路上，我们还与一只野兔、两只黑颈鹤、若干鹰鹫、三五对黄鸭、一大群斑头鸥、五六群黄羊、七八群野驴和数群牛羊不期而遇。我们在一道铁丝网的这一侧，它们在铁丝网的另一侧。当然，对它们而言，它们在这一侧，我们在另一侧。唯一不曾变化的是，铁丝网无处不在，整个草原都在铁丝网的一侧，不在这一侧，就在另一侧。

夜幕降临。星光点亮。万物远去。

旷野回到寂静。造物主独坐一隅。

part two

看完这场旷野剧，我想告诉你的是，剧中的那些主角自古以来就是这片莽原的主人，但并非唯一的主人。其实，在此之前的漫长岁月里，尤其是近百年间，仅从种群数量看，这个地方真正的主人既非人类，也非狼、羚羊、野驴或别的野生动物，而是青草和以青草为食物的家养牲畜——马、牛、羊，其数量几乎一直稳定在数百万之众，仅牛羊就有300万之众。人类和别的哺乳类野生动物加起来也不及家养畜群的十分之一。这还仅仅是果洛，加上其他各州县的牛羊数量一直稳定在2000万头只的规模。毫无疑问，牛羊是青海广袤土地名副其实的主人，果洛也不例外。

一般来说，我们会把青海大地按其生产方式划分成两大块——农区和牧区，一块很小，一块很大。很小的一块是农区，主要集中在日月山以东不足4%的土地上，很大的一块是牧区，约占72万平方公里国土总面积的95%。牧区因牧人放牧牲畜而得名，所以我们又把它称之为草原，而除了牛羊牲畜，草原的另一大主角就是青草或牧草，它们根茎相连、叶片交错、横无际涯。牧草和牛羊于牧人就像粮食之于农民，是根脉之所系，是天和一切。

以前，出西宁翻过日月山，向北、向西、向南一路上都会看到成群的牛羊，现在虽然偶尔也能看到这等景象，但是明显少了。如果一路往南，走向巴颜喀拉。一过了鄂拉山口，进入藏地果洛，已经几乎看不到牛羊了，尤其是昔日那种如云漂浮的羊群。2016 年至 2017 年两年，我十余次奔赴果洛，所有的县和很多牧区草原，都走过好几遍。牛群虽然也不如以前多了，但是还能看到，走一天的路，总能在路边草原看到少量的牛群，偶尔，也会看到很大的牛群。但是，却没了羊群。整整两年时间里，我只有两次见过一大群羊，都在玛多，一次是从达日往玛多的路上，一次就是在玛多县花石峡附近的这条山谷里。

那是 2017 年 3 月一个大雪纷飞的日子，我们从鄂陵湖边返回时没走原路，而是拐向花石峡方向。同行的副州长拉昂才旦和州农牧局的同志肩负着一个使命——察看灾情，此次降雪已在果洛多地造成不大严重的雪灾。因为厚厚的积雪覆盖了大地，眼前白茫茫一片，不细看，甚至分不清哪儿是山梁，哪儿是山谷。

在进入一条开阔的河谷时，雪地里有一座寺院，寺院的金顶在白雪的映衬下闪耀着璀璨的光芒。寺院附近有牧人的定居点。再往前走不远，我们看到了一群鹰，是高山兀鹫，从河谷到远处的山冈，一道山梁上都是它们的身影，至少也有三五百只。它们排成纵队沿着一道山梁从山下向山顶走去。走一阵，走累了，又三三两两地停在雪地里，展开了翅膀歇息。歇够了又继续往山上走。拉昂才旦说，河谷里一定死了牛，它们刚刚聚在那里饱餐了一顿。听到车声，才往山上走的。我就跟过去拍照，可它们离得太远。我所拍到的只是一些黑点，沿一道山梁点点滴滴。

沿那条河谷继续往回走，快走到谷口的地方，路边上有一户人家，是花石峡镇的牧人。一直下着的雪也已经停了，牧人就把自己的羊群放出来，在山坡雪地散开来，寻找牧草——也可能只是让它们出来透透气，因为雪已经盖住了所有的牧草，偶尔在一些朝阳的山崖上才会看到几片草叶。我粗略数了数，这群羊大约有 400 只左右。要是以前，这样的羊群随处可见，上千只甚至几千只的羊群也很常见。

仙境　肖巴/摄

我在日干措山谷
遇见的那一群牦牛

　　牛羊畜群曾经是大地上的云朵，与天空遥相辉映，成为牧人的另一个精神图腾。可现在没有了。整整两年时间，这是我在果洛草原第二次看到一群羊。那么，昔日的那些羊群都去了哪里呢？这样的情景，我不仅在果洛见过，在玉树也见过。

　　这事要从上世纪末期说起。一时间，青藏高原生态环境的持续恶化成了世人关注的焦点。我不仅见证了那个时代，也曾参与其中，成了这个时代浪潮的助推者。如果说，这一辈子我只干了一件事，那么，这件事就是推动青藏高原生环境保护事业向前发展。我不敢说自己曾做出了多大贡献，但是，经历过那个时代的很多人，也许还记得我曾做过些什么——我当然不是为了让人们记住我这个人。在一个大时代到来时，任何一个人都算不得什么，更别说像我这样一个人，一介书生而已。真正推动历史向前发展的是整个的社会人群，我顶多也是他们中的普通一员。

一个大的背景是，国家战略层面上对生态环境保护越来越重视，就青海而言，在早先已经设立若干国家级自然保护区的基础上，一个更大的自然保护区——三江源自然保护区正式设立。2000年8月，最早成立的还是一个省级保护区，其所涉及面积超过青海国土总面积的一半，是中国有史以来面积最大、海拔最高的自然保护区。时隔不久，2005年1月，它正式升格为国家级自然保护区，规划面积虽有所减少，但依然是中国面积最大的自然保护区，保护区规划面积接近于三个宁夏回族自治区。一期保护工程随之启动，紧接着是二期工程的实施。青海作为国家生态战略高地和安全屏障的地位得以确立。2011年，三江源又成为国家生态保护综合试验区，这是共和国在生态环境保护领域设立的第一个综合试验区。2015年12月，三江源又称为国家公园，随即开始体制试点，这又是共和国第一个国家公园。长江、黄河、澜沧江源区和可可西里均纳入国家公园的核心园区。中国是一个泱泱大国，而青海虽然面积不小，但在其他方面，一直是一个小省，却一下囊括了如此众多的第一，而且全在生态环境领域，而且都在三江源一个地方，由此可见，青海在国家实现生态文明的伟大战略中占据何等重要的位置。为此，所有的青海人都感到无上光荣，但同时也感到责任之重大。要肩负如此神圣的责任和使命，就必须得身体力行，做出自己的贡献，甚至要付出巨大的代价和牺牲。

首先为这项宏伟事业做出贡献和牺牲的就是包括果洛在内的三江源的牧人。一次次的退牧还草，一次次的减畜禁牧，一次次的搬迁移民……从新世纪之初开始，这样的大行动一直没有停止过。从公开的数字看，截至2010年底，从2004年前后开始的三江源生态移民，从三江源腹地易地搬迁的生态移民总数是10142户、55774人，耗资近30亿元。但是这还仅仅是政府组织搬迁的部分，而在此前和期间以及随后，果洛、玉树边远牧区牧人自发进行搬迁的牧户也不在少数，尤其以杂多、治多两县最为突出，其西部边远乡镇牧人向州府和县城附近的搬迁早在上世纪末开始就一直在持续。如果加上这一部分人，实际搬迁移民总数应该在10万人以上——也许会更多。这相当于青海一个人口小州的全部人口。他们中的大部分迁离了世代游牧的草原，相当一部分迁离本土、本县甚至本州，上百万牲畜不复存在。这些牧人都有了一个新的身份：生态移民。他们既远离了自己的草原，也没有了自己的畜群。我几乎到过所有的生态移民点，我看到过他们身上正在发生的细微而显著的变化。

还有一部分虽然没有了牛羊，但依然在原来的草原上集中定居生活，即使定居点并不在曾经居住的地方，离得也不是很远。这一部分牧人也有了一个新的身份：生态管护员。这一部分人目前所涉及牧户17211户，约9万人。因行政区划的限制和更为复杂的社会原因，国家公园的长江和黄河源园区并未将真正的源头纳入园区规划，从而留下了一个遗憾。而随着国家公园体制机制的进一步创新，这一遗憾迟早会得以弥补，最终纳入国家公园整体管理的人数也可能会超过10万人。

这一部分牧人的家园现在成了国家公园，他们将作为国家公园的原住民，每户人家有一个人会在公园获得一个公益性生态管护岗位，定期领到工资，并用它养活家人。至2017年，已有10051户人家在国家公园安排了公益岗位，5月底前已经持证上岗（至2018年，最新公布的公益岗位数字是14万个）。考虑到用一个人的工资养活一家人不容易，每个家庭每年还会拿到定额的生态补偿金。其他家庭成员在接受各种技能培训后，也可能在新的产业领域找到新的就业机会。看上去一切都像是顺理成章，而且充满希望甚至诱惑，毕竟这是一项国家工程，工程背后当然会有日益强大的国家力量来支撑。

但是，这也许只是局外人的看法和感受，至于这些牧人内心深处是否还有不为人知或不易觉察的焦虑和隐痛，那是另一回事了。毕竟他们世代生存、生活和生生不息的一种固有的格局已经被改变。那固有的格局中不仅只有草原和畜群，还有牧帐、牧歌和迁徙游牧的历史文化和精神，那才是他们的灵魂血脉，也才是他们之所以成为一个民族的风骨品质。

向着远方的移民搬迁与留守最后的故土草原，将成为这一代牧人永远挥之不去的一个群体记忆，像悲壮的史诗。

这两种新身份的牧人加起来就是20万人（也许更多），就是青海一个中等自

牧人印象 肖巴/摄

治州的人口，比如果洛。他们原本所有的牲畜加起来估计有数百万之众。如此众多的人群告别曾经的生活方式，迁离世代息的土地；如此庞大的一个生物群落突然从草原上消失不见了，它对这片土地的未来将产生怎样深远的影响，目前尚难定论。比如畜群的大量削减，会不会使草原失去原有的养分？因为畜群粪便是草原主要的养分补给来源。青海大学实施完成的一项研究课题证实，三江源草原退化的一个主要原因就是养分流失。总之，牛羊畜群数量是真的少了。

这就是为什么我在果洛一带行走时见不到牛羊的真正原因。

这贡献不可谓不大，这牺牲也不可谓不巨。

这里是果洛藏族自治州州府所在地大武镇的一角，这个地方有一个居民小区，从外观上看，你看不出它跟这座高原小城中的其他居民小区有什么区别，但是，只要你走进去，走进一户户人家，坐下来，听完主人讲述的故事，你就会发现这不是一个普通的小区，它跟前后左右的其他小区大不一样。这个小区有一个自己专属的名字，叫江源新村，里面的住户全是玛多县扎陵湖生态移民。扎陵湖距离此地约有300公里。刚搬下来时有150户、361人，现在已增至285户、787人。据说，这是全果洛所有生态移民小区中办得最好的一个小区。

这些牧人从玛多扎陵湖一带草原往这里迁移时，我也来看过，记得，最初那些房屋的建筑质量不是很好。很多屋子里面的地坪都是不平整的，还有裂缝，一看就知道是因为偷工减料所致。我曾就这些问题与州上负责此项工程的人交谈过，结果差点争执起来。我看不惯、听着也很不舒服的是，他那一副救世主的架势。他动辄必说，这些牧人以前如何如何可怜，现在又如何如何好，好像这一切都是他的恩赐。我当时就说过，把自己世代生息的家园让出来，处理掉自己的牲畜，离开自己的草原，付出巨大牺牲，来保全国家生态安全是他们，而不是你。如果要感谢，我们首先应该感谢的也是他们——我觉得，全中国的每一个人都应该好好感谢他们，并永远铭记。

part three

时隔多年，我再次走进这个小区。

现在就让我们去认识他们中的一两户人家。我去的第一户人家的主人叫苏河（音），扎陵湖乡尕则才村牧民。他们家搬下来之前3个人，现在也是3个人。刚搬来不久，一个孩子夭折，后来又生了一个。在扎陵湖的时候，因草场退化严重，他们家已经没有羊了，牦牛也不多，只有十几头，搬下来之前全卖了。他们一家人现在就靠生态补偿和妻子岗洛在扶贫地毯厂打工的收入维持生活。生态移民以原先的户籍人口每人每年补助1800元，加上草原生态补偿每户8000元。苏河说，补偿的基数是死的，包括宅基地也是死的，但人口总是在增加，即使增加不多，总体上还是有增无减。白天妻子去地毯厂上班之后，他除了接送孩子上学之外，就做些家务。他也很少出去，也不想出去，因为出去了，也没地方可去。每当这个时候，他就特别想念扎陵湖草原。即使过了这些年，他还是觉得只有那个地方

扎陵湖生态移民在藏毯加工厂

才是自己的家。可是，他们已经回不去了。

搬下来之后的十几年里，他只回去过两次，去看看自己长大的地方。回去之后，他就不想回来了。可是，又不能不回来。他们家原来有7000多亩草场，以前牧草丰美，可后来退化很严重。让他感到欣慰的是，最后一次回去时，草场上的植被还是有所恢复。他说，既然他们已经从自己的草原上搬出来了，就希望它再也不要遭到人为的破坏。他们家的草原比其他搬迁户还要远一些，已经到星宿海边上了，那里曾经是格萨尔赛马称王的终点。如果骑马，从这里到玛多县城要走四五天，从玛多县城再到他家的草原，还得走这么长时间。那个地方的人是霍尔克部落的后代，那是玛多草原的两大部落之一。

我去的第二户人家是尕保家，今年66岁——我见他的时候65岁。这是一名有17年党龄的共产党员，原为扎陵湖卓让村牧人。从村名可以看出，他家以前所在的地方就在卓陵湖边上。尕保说，他们家的夏季草场在扎陵湖与卓陵湖之间的9片大滩上。听得出来，他为自己曾经的家园和那一派湖光山色，感到由衷的自豪。说不定，我去找寻卓陵湖时走过的草原就是尕保家的夏季牧场。

尕保一家有7口人，他老两口，还有一个女儿和一个儿子，女儿是一个单亲妈妈，带着一儿一女两个小外孙，还有一个孙子。与他一起生活的是小儿子。他还有一个大儿子，也就是他那个孙子的父亲，并没有与他们一起从卓陵湖边的草原搬迁出来，他的大儿子舍不得那个地方，正好政策也允许少量牧人继续留守，就留下了，还在那里放牧。

在迁离原来的草原来到这里之前，尕保也曾到过这个地方，这里是州府所在地，此前，他们中的很多人都来过。他知道，大武镇周边也是大草原，他们家还有亲戚生活在附近的草原上。他想，也许把少量的牛羊也可以赶到这里，放在别人家的草原上代牧。这样，他还可以时不时地去看看自己的牛羊，心里会好受一些。但是，也不可能把全部牛羊都赶过来，他卖掉了一些，留下了十几头奶牦牛和200只羊，赶过来了。把牛羊赶到这里整整走了5天。

一到这里安顿下之后，他就把200只羊赶到附近的草原上，承包给了一户牧人，可是，他一直没拿到一分钱的承包费。承包人后来提出，想把他家的羊都买下来，他同意了。不同意又怎么办？他实在想不出还有什么别的办法。可是，羊

迁离草原的扎陵湖牧人

牛粪是牧人主要的生活燃料。这是我在久治拍到的牛粪墙

款却一直欠着不给。

小儿子30岁，在建筑工地打工，中间有一段时间去修过花久高速公路，后来，又去建筑工地了，一天有130元的工资。女儿二十好几了，在大武也干点零活，因为不懂汉话，打工也不方便。这样的事以前连做梦都没梦到过的。

那十几头牦牛一开始还自己养着——刚来时，附近的草原上还没有网围栏，他就把自己的牦牛放在那里，草场的主人也是睁一只眼闭一只眼，反正也不是很多，就当是没看见。可是后来，草场都被铁丝网围住了，他的牦牛就没地方去了。不得已，只好都处理掉了。

又是铁丝网。铁丝网无处不在。

再次去玛多草原，站在一道铁丝网的一侧，伫望另一侧的草原时，我想过这样一个问题，我们为什么要用铁丝网把草原分割成无数不规则的小碎片呢？我感

迁离草原的索保老人

觉，草原上的一切就是在铁丝网的两侧开始改变的。

2016年10月12日，在鄂陵湖边，我们从一道铁丝网的入口进去，越过一片草地，去看一个老牧人，他叫索保。他曾用几十年时间画过几幅水彩画，画的是草原生态环境不断恶化、雪线上升、水源干涸的事。此前，我曾两次到他家里向他了解草原生态变化的事，这是第三次。可是，那天没见到索保，他女婿华旦在家。华旦说，索保也已经搬到县城去住了。现在这一带大部分牧人都搬走了。从鄂陵湖到卓陵湖这么大的一片草原上，现在只有几户牧人留守在这里。华旦也已经没有羊了，但还有90头牦牛。那天晚上回到县城，我还专门找到索保家里，去见过这个老牧人。他告诉我，如果有牛羊的话，他还是愿意回到草原上去生活。可是，现在没了牛羊，恐怕再也回不去了。

我跟不少像索保这样的老牧人聊过草原围栏。据他们回忆，早在上世纪五六十年代，就发生过围圈草原的事，那时候还没有铁丝网，人民公社号召社员挖开草皮，再用一块块草皮垒成墙，围圈草原，叫草库伦。很多地方至今还能看到长城一样的一道道土墙，但大部分土墙已然倒塌，留下了一道遗迹和壕沟。

铁丝网围栏是从上世纪80年代中后期开始出现的，至90年代，网围栏作为草原四配套建设（定居点、网围栏、畜棚和圈窝种草四配套，随后的配套建设内容还涉及水、电、路等项——作者注）的主要内容开始大规模推广，到本世纪后

果洛服饰

果洛服饰　肖巴/摄

十年，全省草原基本上已经应围尽围。有关公开资料显示，自2003年至2017年的十余年间，全省草原网围栏面积达1.7亿多亩。很显然，其中并不包括此前已完成的草原围栏面积。

那么，这道铁丝网究竟有多长呢？1亩是60平方丈，按10丈×6丈算，一亩地的周长就是32丈，约等于107米。当然，网围栏不会把草原分割成一亩大小的碎片围起来。虽然也确实有小片的围栏，但大多不会小于几十亩。一般来说，凡是用铁丝网围起来的草原都在上百亩、几百亩以上，也许还有更大的，因为一户牧人的草场至少也会有几千亩。以100亩计，就是6000平方丈，再以100×60算，其周长为320丈，约等于1067米。那么，1.7亿亩草原网围栏的长度大约是181万公里（如果以一千亩计，其网围栏总长度也有89万公里）——这当然是一个理论数据。

如果用这么长的铁丝网，从青海往全国各地拉一道长2000公里的围栏，足可以拉出900多条，相当于用一张巨大的铁丝网覆盖了全中国。而这才是青海草原近十余年的铁丝网围栏，此前已经实现围栏的草原面积也不是个小数字。青海有6亿亩草原，可利用草原面积也有近5亿亩，已经实现围栏的草原面积不会低于2亿亩。也就是说，理论上青海草原铁丝网围栏的总长度有可能超过200万公里，如果用这条铁丝网缠绕地球，即使用赤道的长度算，也可以绕上50圈。

而这才是青海，还有西藏和川、甘草原，还有内蒙古、新疆和宁夏……也许世界其他地方也有铁丝网围栏……如果把这些铁丝网全部加起来缠绕在地球上，足可以把地球缠绕成一个线团。你能想象这是一种何等巨大的铁丝网吗？它不可能对草原以及自然万物不造成伤害。汉语世界有一句成语叫作茧自缚，说的应该就是这个道理。我们为什么要用一道道铁丝网捆绑住自己的家园呢？

回想起来，大规模的草原围栏与草场承包经营有关。草原原本是连成一片的，一望无际。历史上，每一片大草原虽然也有主人，但是因为面积过大，不好人为设置边界标志和围栏。这个部落与邻近部落的草原大凡以一道山梁或一条河流为界，这样虽然免不了会发生草原纠纷，但草原的整体性没受到任何影响。一个部落要从冬季牧场往夏季牧场转场，都是一次远距离的迁徙，在自家草场上走十天半月是一件很正常的事。计划经济年代，因为是集体经营，草原的整体格局并未发生太大变化。一家一户承包经营后，草原的整体格局被彻底打乱。无边的草原被分割成了无数的碎片，要阻止邻家的牛羊进入自家的草场，最好的办法似乎就是围栏，而铁丝网是最便捷的围栏方式。

人类原本是想用铁丝网围住自家的草场，不让别人家的畜群进来，以起到保护的作用。可是，现在牛羊和畜群已经很有限了，很多地方，即使没有了网围栏，让牛羊自由进出，也不会有牛羊走进来了。那么，它的存在还有意义吗？

其实，从一道道铁丝网把草原分割成无数碎片的那一刻开始，传统意义上真正的游牧时代已经结束。对一户牧人来说，即使他家的冬季草场和夏季草场都还在原来的地方，还需要转场游牧，但真正实现起来也是有一定难度的。难度就在那一道道铁丝网上。他在转场的路上绕不开那些铁丝网。这还是其次，真正的困扰源自草原的整体性生态结构已被彻底打破，受到铁丝网阻隔的还不只是牧人和畜群，还有自然万物。野生动物天然的通道没有了，于是常有野生动物的尸骸挂在铁丝网上，或撞死在拉铁丝网的水泥柱上，我曾亲眼见到有野驴撞死在水泥柱上的情景，也曾见到一些小动物和飞禽类挂在铁丝网上的场景，触目惊心啊！

随之出现的就是草原的退化。退化是从冬季草场的定居点开始的，在一道铁丝网的一侧。因为牧人居住分散，草场又以家庭为单位分隔成无数的碎片，草原的退化最初也是以碎片的样子出现的。如果一户人家是一个圆点，那么，最初的退化也是一个圆点，后来每一个点的边缘不断向外扩展，它就成了一个圆。我把它称之为"圆圈效应"。牧人的生产方式失去了整体的组织约束，很多牧人不再游牧，而是一直居住在一个地方，畜群就在周围牧放，年复一年，牧草尽失的黑土滩"圆圈"越来越大，也越来越多。至本世纪初时，超过50%的草原已严重退化，80%的草原已出现退化……已严重威胁到江河源头的生态安全，进而威胁到全流域乃至全中国的生态安全。

一场围绕三江源而展开的世纪生态保卫战因之打响。大规模的生态移民、退牧还草、限牧和休牧育草、禁牧还草持续推进。这是中国决心走向生态文明之路的伟大抉择，青藏大草原可能也会因之而得以挽救，莽原也许又会充满无限生机，

花石峡牧人

牧人印象　肖巴/摄

生灵万物也会迎来再次繁盛的希望。那些铁丝网的存在也许是我们当下必须面对的最后一个问题。我敢断定，过不了多久，我们就会开始拆除那些铁丝网。因为，它已经无须存在。因为，它的存在于今天已经没有意义，于未来更没有意义。

　　但是，眼下它还在那里。它说不定会见证青藏高原游牧时代的终结。我有一种预感，过不了多久，传统意义上三江源地区的游牧时代将彻底结束。但这并不意味着一种文化的彻底消亡。在未来，游牧作为一种青藏高原地域性独特的民族文化形态说不定会得到刻意的保护。可以肯定，生态文明必将成为未来中国和全世界最终的选择。而随着生态保护意识的不断深入人心，自然万物必将迎来一个全新的时代，那是与人类一同共享天地伦理的荣光。

那个时候，如果草原上还有少量铁丝网围栏，它的主要功能不再是将草原分隔成无数的碎片，阻挡家畜以及野生动物随意进出，而是经过精心规划，在公路沿线或河谷设置一些必要的护栏，由围圈改为保护（由阻挡野生动物和家畜而改为防止人类的随意进出和破坏），且在形态上与草原自然景观相和谐。它所要阻挡的是人类以及车辆在草原上肆意横行，尽可能避免对草原生态环境造成不必要的破坏。如是，草原才会尽显天然本色。

那个时候，我们就会意识到传统民族文化形态（或生态）的保护可能与生态环境的保护同等重要。就像此前我们已经设立的那些自然保护区和国家公园一样，那个时候，我们可能也会设立专门的游牧文化生态保护区。其实，我们已经开始做这样的事情了，比如在青海，国家已经相继设立了"热贡艺术文化生态保护实验区""格萨尔文化（果洛）生态保护实验区""藏族文化（玉树）生态保护实验区"。无疑，这些文化生态实验区将为未来民族文化的全面保护提供成功的经验。当然，在自然和文化生态的保护中，我们肯定不会放弃人性的光辉。我想，那个时候，青藏游牧文化也许只以一种文化遗产或永久的精神家园存在着，而不再是一种生存方式。

不知道为什么，我总想把世上最著名的先贤都视为牧人，他们所牧放的自然不是家养的畜群，而是人类的心灵。他们也不是一直在一片真正的草原上牧放，而是游牧于更加辽阔的时空，终极八荒的苍茫宇宙都是他们的精神牧场——他们是精神世界的牧人。

由此，我还得出一个妄断，觉得在世俗世界里，牧人是天生具有某种宗教情怀的人群。继而，我甚至以为一个牧人游牧天涯的过程就是一段参禅悟道的过程。

试想，一个牧人骑着马，领着一条牧羊犬，赶着一群牛羊，从一片牧场走向另一片牧场，苍茫大地与辽阔天空是他永恒的家园，至于岁月或时间，与他并不是一件十分在意的事情，只要日月星辰还在天上，时间就会继续。他唯一操心的是，找寻水草丰美的牧场，并把迁徙的方向告诉自己的畜群。

很久以后，他很可能还会回到曾经出发的地方，尔后，又向着远方迁徙而去。

在苍茫天地间,像一片云飘过,如一阵风拂过,不留下任何痕迹。如此循环往复,时间似乎一直没有停止,但是,于他而言,于生命而言,时间并非一直向前行进。

尽管他牧放的还是牛羊,但此时的牛羊并非彼时的牛羊——彼时的牛羊已经不在。可是,很多时候,他会感到恍惚,难道此牛羊真的非彼牛羊吗?于是,陷入冥想,感觉绕了一大圈,时间又回到了过去,像是就地画了一个圆圈。如是,过去不一定在身后,也会出现在前方;将要抵达的前方,也未必是未来,说不定是你曾经的过去。他仿佛在不断变换的时空中自由穿梭。

part four

牛羊一直如云朵般在山冈飘浮
马儿一直在河边草地上啃着青草
远处的牧帐里一直有炊烟升腾袅袅
悠扬的牧歌一直从更远的地方响起

因为,他们是牧人
那时,我的祖先们从一片草原走向
另一片草原。在一片没有路的莽原上
他们所找寻的只是一个方向
一个不断迁徙和漂泊的方向
而后,启程。不断迁徙
无论出发还是抵达都是漂泊
他们从很久以后思念遥远的岁月
又从遥远的岁月里回想更遥远的往事
唯一所能确定的是,他们永远不会停下脚步
也不会在某一片陌生或者熟悉的地方

停留很久。把自己固定在任何一个地方

从任何一个地方的任何一个方向

他们都能望得见远方摇曳的牧草

而故乡的土地一直在他们的脚下伸展

即使他们已经离开了很久

他们也从未忘记过曾经的家园

因为，他们是牧人

他们一路迁徙时

一直带着所有曾经栖居的地名

一直带着所有曾经信仰的神祇

还有祖先的传说和子孙们可能的念想

只要视野中还有雪山和草原

他们就可以安顿自己的心灵

和住在心灵里的众神

就可以把所有经过的地方都变成故乡

在无数的山冈上抛洒同样的风马

在无数的草滩上飘送同样的炊烟

即使从不同的方向走到天边

他们也不会走散

因为，他们是牧人

有一天，等他们的子孙继续迁徙时

只要他们依然带着地名

依然认得祖先们在天地间留下的神秘标记

他们就能分辨出祖先们迁徙的路

找到曾经离开或抵达的地方

因为，他们是牧人

听说，很多人的祖先曾经都是牧人
他们的子孙却已没有了自己的草原和畜群
他们只在梦里还望得见天边的牧场
只在梦里还传唱着久远的牧歌
后来，连牧歌也想不起来了
便开始望着头顶的天空泪如雨下

听说，耶稣的祖先也是一个牧人
在一片牧草日益稀疏的草原上

牧人印象　才让当周/摄

牧放着属于自己的牛羊
后来，他自己也变成了一个牧人
曾经的草原已经不再
曾经的牧人也已经离他远去
于是，上帝让他去牧放心灵
而上帝自己却在天堂里牧放星星
也许，可能正是这个缘故
人们在祷告时总爱说
上帝啊，我是你的羔羊
　　　　　——古岳《牧人》

如此。就让我的果洛藏地之行在这首《牧人》中结束吧。结束。

当我回过头去，再次凝望那一片高地时，那一条大河、那一座雪山、那一片英雄的草原和草原上英雄的史诗依然浩荡……

凝眸处，我看到一只蝴蝶拍打着翅膀，从白垩纪飞来。它飞越7000万年的白天和黑夜，才被一双人的眼睛所看到。一只兔子蹲在古巴颜喀拉山麓，注视着远方，也足足等待了7000万年，才看到一个人出现在地平线上。

那不是我，也不是你。

那么，那会是谁呢？我不知道。

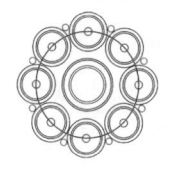

后记：三生万物是众生

老子在《道德经》里写道：道生一，一生二，二生三，三生万物；人法地，地法天，天法道，道法自然。通俗地讲，这里面所说的道就是一种万物法则和规律，而一就是太极，二就是阴阳，三就是阴阳相和，而后有万物，有众生，人乃众生之一。自然万物不仅同宗同源，且有生命，皆兄弟姐妹也。众生皆有情，故佛家谓之有情众生。

2014年，中宣部启动一项浩大文化资助工程，曰：文化名家暨四个一批人才自主选题项目，所有入选者人人有份，每人资助50万元，堪称文化盛事。本人也有幸忝列其中，与全国众多文化名流分享伟大时代的果实，惭愧之余，也不胜荣幸。我为自己申报的自主选题起了一个很大的名字：喜马拉雅北麓——发生在藏区的中国故事。我起初的想法是，用一两年时间，走遍整个藏区，并最终选择若干地点，采访众多有故事的人，再把这些故事串起来，形成一个成果。选题进行专家评审时，一些专家提出，涉及面太广，无法突出重点，恐难以达到预期目标。

他们建议，最好还是选一个地区甚至一个点，譬如一个古老的村落，而后把这个点上的故事纵深开掘延展，兼顾整个藏区，用独特的文本设计和叙事结构成就表达。

我当时极力坚持。随后，在《喜马拉雅北麓的背景架构与叙事》这篇短文中写道："喜马拉雅北麓，这是我一直关注的一个地域性主题概念。为此，我想过这样一个问题，整个青藏高原是否也可以被看作是一个巨大的山系？应该是可以的，因为有众多雄伟的山脉纵横交错，进而整体性隆起绵延，成为一个辽阔的大陆板块。而喜马拉雅造山运动正是其肇始。从这样一个宏阔意义上说，我出生的那个山坡村落，当在喜马拉雅山脚下。我所有的跋涉都始于那个村落，而后就在整个山麓蜿蜒曲折，人生和写作亦当如是。从这样一个角度打量自己的人生视野，整个喜马拉雅北麓就成了一个背景。自己以为，这是一种文化心灵意义上的自觉，或者说是对个人精神疆域的一种自觉辨认。"

我感觉，在接下来的日子里，我会一直沿着喜马拉雅北麓艰难跋涉。回来时，行囊里一定背着一摞厚厚的田野笔记，我只要把那一摞笔记上稍显零乱的文字整理出来，即可。可是，我迟迟未能启程。虽然远行的路像梦一样在前方飘摇，却无法确定行期。先是母亲突然病重，而后病危，而后送别。之后，父亲又病重，病危，复又送别。我在 2015 年至 2016 年完成的《坐在菩提树下听雨》一书中所表达的正是这段时间的心境。期间，我还完成了另一部作品《生灵密码》，写的是一群动物的故事。这两部作品与刚刚完成的这部作品相呼应，也有"喜马拉雅北麓非虚构作品"的标记，而且，这一标记肯定还会出现在以后的一些作品上。是故，原本 2014 年底就已经开始的藏区之行不得不中断，至 2016 年 5 月才得以继续。说实话，如果还按原来的计划，在限期内完成项目势必会成为很困难的事。但是，我还是想尽最大努力去完成。

2016 年 5 月，我去了果洛。之后，再去。大半年过去之后，我在整理田野笔记时突然发现，在果洛的时间越长，自己未知的地方越多。第一次回来之后，感觉再去一两次，果洛的田野调查便可以结束了。可是，去了两三次回来后却发现，至少还得去两三次。等去了五六次回来后，仍发现还有很多地方不是很清楚，还得去。这时我才明白，要用几年时间对整个藏区进行一次全面的调查是一件根本无法做到的事情。也才发现，专家们当初的建议实乃远见卓识，至此方如梦初醒。于是，开始重新审视整体构想和计划，并不断做出调整，至少有3次彻底推翻文本框架设计，重新来过，并将调整结果逐年向主管部门做出书面报告。最终，我还是回到了最初的那个原点，把调查地点就框定在果洛。删繁就简，完成调查，展开叙事，用最简单的文本结构去完成叙事表达。如是，才有了《巴颜喀拉的众生——藏地的果洛样本》——"世界语境下藏地果洛的历史文化""多维时空语境下藏地果洛的众生相""生态语境下藏地果洛的人与自然"。回头看，从字面上你已看不出最初那个文本构想的痕迹了，但它的基本元素还在，因为在一个更广阔的时空里，巴颜喀拉也还是喜马拉雅北麓。

而且，里面我也写到了喜马拉雅，也写到了整个藏区，甚至也写到了整个世界和宇宙万物。虽然只是作为一个背景，但我觉得这个背景并非可有可无。就像果洛的历史文化不可能脱离整个藏地和中国，乃至整个世界的历史文化独立存在一样，巴颜喀拉也不可能脱离喜马拉雅和青藏高原独立存在，当然更不可能离开地球。我正是用这样的思路在描摹巴颜喀拉的众生，而把人的故事只当作众生这棵大树的一个枝杈。这与我一贯的表达和写作理想有关，先把人放到自然万物的整体中，再去讲述他们的故事。可以说，这是我自己的一个伦理情怀。其中最引人注目的一个话题就是人与自然的关系问题，这也是我一直坚持的一个探究方向。我以为，其中一定隐藏着人类文明得以持久延续的真理。所以，如果说我这本书中的故事有一根主线的话，那么，我希望这根线就是万物众生共同的精魂血脉，而人与自然的关系就是其血脉中最温情的依偎和窃窃私语。

从这个意义上说，我还是在写一部生态文学作品，是我以往自然书写的一种延续。在书中，我也说过这样的话："就这个文本而言，我还是愿意把它归结为生态意义上的非虚构文学作品，或文化大散文。"抑或是一部生灵万物的思想笔记，与我此前的生态作品或自然书写有所区别的是，我重新审视了自己以往的思想，并有所矫正，从而展现了一个自以为是的全新视野，继续我对人与自然主题的深入思考。

我还想说的是，这并不是藏地果洛的全部，而只是它的一个侧面或者多个侧面。在我，艺术地呈现一个包罗万象的藏地果洛是很困难的。正是考虑到这一点，有很多的人和事没有写到，留下了一个遗憾。比如吉美坚赞，我曾在20年前就采访过他，那时，他已经有一所自己创办的学校，虽然简陋，但颇具特色。此次果洛之行，我又到他学校采访过，耳闻目睹，令人惊讶。我以为，他有可能是当代中国最杰出的藏族教育家，他所开创的教学模式对今天的中国教育具有重要的启示意义，所有曾到过这所学校的教育界权威都赞叹不已。但愿我还能有机会弥补这个缺憾，写写吉美坚赞和他的学校。而且，如此结构并完成叙事之后，我也发现对果洛藏人族群日常性存在的观照是不充分的，至少缺乏细节描述。说不定，有一天我对这部书也会进行再次修订，甚至重新写过，以弥补我的缺憾。

即便如此——即便是一个侧面，缘何会呈现这个侧面而非另一个侧面，这与自己的主观判断有关。我以为，这样的一种呈现符合写作（或创作）的普遍规律，毕竟这是一种个性化的劳动。当然，我所呈现的并不一定是自己所了解和熟知的世界，而是藏地果洛的世界。而且，这也不一定是那个世界的真相，而是我从人们的讲述和描画中理解的世界。如果有什么不明白的地方，也不一定是那个世界本身和讲述者的问题，而是我的理解有所偏差。很多时候，在果洛，一个人坐在我对面，给我讲述一个他们所知道的世界，听起来那好像是另一个世界的事，他与我似乎并不在同一个时空。只因机缘巧合，隔着时空，我才能听到他的声音，仅此而已。对我来说，除了试着去描述他们已经描述过的那个世界之外，很难找到第二条路径直走进那个世界。除非，与之同在。

就像我曾经说过的那样，如此前行时，我曾尝试着去丰富自己的叙事元素（思想语言和审美意义上的），架构自己的语境时空（精神家园和处所栖居意义上的），以确认自己精神疆域的文化坐标，就像巴颜喀拉之于喜马拉雅那样。

即使这样，在我，也是一次艰难的跋涉，力所不能及的感觉贯穿始终。要是没有那么多人不间断地热情鼓励、支持和帮助，很难想象，我能否坚持得下来。虽然，这不是一句感谢的话就能充分表达，但我还是要感谢他们！一些人，我在书中已经写到过，比如沙日才、华杰洛周、扎西桑俄、嘉阳东云、韩才邦……还有很多人，我还从不曾提到过，比如武玉璋、白加扎西、汪山泉、夏吾杰、洛珠南杰……因为有太多的人，也就不一一列举了。唯铭记和感恩！但愿读到这本书后，能给他们带去些许宽慰！

  我还得感谢中宣部干部局、青海省委宣传部人才办，还有我所在单位青海日报社人事和财务管理部门的很多人和出版社的朋友们。为此项目的顺利实施和项目成果的最后出版，他们所付出的辛劳不可估量。当然，还要感谢果洛的摄影家们，他们的精美图片为本书增色不少——书中，除未署名部分图片为本人所拍摄之外，其余均系果洛本土摄影家的作品，图注中都有他们的名字，谨以此向他们致敬。最后，得感谢我的妻子和孩子们，他们是我所有书稿的第一个读者，他们默默的付出和支持也一直是我努力前行的一个动因。如此诸多的呵护、关爱，我却无以回报。"惟不停地行走和写作尚在继续，不敢有丝毫懈怠。"这是我在书中写下的一句话，录此，是记也。

2018年1月30日夜于西宁